beck'sche reihe

21~

W0172066

b sr

Olaf Sundermeyer

Rechter Terror in Deutschland

Eine Geschichte der Gewalt

C. H. Beck

Für Antje

Originalausgabe

© Verlag C.H. Beck, München 2012
Satz: Fotosatz Amann, Aichstetten
Druck und Bindung: Pustet, Regensburg
Umschlagentwurf: Geviert – Büro für Kommunikationsdesign, München,
Christian Otto
Printed in Germany
ISBN 978 3 406 63844 2

www.beck.de

Inhaltsverzeichnis

Einleitung:
Taten statt Worte – warum Neonazis töten

«Die haben ja das umgesetzt, von dem die meisten anderen in der Szene nur träumen, weil sie selbst zu feige sind, es ihnen gleichzutun. Aber grundsätzlich sehnen viele eine Endlösung für Ausländer herbei.»[1]

Der das über die Mitglieder des so genannten «Nationalsozialistischen Untergrund» (NSU) sagt, wie sich eine Gruppe thüringischer Rechtsterroristen selber nannte, war einst Stellvertreter des langjährigen Kreisvorsitzenden der rechtsextremen NPD in Jena, Ralf Wohlleben, einem der mutmaßlichen Mitverschwörer. Es ist – zugespitzt formuliert – einer der Gründe, warum Neonazis töten. Auch wenn es nicht nur Migranten sind, die in ihr Visier geraten. Sondern alle schwachen Gruppen, die aus Sicht der Rechtsextremisten nicht in ihr Weltbild passen: also auch Obdachlose, Homosexuelle, Juden und Moslems, alternative Jugendliche, Linke. All diese Menschen sollen endgültig vertrieben werden, notfalls mit Gewalt. Das ist das Ziel von Neonazis, dem in den vergangenen Jahren in Deutschland niemand mit einem größeren Maß an hasserfüllter Konsequenz gefolgt ist als die Mitglieder des NSU.

Weder in der Wissenschaft noch in der Politik besteht Einigkeit darüber, was unter Rechtsextremismus eigentlich zu verstehen ist. In diesem Buch wird er als Ideologie begriffen, die von der Ungleichwertigkeit der Menschen ausgeht und Gewalt als Mittel der Politik sieht. Im Zentrum des rechtsextremen Denkens stehen rassistische und nationalistische Ideen. Das Menschenbild der Aufklärung wird genauso abgelehnt wie das westliche Gesellschaftsmodell und die Idee der Demokratie. An die Stelle einer pluralistischen und selbstbestimmten Gesellschaft soll ein autoritärer Staat treten, dessen Bewohner nach «natürlichen» Kategorien ausgewählt und dessen innere Organisation nach «natürlichen» Führerprinzipien gestaltet wird.

Rechtsextremisten sehen sich in einer permanenten Notwehrsituation gegenüber der drohenden Überfremdung durch Menschen, die nicht ihrem Bild von der überlegenen weißen arischen Rasse entsprechen. Sie haben Angst und handeln in ihrer Wahrnehmung aus Notwehr, wenn sie einen türkischstämmigen Kioskbesitzer erschießen, ein Asylbewerberheim anstecken, eine Rohrbombe auf einem jüdischen Friedhof zünden, ein alternatives Wohnprojekt mit Hakenkreuzen beschmieren oder bei einem SPD-Wahlkreisbüro die Fensterscheiben einschmeißen. Denn neben der direkten Bedrohung durch Überfremdung sehen sie ihre Gruppe, die «weiße Rasse», durch Linke und so genannte «politisch korrekte Gutmenschen» bedroht, die der verhassten multikulturellen Gesellschaft Vorschub leisten und sich zugleich ihrem politischen Kampf in den Weg stellen. Aus diesem Motiv hat der norwegische Neonazi Anders Behring Breivik im Sommer 2011 unter den Teilnehmern eines Zeltlagers der sozialdemokratischen Jugendorganisation in seinem Heimatland ein Massaker angerichtet und Dutzende von Jugendlichen erschossen. Gleich nach der Bluttat sagte er, dass er die regierenden Sozialdemokraten «so hart wie möglich» habe treffen wollen, da sie zum «Massenimport von Moslems» nach Norwegen stark beigetragen hätten. Das Motiv, aus dem Neonazi töten, ist immer das gleiche: Hass!

Dabei ist der Terrorismus nur die höchste Eskalationsstufe rechtsextremer Gewalt. Er wird durch dieselbe ideologische Energie gespeist wie beispielsweise die Politik der NPD. Sie ist der parlamentarische Arm der rechtsextremen Bewegung. Mit strategischer Rücksicht auf die Anerkennung, die sie für Wahlen benötigt, spricht sie bloß von einer «Ausländerrückführung»; dabei ist das politische Ziel identisch mit dem der Rechtsterroristen. Nur, dass die NPD den parlamentarischen Weg für erfolgversprechender hält.

Will sie doch den Parlamentarismus über die Parlamente abschaffen. Nach dem historischen Vorbild der NSDAP, für die der spätere Reichspropagandaminister Joseph Goebbels schon fünf Jahre vor der Machtergreifung genau diese Strate-

gie ausgegeben hatte (in der NSDAP-Zeitung «Der Angriff»,
30. April 1928):

«Wir gehen in den Reichstag hinein, um uns im Waffenarsenal der Demokratie mit deren eigenen Waffen zu versorgen.
[…] Wenn die Demokratie so dumm ist, uns für diesen Bärendienst Freifahrkarten und Diäten zu geben, so ist das ihre eigene Sache. […] Uns ist jedes gesetzliche Mittel recht, den Zustand von heute zu revolutionieren.»

Weil diese Strategie der NPD allerdings nicht aufgeht – das hat sich innerhalb der rechtsextremen Bewegung längst rumgesprochen –, wenden sich nicht nur immer mehr Sympathisanten von ihr ab. Denn gleichzeitig wächst die ideologisch aufgeladene Ungeduld. Und in dieser Situation entwickelt sich Deutschland seit einigen Jahren zu einem demokratischen Einwanderungsland europäischen Zuschnitts, also in die gegenteilige Richtung, nach der sich die rechtsextreme Szene ausrichtet, die den völkischen Staat herbeisehnt. Damit wächst die Angst der Rassisten vor Überfremdung weiter. Den Glauben an die parlamentarische Überlistung der Demokratie und der mit ihr verbundenen verhassten Zustände aber haben die meisten Rechtsextremisten längst verloren. Und so suchen viele, die von einer völkischen Ordnung träumen, die Rassisten sind, Antisemiten, fremdenfeindliche Fanatiker, die das nationalsozialistische Vorbild verinnerlicht haben, längst nach anderen Wegen, um ihrem Ziel näherzukommen. Sie sehen Deutschland in einem Besatzungszustand, wenn auch nicht mehr durch die Siegermächte, gegen die sich der rechte Terror noch in den 1970er und 1980er Jahren der alten Bundesrepublik wandte. Inzwischen kommen die Besatzer aus dem eigenen Volk. In der Summe stellen sie das dar, was Rechtsextremisten das «System» schimpfen, zu dem außer dem Staat vor allem die Wirtschaft gehört, der sich alles unterordnet, die Medien, auch die Parteien, Verbände, Kirchen und Gewerkschaften.

Gegen all das haben Neonazis den «Nationalen Widerstand» gegründet, der sich längst in einer «nationalistischen Internationale» zusammengeschlossen hat. Nach diesem Verständnis wollen militante griechische Rechtsextremisten ihr Land ebenso vom Joch der EU befreien, wie bulgarische, ungarische oder englische Neonazis das ihre. Das Ziel ist die nationale Revolution. Auch die ist von dem Gewaltmotiv geleitet, das seine Umsetzung bereits in dem aggressiven Raumkampf findet, den junge «Autonome Nationalisten» des «Nationalen Widerstands» in deutschen Großstädten führen – gegen ihre politischen Gegner. Jeder Schlag gegen einen Linken, jeder Molotowcocktail gegen ein von Migranten bewohntes Haus, jeder Tote auf der langen Liste der Opfer rechtsextremer Gewalt wird als Schritt wahrgenommen, diesem Ziel näherzukommen. Auch wenn sich die meisten Rechtsextremisten öffentlich nicht als Nationalsozialisten bekennen, entspricht das doch ihrer Identität. Es bleibt die Frage, was sie bereit sind, für diese Identität zu tun.

Die meisten Rechtsextremisten glauben, eine stille Mehrheit hinter sich zu haben. Tatsächlich sind fremdenfeindliche Einstellungen hierzulande weit verbreitet, trotz aller zivilgesellschaftlichen Bemühungen der vergangenen zwei Jahrzehnte: «Die Menschen haben alle gesagt, die Ausländer müssen weg, die sollen hier nicht leben, sie haben das alle so gewollt», erinnert sich Patrick Wieschke im Gespräch für dieses Buch an die Zeit in den 1990er Jahren, als er gemeinsam mit anderen Mitgliedern des neonazistischen Kameradschaftsnetzwerkes «Thüringer Heimatschutz» (THS) gegen Asylbewerber vorging. «Da wurde man in seiner Haltung bestärkt, das eben dann so zu machen. Man hat sich gefühlt, als wenn man den Volkswillen exekutiert hätte», sagt Wieschke, der in der Zeit, als sich die THS-Mitglieder Beate Zschäpe, Uwe Mundlos und Uwe Böhnhardt in den Untergrund abgesetzt hatten, um zu bomben und zu töten, wegen einer Beteiligung an einem versuchten Sprengstoffanschlag auf einen türkischen Imbiss im Gefängnis saß. «Der Staat war am Zustrom von Ausländern schuld. Da wollte man eben etwas dagegen tun», sagt Patrick Wieschke, der inzwischen Landesvorsitzender der NPD in Thüringen ist. Der Neonazi weiß, warum Neonazis töten: Weil sie etwas «dagegen tun» wollen.

So gesehen war der martialische Kampfname, den sich die

terroristischen Mitglieder der «Zwickauer Zelle» selbst gegeben haben, «Nationalsozialistischer Untergrund», vor allem eines: nämlich zutreffend. Sie haben etwas getan: Nach ihrem Motto «Taten statt Worte» haben sie über Jahre systematisch Migranten ermordet und damit Angst unter denen verbreitet, die aus ihrer Sicht Nicht-Deutsche sind und deshalb verdrängt, vertrieben, getötet werden müssen, nicht bloß «rücküberführt» in ihre Heimatländer. Längst ist dieses Motto für viele Neonazis das Hauptargument gegen den Kurs ihrer eigenen Partei, gegen die NPD. So sieht es auch Christian Worch, seit langem einer der führenden Köpfe der gewaltbereiten Kameradschaftsszene, der sich für seine Kritik am parlamentarischen Weg gar eines Goethe-Zitates bedient:

«Der Worte sind genug gewechselt, laßt mich auch endlich Taten sehn!» (Faust I).[2]

Und Taten, dafür weist die Geschichte der Bundesrepublik genügend Fälle auf, Taten sind Gewalttaten. So steigt die Zahl der durch Angriffe von Neonazis zu Tode Gekommenen seit der Wende unaufhörlich. Für die Jahre davor gibt es keine verlässlichen Daten, bislang hat niemand diese Toten gezählt. Weder die Polizei noch zivilgesellschaftliche Einrichtungen haben das Ausmaß der rechtsextremen Gewalt vor der Wiedervereinigung erfasst. Das gilt auch für die DDR, wo der Rechtsextremismus wegen des staatlich verordneten Antifaschismus und der angeblichen Völkerfreundschaft offiziell nicht existierte.

Inzwischen haben sich die von Rechtsextremisten verübten Gewalttaten in den vergangenen Jahren in einzelnen Bundesländern verdoppelt. Und ihre Zahl wächst weiter. Dabei erfasst die amtliche Statistik bei weitem nicht alle Angriffe. Denn erfahrungsgemäß zeigen die meisten Opfer neonazistischer Gewalt die Täter nicht an. Aus Angst, häufig aber auch aus mangelndem Vertrauen in den Staat, in Polizei und Justiz, denen sie die Aufklärung der Straftaten nicht zutrauen. Schlechte Erfahrungen sprechen sich eben schnell herum, und so stellen die meisten Opfer derart politisch motivierter Körperverletzungen nicht einmal eine Strafanzeige gegen die Täter.

Unterdessen werden die potenziellen rechtsextremen Gewalttäter immer mehr, von denen derzeit rund 10 000 unter uns in Deutschland leben. So die Schätzungen des Verfassungsschutzes, der es in den vergangenen Jahren nicht vermocht hat, die qualitative Gefährdung durch militante Rechtsextremisten richtig einzuschätzen. Das Auffliegen der Zwickauer Zelle kam da einem politischen Erweckungserlebnis gleich. Diese wachsende Gruppe radikaler Demokratie- und Menschenfeinde stellt ein großes Sicherheitsrisiko dar, das lange Zeit unterschätzt wurde. So warnt das Bundesamt für Verfassungsschutz inzwischen vor Neonazis, die das Motto von den Taten, die Worten vorzuziehen seien, ebenfalls verinnerlicht haben: «Der unvermittelte Angriff auf Menschen, die dem Feindbild der rechtsextremistischen Szene entsprechen, könnte von potenziellen Nachahmern als Strategie nach der vom NSU verwandten These ‹Taten statt Worte› verstanden werden.»[3] Außerdem erhöhe sich wegen der vielfältigen Möglichkeiten der Internetkommunikation «die Gefahr von Gewalttaten durch selbst radikalisierte Einzeltäter oder Kleinstgruppen».

Zwar sind heute Vertreibungen von Migranten durch pogromartige Ausschreitung, wie Anfang der 1990er Jahre in Hoyerswerda und Rostock-Lichtenhagen unter dem Beifall eines entfesselten Mobs geschehen, kaum noch vorstellbar. Aber dennoch zählt die Bundesregierung immer mehr Verletzte durch rechtsextreme Gewalttaten. Die Brutalität der Täter nimmt zu, heißt es in einer vom Bundesinnenministerium veröffentlichten Studie.[4] Demnach haben deutschlandweit die meisten politisch motivierten Straftaten einen rechtsextremen Hintergrund.

Aber die Ermittlungspannen im Zusammenhang mit den NSU-Terrorakten und der damit einhergehende bislang größte Geheimdienstskandal in der Geschichte der Bundesrepublik zeigen eines ganz deutlich: Dass dieser Staat bislang nicht dazu in der Lage ist, seine Bürger – und damit sich selbst – wirksam vor den Angriffen von rechts zu schützen. Auch deshalb ist es umso wichtiger, das staatliche Vorgehen bei der Bekämpfung rechtsextremer Gewalt ständig in Frage zu stellen und zu verbessern. Gab es schließlich schon vor dem Auffliegen der terroristischen Zelle massives behördliches Versagen im Umgang mit rechtsextremer Gewalt. Diese Unwirksamkeit beschreibt gleichsam einen Zustand staatlicher Wehrlosigkeit gegenüber Rechtsextremisten, der schon seit Jahrzehnten anhält. Dafür gibt es genügend Beispiele: sei es bei den Ausschreitungen gegen Asylbewerber und ehemalige vietnamesische DDR-Vertragsarbeiter in Rostock-Lichtenhagen, bei den Ermittlungen zu den Terroranschlägen, die aus dem Umfeld der zerschlagenen «Wehrsportgruppe Hoffmann» verübt wurden, wie der Bombenanschlag auf das Münchener Oktoberfest am 26. September 1980, der als der schwerste rechtsextreme Terrorakt in der deutschen Nachkriegsgeschichte gilt. Das betrifft aber auch jährlich hunderte rechtsextreme Angriffe, die von Polizei und Justiz nicht als solche erkannt werden. Aus bloßer Unkenntnis oder aus Desinteresse am Rechtsextremismus, der in der Vergangenheit von offiziellen Stellen gerne als «Medienthema» diffamiert – und damit abgetan wurde.

Dabei ist dieser Staat mitnichten auf dem rechten Auge blind; wer dieses strapazierte Bild in die politische Auseinandersetzung trägt, unterstellt in der Regel eine gewisse vorsätzliche Rechtslastigkeit, also quasi eine Sympathie staatlicher Akteure für rechtsextreme Gewalttäter. Etwa so wie sie die «Stützen der Gesellschaft» in der berühmten gleichnamigen Karikatur von George Grosz aus dem Jahr 1926 zur Schau tragen. Zwar herrschen im heutigen Deutschland längst noch keine Weimarer Verhältnisse, und es gibt keine, über Einzelfälle hinausgehende aktive Unterstützung für Rechtsextremisten durch staatliche oder zivilgesellschaftliche Entscheidungsträger, die bekannt wäre, aber dennoch fehlt es am Durchblick: Es mangelt den erwähnten Akteuren schlicht am Erkenntnisinteresse für dieses politische Phänomen, das wiederum stets mit Gewalt einhergeht. Vor allem bei Polizei und Justiz ist das Wissen um die rechtsextremen Gewaltstrategien häufig erschreckend gering. Das ergibt sich aus vielen Gesprächen mit Amtsträgern, etlichen Prozessbeobachtungen in deutschen Gerichten sowie aus der Rekonstruktion von Gewaltfällen. Dabei wäre es doch gerade dort so wichtig, gerade bei denen, die gegen rechtsextreme Gewalt ermitteln und schließlich im rechtstaatlichen Rahmen darüber urteilen sollen. Nicht, dass die dafür erforderlichen Erkenntnisse nicht verfügbar wären: Werden die Strategien von Neonazis doch längst von Wissenschaft und Medien in großen Teilen ausgeleuchtet. Aber was bringt das, wenn der Blick darauf von entscheidender Stelle als unwichtig abgetan wird?

In der Vergangenheit beteuerten die Sicherheitsbehörden stets, es gäbe keine rechtsterroristischen Gruppen in Deutschland. Man hatte die Radikalisierung der rechtsextremen Szene einfach aus den Augen verloren. Da hilft nicht als Entschuldigung, dass es bislang auch keine anderweitigen Studien zum Rechtsterrorismus gibt. Bei dessen Durchdringung stoßen bislang Wissenschaft und Medien ebenso an ihre Grenzen. So stellt beispielsweise das «Institut für Gewalt- und Konfliktforschung» an der Universität Bielefeld fest, dass «es aktuell keine Zahlen oder konkrete Hinweise auf aktive oder passive rechtsterroristische Zellen gibt. Zu betonen ist jedoch, dass das Modell der Zellenbildung und die Strategie des konspirativen Untergrundkampfes keineswegs neu sind und bereits bei der Gründung der Zwickauer Zelle in vielen rechtsextremen Gruppen diskutiert wurde.»[5] Allerdings bemerken die Wissenschaftler dort zu Recht, dass sie nicht über die Möglichkeiten geheimdienstlicher Informationsbeschaffung verfügen und dass die Terrorzellen «abgedichtete Außengrenzen im Untergrund haben, also öffentlich nicht zugänglich sind». Aber selbst mit solchen Möglichkeiten waren die Sicherheitsbehörden noch nicht einmal in der Lage, den NSU überhaupt wahrzunehmen.

Natürlich verdient es Anerkennung, wenn ehrenamtliche politische Aktivisten, Kirchen- und Gewerkschaftsvertreter sich des Rechtsextremismus als Thema annehmen, sich in Bündnissen für Demokratie und an runden Tischen für Toleranz organisieren, um der rechtsextremen Gewalt – vor allem auf lokaler Ebene – zu begegnen. Aber solange Behörden und Regierungspolitiker sich nicht aktiv um Erkenntnisse zu rechtsextremen Strategien bemühen, wird die Zahl der unbekannten und ungeklärten Fälle rechtsextremer Gewalt genauso wenig zurückgehen, wie die der bekannten Fälle «politisch motivierter Kriminalität (PMK) rechts», wie sie auf Amtsdeutsch heißt. Immerhin hat sich die «Ständige Konferenz der Innenminister und -Senatoren des Bundes und der Länder» – kurz Innenministerkonferenz (IMK) – 2001 auf eine Definition für diese besondere Art der Gewalt verständigt.

«Als politisch motiviert gilt eine Tat insbesondere dann, wenn die Umstände der Tat oder die Einstellung des Täters darauf schließen lassen, dass sie sich gegen eine Person aufgrund ihrer politischen Einstellung, Nationalität, Volkszugehörigkeit, Rasse, Hautfarbe, Religion, Weltanschauung, Herkunft, sexuellen Orientierung, Behinderung oder ihres Erscheinungsbildes bzw. ihres gesellschaftlichen Status richtet.»[6]

Weil aber die meisten derartig motivierten rechtsextremen Gewalttaten ungeahndet bleiben, kommt es seitens der Opfergruppen zu einem weiteren Vertrauensverlust gegenüber dem Staat. Vor allem die Vertrauenskrise zwischen den in Deutschland lebenden Migranten und dem Staat wird so verschärft. Zum Beispiel bei den 2,5 Millionen hier lebenden Menschen türkischer Herkunft, denen nicht erst durch den Mord an acht Kleingewerbetreibenden aus ihrer Mitte durch die NSU-Terroristen die Lebensgefahr bewusst wurde, die Neonazis für sie darstellen können. Spätestens seit dem feigen Brandanschlag auf das Haus der türkischstämmigen Familie Genç in Solingen, bei dem fünf Familienmitglieder starben, zu einer Zeit, als in Deutschland die Demokratie in Flammen stand, wissen sie, dass der Hass mancher Deutscher tödlich sein kann. «Seit diesem 29. Mai 1993 gibt es im kollektiven Bewusstsein der Türken ein Deutschland vor Solingen und eines nach Solingen», schrieb dazu treffend die «Zeit».[7]

Durch die NSU-Affäre wurde das Vertrauen der Zuwanderer in den Staat, das bei vielen ohnehin nur noch schwach ausgeprägt war, weiter erschüttert. Zu diesem Ergebnis kam eine gemeinsame Studie des Instituts für Migrations- und Politikforschung der Hacetepe-Universität Ankara sowie des Berliner Meinungsforschungsinstituts SEK-POL/Data4U, die einige Wochen nach dem Auffliegen der Terrorzelle im November 2011 veröffentlicht wurde: Demnach befürchten etwa drei von vier Umfrageteilnehmern weitere rassistisch motivierte Morde in Deutschland. Und fast 40 Prozent haben Angst davor, dass sie selbst oder Freunde und Bekannte Opfer ähnlicher Morde durch Neonazis werden könnten.[8] Eine weitere repräsentative Umfrage, die auf den Aussagen von 1011 Deutschtürken beruht, kam etwas später zu dem Ergebnis, dass immer mehr von ihnen rassistisch angegriffen werden. Das Meinungsforschungsinstitut Info stellte fest, dass die Zahl derer, die angab, bereits körperlich «wegen ihrer türkischen Abstammung» angegriffen worden zu sein, von acht Prozent auf 16 Prozent angestiegen sei. Gleichzeitig kam die Studie zu dem Schluss, dass sich immer mehr Deutschtürken abschotteten.[9] Rechtsextreme Gewalt wirkt also der Integration von Migranten auch deshalb entgegen, weil diese sich nicht willkommen fühlen. Zumal die Gewalt sie besonders dort trifft, wo viele von ihnen leben: in den Großstädten Westdeutschlands.

«Bisher haben wir fast nur nach links geschaut, das war halt die Vorgabe, und an die neue Blickrichtung müssen wir uns erst gewöhnen», sagte ein Staatsschützer, also ein für politische Straftaten zuständiger Polizeibeamter, kurz nachdem der NSU aufgeflogen war. Das ist umso bemerkenswerter, als die Kommune, in der sein Schreibtisch steht, nicht nur ein erhebliches Problem mit rechtsextremer Gewalt hat. Hier wurde auch eines der Mordopfer von Uwe Mundlos und Uwe Böhnhardt getötet, und auch ihr Freund, der Kameradschaftsaktivist Ralf Wohlleben, hatte gute Kontakte in die lokale rechtsextreme Szene. Häufig also wurde der Blick nach rechts vernachlässigt, weil der nach links als wichtiger empfunden wurde.

Aber jetzt, nach dem Auffliegen der «Zwickauer Zelle», schalteten auch die staatlichen Stellen auf rechts um, die bei der Problematisierung des Linksextremismus zuletzt als Impulsgeber agiert hatten, allen voran der Verfassungsschutz. Dabei hatte die Bundesregierung in den zurückliegenden Jahren die Gleichsetzung von Links- mit Rechtsextremismus noch vorangetrieben: Die beiden Regierungsfraktionen CDU/CSU und FDP hatten es so in ihrem Koalitionsvertrag vom 26. Oktober 2009 vereinbart. Dort war die Auseinandersetzung mit dem Rechtsextremismus in einer umfassenden Extremismusbekämpfung aufgegangen: «Gewalttätige und extremistische Formen der politischen Auseinandersetzung nehmen wir nicht hin. Extremismen jeder Art, seien es Links- oder Rechtsextremismus, Antisemitismus oder Islamismus, treten wir entschlossen entgegen. [...] Die Aufgabenfelder des Fonds für Opfer rechtsextremistischer Gewalt sowie des Bündnisses für Demokratie und Toleranz sollen auf jede Form extremistischer Gewalt ausgeweitet werden.»[10] Dahinter stand die Gleichsetzung des politischen Extremismus. Demzufolge also auch der verstärkte Kampf gegen den Linksextremismus. Die Auseinandersetzung mit dem Islamismus war bereits nach dem 11. September 2001 in den Fokus der Sicherheitsbehörden gerückt. Und im Bundesamt für Verfassungsschutz wurden 2006 die bis dahin separaten Einheiten zur Bekämpfung von Rechts- und Linksextremismus zusammengelegt. Auf Wunsch des damaligen Bundesinnenministers Wolfgang Schäuble (CDU).

Als Roland Jahn, ehemaliger Bürgerrechtler aus Jena, Journalist und heute Bundesbeauftragter für die Stasiunterlagen, noch Redakteur eines Politmagazins im deutschen Fernsehen war, kommentierte er die Themenauswahl zum Rechtsextremismus im Gespräch mit den Autoren der Sendung häufig wie folgt: Man solle ihm erst einmal zeigen, wo die Nazis demokratische Spielregeln verletzten. Nur dann sei es auch ein Thema. Neonazis in Parlamenten? Gehören zur Demokratie, weil sie von Menschen – in freien Wahlen – dorthin gewählt worden sind! Neonazis bei Aufmärschen auf deutschen Straßen? Auch für sie gilt das Recht der öffentlichen Meinungsbekundung! Aber die Grenze der Demokratie heißt Gewalt. Daraus folgt, dass die Antwort auf Gewalt keine ideologische Frage sein darf, die sich auf einen Kampf «links» gegen «rechts» beschränkt. Es geht vielmehr darum, dass Menschen beleidigt, verletzt oder gar getötet werden, und es geht darum, Demokratie und Menschenrechte zu wahren, weil sie die Unversehrtheit aller Menschen garantieren. So sehen es auch der Politikwissenschaftler Claus Leggewie und der Jurist Horst Meier, die daraus eine Formel für den Republikschutz ableiten: «Wo immer also Gewalt ins politische Spiel kommt, ist eine Grenze erreicht, die niemand ungestraft überschreitet. Republikschutz ist so weit wie möglich liberal, an der Gewaltgrenze aber rigoros und kompromisslos: Wer die demokratischen Spielregeln verletzt, handelt ‹verfassungswidrig› – einerlei, auf welche Ideologie er sich beruft.»[11] Von Rechtsextremisten wird diese Grenze laufend überschritten. Denn Gewalt ist Teil ihrer Ideologie der Ungleichwertigkeit, für die sie töten.

Dieses Buch liefert eine Anatomie rechtsextremer Gewalt anhand beispielhafter Fälle, die über Jahrzehnte in Traditionslinien zusammenlaufen: Angefangen auf beiden Seiten des geteilten Deutschlands, in dem sich im Westen Rechtsterroristen im Widerstand gegen fremde Besatzer sahen und sich im Osten rechtsradikale Skinheads in der Rebellion gegen eine Gesellschaftsordnung, die sie ablehnten. Es erklärt im ersten Teil die Gewalt der Nachwendejahre, in denen mit den Asylbewerberunterkünften auch die Demokratie in Flammen stand, der Mob zeitweise die Macht auf den Straßen übernahm und die Radikalisierung der rechten Szene bis hin zum Rechtsterrorismus des NSU begann. Es geht um die Gewalt und um ihre Ursachen. Dabei zeigt dieses Buch die Gewalt aus nächster Nähe – als festen Bestandteil der rechtsextremen Ideologie. Dies ist der entscheidende Zusammenhang, den die Sicherheitsbehörden, den Polizei und Justiz häufig übersehen, weil sie das politische Motiv hinter der Gewalt nicht erkennen, zumal sie an Straftatbestände gebunden sind. Auch weil sich zumindest an Letzterem nichts ändern wird, ist die Bekämpfung der rechtsextremen Gewalt eine gesamtgesellschaftliche Aufgabe. Ohne gegen menschenfeindliche Einstellungen vorzugehen, die anschlussfähig zur rechtsextremen Gewalt sind, und ohne die schwachen gesellschaftlichen Gruppen aufzuwerten, ist diese Aufgabe nicht zu bewältigen. Migranten werden zu Opfern von Neonazis, weil sie eine gesellschaftliche Randgruppe sind, nicht trotzdem. Den Ermittlern in der NSU-Mordserie fehlte es jedenfalls an Vorstellungskraft, dass ihre Opfer aus genau diesem Grund getötet worden sein könnten.

Auch deshalb gelang es ihnen nicht, den bekenntnislosen Rechtsterrorismus des NSU zu erkennen, der sich nicht unmittelbar gegen den Staat wandte, sondern die Vernichtung seiner Opfergruppe – vorrangig türkischstämmige Migranten – zum Selbstzweck erhob. Dabei folgen Neonazis in ganz Deutschland täglich dieser Strategie in ihrem Kampf um Deutungshoheit auf Straßen und Plätzen, wo sie «national befreite Zonen» erkämpfen: Ihre Gewalt richtet sich direkt gegen ihre Opfer und nur sehr mittelbar gegen den Staat. Das unterscheidet sie grundsätzlich von linksextremer Gewalt, die das Denken der Zuständigen in der Bundesrepublik seit dem Ende der 1960er Jahre dominiert hat. Die rechtsextreme Gewalt konnte auch deshalb wüten, weil Politik und Gesellschaft den Kampf gegen den linken Terror zu einem Dogma erhoben und weil die Opfer von Neonazis kaum eine Lobby haben. Ebenso konnte sie sich in den vergangenen Jahren in Westdeutschland zunächst fast unbemerkt ausbreiten, weil sie – den Erfahrungen der 1990er Jahre folgend – vor allem in Ostdeutschland verortet wurde. Dabei ist rechtsextreme Gewalt ein gesamtdeutsches Phänomen, so wie der Rechtsextremismus selbst, der aber in regional unterschiedlicher Ausprägung erscheint. Darauf wirft vor allem der zweite Teil dieses Buches einen genauen Blick, auf unorganisierte rassistische Gewalttäter in Brandenburg wie auf strategisch ausgerichtete «Autonome Nationalisten» in Nordrhein-Westfalen. Er versucht das Wesen der rechtsextremen Gewalt aus unterschiedlichen Perspektiven zu durchdringen, von Seiten der Täter ebenso wie von Seiten der Opfer, ihres jeweiligen Umfelds, der Polizei und der Gerichte.

Zu Grunde liegen etliche Gespräche und Interviews mit Neonazis, Opfern rechtsextremer Gewalt, mit Polizisten, Juristen, Wissenschaftlern und Mitarbeitern zivilgesellschaftlicher Einrichtungen, die sich mit rechtsextremer Gewalt beschäftigen. Als Quellen dienten ferner wissenschaftliche Literatur, journalistische Texte und Fernsehbeiträge, parlamentarische Anfragen, rechtsextremistische Veröffentlichungen, Prozessbeobachtungen und Akten. Am Ende bleibt immer die rechtsextreme Ideologie als Tatmotiv, auf die alles zuläuft. Den

Rechtsextremismus zu verstehen ist deshalb die Voraussetzung zur Eindämmung der Gewalt, die ihm immanent ist. Dazu soll dieses Buch einen Beitrag leisten. Denn es zeigt die rechtsextreme Gewalt vor allem als das, was sie ist: eine politische Strategie, die mit Parolen einsteigt und vor dem Töten nicht Halt macht. So bleibt als Erbe des Rechtsterrorismus des NSU – wie es im dritten und letzten Teil beschrieben wird – vor allem die Lehre aus dem bisherigen Unverständnis gegenüber rechtsextremer Gewalt: nämlich endlich eine politische und gesellschaftliche Empfindsamkeit dafür zu schaffen.

I. Teil
Demokratie in Flammen

Das rote Vorbild – die RAF und die Neonazis

Wenn Odfried Hepp rückblickend über seine Zeit als Rechtsterrorist in der Bundesrepublik der frühen 1980er Jahre spricht, dann fällt in seinen Antworten regelmäßig die Abkürzung der linksterroristischen «Roten Armee Fraktion» (RAF), auch die «Revolutionären Zellen» tauchen in dem Gespräch gelegentlich auf. Er nennt die organisierten Linksterroristen ein «Vorbild» an Entschlossenheit, Organisation und Wirksamkeit. Tatsächlich sind viele rechtsextremistische Gewalttäter bis heute von dem Mythos der RAF gebannt.

Während der Terror der RAF und anderer linksterroristischer Gruppen die Aufmerksamkeit der Sicherheitsbehörden, der Regierungspolitiker und der Medien in der alten Bundesrepublik absorbierte, entwickelte sich der rechte Terror zu einer ebenso Tod bringenden Gefahr, die am 26. September 1980 ihren Höhepunkt erlebte. Bei dem Anschlag auf das Oktoberfest in München starben 13 Menschen, darunter der mutmaßliche rechtsextreme Täter. Der rechte Terror verschwand allerdings nach jedem Anschlag wieder aus dem Blick der Öffentlichkeit. Aber mit der RAF beschäftigt sie sich fortwährend – bis heute. Viele linke Kritiker behaupten, dass dies etwas über die politische Grundausrichtung der bundesrepublikanischen Gesellschaft aussage. Daraus lässt sich möglicherweise eine interessante Fragestellung formulieren. Aber eine greifbare Ursache für die einseitige Gewichtung des linken Terrors ist ganz sicher die Prominenz der meisten RAF-Opfer aus Politik, Wirtschaft und Justiz. Sie nehmen bis heute in der Öffentlichkeit wesentlich mehr Raum ein als beispielsweise die neun migrantischen Kleinunternehmer, die von den Mitgliedern des NSU erschossen wurden. Zwar verbietet sich eine Opferhierarchie, aber die von der RAF verübten Morde etwa an dem Generalbundesanwalt Siegfried Buback oder dem Arbeitgeberpräsidenten Hanns Martin Schleyer lösten in Politik und Medien eine ungleich größere Dynamik aus als später die NSU-Morde an dem türkischen Dönerladenbesitzer Ismail Yaşar oder an dem griechischen Mitinhaber eines Schlüsseldienstes, Theodoros Boulgarides. Im Unterschied zum RAF-Terror, nach dem vor allem die Opfer – und das völlig zu Recht – ins kollektive Gedächtnis der (West-) Deutschen eingingen, ist die Beschäftigung mit dem NSU-Terror nunmehr eine mit den Tätern: Präsent sind die Bilder von Beate Zschäpe, Uwe Mundlos und Uwe Böhnhardt, nicht die von Ismail Yaşar oder Theodoros Boulgarides. Das hat auch mit dem Wesen rechtsextremer Gewalt zu tun, die sich inzwischen vorwiegend gegen schwache Gruppen richtet. Das ist der wesentliche Unterschied zwischen rechtsextremer und linksextremer Gewalt, die den Staat, beispielhafte Vertreter des kapitalistischen Systems und inzwischen auch Neonazis trifft. Noch bis zur Wiedervereinigung entlud sich die rechtsextreme Gewalt in beide Richtungen gleichermaßen: gegen Migranten und politische Gegner einerseits, andererseits aber gegen den Staat, so wie der RAF-Terror.

Das Phänomen der linksextremistischen Gewalt ist heute immer noch präsent, aber längst keine tödliche Gefahr oder existenzielle Bedrohung mehr für den Staat oder das allgemeine friedliche Zusammenleben in Deutschland. Das letzte Todesopfer der RAF gilt auch als das letzte der linksextremen Gewalt in Deutschland insgesamt: der Polizist Michael Newrzella, der am 27. Juni 1993 infolge einer Schießerei bei der Festnahme des RAF-Terroristen Wolfgang Grams in Bad Kleinen ums Leben kam. Newrzella, Beamter der Antiterroreinheit des damaligen Bundesgrenzschutzes, GSG9, war das 33. Todesopfer der RAF.

Unterdessen morden rechtsextreme Gewalttäter bis in die Gegenwart. Allein in der Zeit, als Odfried Hepp aktiver Rechtsterrorist war, starben mehr Menschen durch rechtsextreme Täter als in allen Jahren zusammen, in denen die RAF aktiv war. Odfried Hepp verübte Ende 1982 mit fünf weiteren Mitgliedern seiner rechtsterroristischen Gruppe mehrere Bombenanschläge auf Autos von US-Soldaten, in Frankfurt/Main,

Butzbach, Gießen und in Darmstadt. Dort wurde ein Soldat lebensgefährlich verletzt. Bei insgesamt sieben Banküberfällen erbeuteten die Rechtsterroristen über 600 000 D-Mark. Die Gruppe orientierte sich früh am Beispiel der RAF, die sich ebenfalls durch Banküberfälle finanzierte und auch das Militär der alliierten Siegermächte zum Ziel ihrer terroristischen Anschläge erhob. Odfried Hepp wollte die Strategie der RAF allerdings weiterentwickeln, wie er heute sagt: «Selbst mit einer professionellen Struktur und einer konspirativen Unterstützerszene, besten Verbindungen ins Ausland und ein paar Dutzend zu allem entschlossener Aktivisten war sie trotz einer Reihe schwerster Anschläge auf oberster politischer und militärischer Ebene nicht in der Lage, den Staat wirklich ins Wanken zu bringen.»

Die Hepp-Kexel-Gruppe, benannt außerdem nach Hepps Weggefährten Walter Kexel, war aus dem militanten Geist des politischen Extremismus der 1970er Jahre entstanden. «Wir haben uns als 100-prozentige Nationalsozialisten verstanden, als Patrioten und sahen uns in diesem Zustand der Besatzung, der Ausbeutung unseres Volkes», sagt Hepp, der in der völkisch-bündischen «Wiking-Jugend» groß geworden war, beeinflusst von ehemaligen Mitgliedern der Waffen-SS. «Nun war es unsere Sache, gegen die Besatzung Widerstand zu leisten.» Auch damals ging es diesen Neonazis schon um Taten statt Worte. Und wie andere rechtsextreme Gewalttäter auch, sahen sie ihr Handeln durch eine Notwehrsituation gerechtfertigt: «Wir hatten ja in Notwehr jedes Recht uns zu wehren, wie jedes andere Volk auch, das besetzt ist und ausgebeutet wird», sagt Odfried Hepp heute. Sein Freund Walter Kexel war schon früh Mitglied der Wehrsportgruppe-Hoffmann (WSG), in der viele Neonazis in den 1970er Jahren ihre militärische Ausbildung erhielten.

Odfried Hepp ist ein unscheinbarer freundlicher Mann mit einem sanften Händedruck und dem weichen Idiom der Badener. Er spricht sehr leise, man muss ihm aufmerksam folgen, um seine Worte zu verstehen. Geboren ist er 1958, aber seine äußere Erscheinung wirkt, als hätten die zehn Jahre in deutschen Gefängnissen seinen Körper konserviert. Nach einem Festnahmeversuch 1983 in West-Berlin, bei dem Walter Kexel verhaftet wurde, flüchtete Odfried Hepp nach Ost-Berlin. Unter dem Schutz des Ministeriums für Staatssicherheit (MfS) folgt eine Odyssee durch die DDR, Syrien und Frankreich, bis er schließlich 1985 in Paris vom französischen Geheimdienst verhaftet wird – an der Bar des Hilton Hotels: bei dem Versuch, sich einen falschen britischen Pass zu kaufen. Die Stasi hatte Hepp noch in der DDR mit einem Reisepass ausgestattet, der inzwischen abgelaufen war. Nach der Wende rekonstruierte der «Spiegel» die Beziehung zwischen dem Terroristen und der Stasi anhand der nun einsehbaren Stasi-Akten.[12] Die DDR-Botschaft in Paris schleuste ihm dann noch einen literarischen Gruß ins dortige Gefängnis: ein Buch für die Anstaltsbibliothek, in dem es um die Bekehrung eines Hitlerjungen zum Kommunismus geht. Zwei Jahre nach der Verhaftung an der Hotelbar wurde Hepp schließlich an die Bundesrepublik ausgeliefert, wo er dann vom Oberlandesgericht Frankfurt wegen der Bombenanschläge und Banküberfälle von 1982 zu zehn Jahren und sechs Monaten Gefängnis verurteilt wurde.

Zuvor gehörte er zu den weltweit am meisten gesuchten Terroristen. In der DDR lebte er zeitweilig in demselben Forsthaus in Briesen bei Frankfurt/Oder, in dem die Stasi bereits einige Mitglieder der RAF untergebracht hatte. Als Rechtsterrorist sah Odfried Hepp sich in der Rolle eines «anti-imperialistischen Nationalrevolutionärs», wie er heute sagt. Den Kampf gegen das kapitalistische System und den Anti-Amerikanismus hatte seine Gruppe mit der RAF gemein. Mit seinem Freund Walter Kexel, der sich nach seiner Verurteilung in der Haft erhängte, verfasste Hepp vor ihren Bombenanschlägen ein terroristisches Manifest («Abschied vom Hitlerismus»), in dem sie der RAF eine Zusammenarbeit anboten. Bis auf ein informelles Treffen mit einem Kontaktmann der RAF in Frankfurt/Main wurde aus dieser Vision allerdings nichts.

Hepp und seine politischen Freunde hatten erkannt, dass vor allem die Bedrohung der einfachen Armeeangehörigen und ihrer Familien für eine große Verunsicherung bei den US-

Amerikanern sorgte. Man beschloss also, einmalig einen Mehrfachanschlag nach dem Vorbild der nordirischen Terrororganisation «Irish Republican Army» (IRA) auf die US-Streitkräfte zu verüben. Dazu reiste die Gruppe auch nach Belfast, wo sie sich bei IRA-Mitgliedern informierte. Wie die Aktivisten der RAF, hatten die Rechtsterroristen Kexel und Hepp eine besondere Nähe zur PLO (Palästinensische Befreiungsorganisation).

Zu diesem Zeitpunkt waren die Beziehungen zwischen der palästinensischen Befreiungsbewegung und deutschen Neonazis allerdings schon etwas älter, was aber dreißig Jahre lang ein Geheimnis des Bundesamtes für Verfassungsschutz (BfV) bleiben sollte: Erst danach veröffentlichte der «Spiegel» ein Fernschreiben der Dortmunder Kriminalpolizei vom Juli 1972 aus den Akten des BfV, in dem steht, dass sich Saad Walli, ein Mann «arabischen Aussehens», konspirativ mit dem deutschen Neonazi Willi Pohl getroffen habe, der gegenüber seinem damaligen Arbeitgeber mit Kontakten zum radikalen Flügel der PLO geprahlt habe.[13] Saad Walli war ein Deckname des palästinensischen Terroristen Abu Daud, des Drahtziehers des Olympia-Anschlags von 1972, der in einem Dortmunder Hotel Quartier bezogen hatte. Laut «Spiegel» hatte der Neonazi Pohl Abu Daud nicht nur einen im Fälschen von Pässen und anderen Dokumenten versierten Kumpan vermittelt, sondern ihm auch anderweitig geholfen. Das Nachrichtenmagazin zitiert den ehemaligen Neonazi Pohl, der sich inzwischen vom Rechtsterrorismus losgesagt hatte, und als Krimi-Autor arbeitete: «Ich habe Abu Daud quer durch die Bundesrepublik chauffiert, wo er sich in verschiedenen Städten mit Palästinensern getroffen hat.» Die palästinensische Terrororganisation «Schwarzer September» nahm schließlich elf Athleten der israelischen Mannschaft im olympischen Dorf von München als Geiseln. Zwei von ihnen wurden bei der Geiselnahme erschossen. Bei einem gescheiterten Befreiungsversuch der Polizei auf dem Militärflugplatz Fürstenfeldbruck bei München starben alle verbliebenen neun Geiseln, ein deutscher Polizist und fünf der Terroristen. Anschließend hätten die Palästinenser weitere Aktionen geplant, so der «Spiegel»: Im Auftrag des PLO-Geheimdienst-chefs Abu Ijad sollte Willi Pohl demnach Geiselnahmen im Kölner Dom und in Rathäusern deutscher Großstädte vorbereiten. Ende Oktober 1972 wurden er und ein Komplize mit Maschinenpistolen, Handgranaten und anderem Kriegsgerät in München festgenommen.

Trotz erdrückender Beweislage wurde Pohl zwei Jahre später nur wegen unerlaubten Waffenbesitzes zu einer Freiheits-strafe von zwei Jahren und zwei Monaten verurteilt. Vier Tage nach dem Richterspruch war der Terroristenkomplize aber wieder frei – und setzte sich nach Beirut ab. Dazu spekuliert das Nachrichtenmagazin, dass die Behörden womöglich befürchtet hätten, Pohl könne ebenso freigepresst werden wie die drei überlebenden Attentäter von München, die nach der Entführung einer Lufthansa-Maschine 1972 wieder auf freien Fuß gekommen waren.

Odfried Hepp hatte vor den Bombenanschlägen 1982 im Rhein-Main-Gebiet eine Waffen- und Sprengstoffausbildung in den Trainingslagern der PLO durchlaufen. «Danach waren wir keine ängstlichen Grünschnäbel mehr», stellt er rückblickend fest. Mit der Beute aus den Banküberfällen wollten Hepp und Kexel in West-Berlin eine «Deutsche Befreiungsorganisation» gründen. «Wir sind in die Banken gegangen und haben uns das Geld geholt, so wie die Sandinisten es auch gemacht haben», sagt der ehemalige Rechtsterrorist Hepp und fügt damit seinen linken Vorbildern gleich noch die Guerillaorganisation «Frente Sandinista de Liberación Nacional» (FSLN) zu, die mit ähnlichen Methoden 1979 die Diktatur der Somoza-Dynastie in Nicaragua gestürzt hatte. Die Verbindung zu palästinensischen Terroristen, wie sie auch die RAF besaß, hielt bei dem Rechtsterroristen Odfried Hepp noch jahrelang. So sollte er schließlich – nunmehr als Gefangener des französischen Staates – bei der Entführung des Kreuzfahrtschiffes «Achille Lauro» vom 7. Oktober 1985 durch die «Palestine Liberation Front» (PLF) freigepresst werden, als Mitglied einer insgesamt 50-köpfigen Gruppe des Terrors bezichtigter Palästinenser sowie einiger Gesinnungsgenossen, darunter als einziger Nicht-

Palästinenser der Neonazi und PLF-Offizier Odfried Hepp, der unter dem Kampfnamen Omar Saad Tariq jahrelang für die PLF agierte.[14]

Zu Beginn seiner Karriere als Rechtsterrorist hatte er sieben Jahre zuvor mit Walter Kexel und einigen anderen Neonazis die Befreiung des Hitler-Stellvertreters Rudolf Heß aus dem Kriegsverbrechergefängnis in Spandau, im britischen Sektor Berlins, geplant. Auch eine solche Aktion hatte für den damals 20-jährigen Neonazi Hepp ein reales Vorbild in den erfolgreichen Gefangenenbefreiungen der RAF. Dabei ging es der Gruppe allerdings nicht nur um die Befreiung ihres Idols Rudolf Heß, der seiner Unbeugsamkeit wegen bis heute die wichtigste Ikone der Neonazibewegung ist. Sie wollten am Eingang des Wachgebäudes in Spandau eine Bombe mit «zehn oder 20 Kilogramm Sprengstoff militärischer Herkunft platzieren». Damit wollten sie zum Wachwechsel möglichst viele britische Wachsoldaten töten. Neben Odfried Hepp und Walter Kexel gehörte auch der spätere NPD-Politiker und diplomierte Chemiker Peter Naumann aus Wiesbaden zu den Verschwörern. Der Sprengstoffexperte sollte sich aber unabhängig von seinen beiden Weggefährten zu einem eigenständigen Rechtsterroristen entwickeln. Zu dem Anschlag in Spandau kam es nicht, weil sich die Gruppe der Grünschnäbel zerstritten hatte. Aber Peter Naumann sprengte bereits ein Jahr später gemeinsam mit Komplizen zwei Fernsehmasten, um die Ausstrahlung einer Fernsehserie zu sabotieren: Tatsächlich hatten in Folge des Anschlags 1979 mehrere 100 000 Menschen zeitweilig keinen Bildempfang während der Ausstrahlung einer Folge von «Holocaust – Die Geschichte der Familie Weiß».

Nach der Wende waren es dann auch ostdeutsche Neonazis, die sich wie Odfried Hepp oder Willi Pohl an der RAF orientieren. Zum Beispiel eine militante Gruppe von Neonazis, die sich nach dem Mauerfall in einem Haus in der Weitlingstraße 122 in Berlin-Lichtenberg verschanzten. Auch dort galt die RAF als Vorbild. So beschrieb es ihr ehemaliger Anführer Ingo Hasselbach, der 1990 mit der «Nationalen Alternative» die erste neonazistische Partei der DDR gegründet hatte und nach seinem öffentlichen Szeneausstieg 1993 vor der Gewaltbereitschaft der Neonazis aus der Weitlingstraße warnte: «Der führende nationale Sozialist von Hamburg, Christian Worch, ermunterte mich, in Berlin ein Haus zu besetzen [...] Es war bald in ganz Deutschland medienbekannt, und wir bekamen Zulauf aus der gesamten Bundesrepublik.» Unter anderen von dem Teenager Kay Diesner aus Berlin-Marzahn: «Diesner war jemand, an dessen Entwicklung ich einen konkreten Anteil hatte. Unter meiner Leitung nahm er zwischen 1990 und 1992 an Kameradschaftsabenden, Wehrsportlagern und illegalen Aktionen teil.» Wenige Jahre später passiert es dann: Am 23. Februar 1997 erschießt Kay Diesner mit einer Pumpgun einen Polizisten auf einem Parkplatz an der A 24 in Schleswig-Holstein, ein zweiter Beamter wird bei dem Anschlag schwer verletzt. Der Täter ist jetzt Mitglied der Neonazigruppe «Weißer Arischer Widerstand» (WAW). Er sagt aus, dass er sich «gegenüber dem Staat in einer Notwehrsituation» befinde. Mit einem Handbuch der US-Armee als Unterrichtsmaterial hatte Hasselbach auch Diesner beigebracht, mit scharfen Waffen umzugehen. Und auch beim Polizistenmörder Michael Berger verfing der RAF-Mythos: Nachdem der Dortmunder Neonazi am 14. Juni 2000 drei Polizisten erschossen und sich anschließend selbst gerichtet hatte, stießen Polizisten in seiner Wohnung neben einem Schusswaffenarsenal an einer Wand auf das Logo der RAF.

Beim Vater des Terrors

Über die geschwungene Straße von Erlangen aus hoch nach Ermreuth braust über die Gegenfahrbahn tatsächlich ein schweres Meldekrad, dessen Fahrer einen schwarz lackierten Wehrmachtshelm trägt und auf dem rechten Ärmel seiner Jacke die Applikation eines Eisernen Kreuzes. Es ist mitten im mittelfränkischen Sommer und sehr warm, das Getreide steht hoch. Drinnen, in der Küche von Schloss Ermreuth ist es kühl, noch dazu abgedunkelt. Der Hausherr, Karl-Heinz Hoffmann, zeichnet das Interview mit einer Videokamera auf, über dem Tisch hängt eine provisorische Lampe, um das Gespräch in Szene zu setzen. Sobald die Kamera signalisiert, dass ein Band zu Ende geht, wird Hoffmann stumm. Er will jede Silbe auf Band. Das ist die Bedingung von Wehrsportgruppen-Hoffmann, dem «Chef», diesen Beinamen trägt er bis heute – in Anlehnung an den SA-Chef Ernst Röhm. Inzwischen ist er ein drahtiger alter Mann mit kurz geschorenem lichten weißen Haar und einem spitz zulaufenden Bart. Lange Jahre galt der gelernte Porzellanmaler und Gebrauchsgraphiker als der personifizierte Rechtsterrorismus bundesrepublikanischer Prägung. Mit diesem Bild will er jetzt aufräumen, im Herbst seines bewegten Lebens. Es wird ihm nicht gelingen. Dafür ist das Bild einfach zu stark. Auch wenn nie bewiesen wurde, dass er selbst als Rechtsterrorist Hand angelegt hat, sind doch viele rechtsextreme Gewalttäter durch seine Hände gegangen. Übrigens auch Odfried Hepp, bevor dieser anfing Bomben zu zünden und Banken zu überfallen.

Im selben Jahr, als der NSU aufflog, brachte Hoffmann seine Version des Anschlags auf das Münchner Oktoberfest zu Papier, dessen mutmaßlicher Täter der rechtsextreme 21-jährige Geologiestudent Gundolf Köhler war. Bei der Explosion einer Bombe am Haupteingang des riesigen Volksfests wurden neben den 13 getöteten Menschen 211 weitere zum Teil schwer verletzt. Mehreren Opfern mussten beide Beine amputiert werden. Köhler hatte zuvor zahlreiche Trainingslager der WSG durchlaufen, wie 400 andere Männer auch. Wie Walter Kexel und ein paar andere militante Neonazis, die den Staat in dieser Zeit mit Gewalt in Bedrängnis bringen wollten. «Die Oktoberfestlegende», so heißt das Buch, ist im Verlag «Deutsche Stimme» der rechtsextremen NPD erschienen und folgt auf 317 Seiten konsequent dem gleichen Ziel, das sein Autor nunmehr auch hier verfolgt, in den vier Stunden am Küchentisch. Zusammengefasst ist dort zu lesen, dass Gundolf Köhler nicht der Täter war (er wurde von einem Geheimdienst in eine Falle gelockt), kein Rechtsextremist und schon gar kein Mitglied der

WSG, vor allem aber ist er, Karl-Heinz Hoffmann, ein Opfer von Staat und Medien, die gemeinschaftlich seine «Identität vernichtet» haben. Und warum? Weil er ein politisches Manifest verfasst hatte, dessen friedliche Umsetzung der Staat befürchtete. Aus diesem Grund schimpft Hoffmann auf Politiker, Staatsanwälte und vor allem auf Journalisten.

Sogar den NPD-Vorsitzenden Holger Apfel nimmt er dafür ins Visier, dass dieser «den Mund aufgerissen hat, um sich von dem NSU zu distanzieren, ihn als Mörderbande und so weiter bezeichnet hat». Im Fall des NSU hält Karl-Heinz Hoffmann eine ähnliche geheimdienstliche Verschwörung für möglich, wie sie zu seiner eigenen Opferrolle geführt habe. «Ich gehe davon aus, dass sie die Morde allesamt nicht gemacht haben», sagt er, und dass erst die Behörden die drei Mitglieder der Zwickauer Zelle in den Untergrund getrieben hätten. Gelegentlich hält er noch klandestin organisierte Vorträge für interessierte Neonazis, etwa im September 2010 in einem Gasthof im sächsischen Hausdorf. Damals war auch André Kapke gemeinsam mit anderen Neonazis aus Jena im Saal. Kapke war lange Zeit mit Uwe Mundlos, Uwe Böhnhardt und Beate Zschäpe befreundet. Auf der Rückfahrt von Hoffmanns Vortrag nach Jena werden die Mobiltelefone der Neonazis von der Polizei abgehört. Irgendwann fallen in einem Telefonat die Worte «Bauanleitung» und «C4». C4 ist das Kürzel für einen hochexplosiven Plastiksprengstoff, von dem Karl-Heinz Hoffmann jetzt behauptet, dass er gar nicht gewusst habe, was das überhaupt sei. Nach der Abhöraktion folgt jedenfalls eine großangelegte Razzia der Polizei bei Neonazis in Thüringen. Auch bei ihm hier auf Schloss Ermreuth in Bayern: «Ich lag im Bett, die haben eine Leiter angelehnt, sind in den zweiten Stock eingestiegen und standen plötzlich vor meinem Bett im Schlafzimmer», erinnert sich Hoffmann. Dann hätten die Polizisten das Haus durchsucht, auf der Suche nach Sprengstoff – «und natürlich nichts gefunden».

An den Abend in Hausdorf erinnert er sich noch gut. Die Jungs aus Jena hätten ihn zu einem Vortrag nach Thüringen eingeladen. «Ich denke, dass das die waren. Dann hat noch jemand gesagt, Herr Hoffmann, Sie mit Ihrer Erfahrung, wir mit unserer Energie, wir könnten doch was aufbauen.» Immer wieder gibt es einzelne junge Rechtsextremisten, die sich mit ihrem persönlichen Kontakt zu Hoffmann brüsten, der wegen seines Werdegangs vor allem unter militanten Neonazis als interessante Figur gilt. Hoffmann wünscht sich jedenfalls selbst, dass die Geschichte seiner WSG eines Tages von Historikern aufgearbeitet wird. Bis es soweit ist, muss er damit leben, dass jene Geschichten über ihn erzählt werden, wie die vom folgenschwersten rechtsterroristischen Anschlag der deutschen Nachkriegsgeschichte:

Die Rohrbombe am Eingang des Oktoberfests explodierte in einem Papierkorb; es war eine entleerte britische Mörsergranate, die mit 1,39 Kilogramm TNT-Sprengstoff (Trinitrotoluol) gefüllt war. Die Granate wiederum steckte in einem mit Schrauben und Nägeln gefüllten Feuerlöscher.[15] Trotz der zahlreichen Toten und Verletzten wurde das Oktoberfest nicht abgebrochen. Fand doch wenige Tage später die Bundestagswahl statt, bei der Franz Josef Strauß, bayerischer Ministerpräsident und CSU-Vorsitzender, als Herausforderer von Bundeskanzler Helmut Schmidt (SPD) antrat. Dessen Innenminister Gerhart Baum (FDP) hatte acht Monate zuvor die WSG wegen ihrer Verfassungsfeindlichkeit verboten. Von offizieller Seite hieß es, dass bei Hausdurchsuchungen in drei Bundesländern insgesamt 18 Lastwagenladungen an Material beschlagnahmt worden seien: neben Propagandamaterial und Stahlhelmen auch Karabiner, Pistolen, Bajonette, Handgranaten und reichlich Munition. Über das Verbot der WSG hatte sich sogleich der bayerische Ministerpräsident Strauß mokiert: Man solle «diesen Hoffmann, der wirklich wie ein Kasper aussieht», doch in Ruhe lassen, wenn er «sich vergnügen will, indem er am Sonntag auf dem Land mit einem Rucksack und mit einem mit Koppel geschlossenen Battle-Dress spazieren geht». Auch für seinen Innenminister und Parteifreund Gerold Tandler war die WSG nur eine Gruppe «halbverrückter Spinner», deren Verbotsgrund die Sorge um das bundesdeutsche Ansehen sei, das diese im Ausland «permanent diskriminiere».[16]

Die Verharmlosung des rechten Terrors hat in der Bundesrepublik also eine Tradition, die sich ebenso lange hält, wie die Gewalt selbst. Immer wieder spielten Spitzenpolitiker diese Gefahr herunter, aus ganz unterschiedlichen Motivlagen. In der alten Bundesrepublik sollte sie vor allem nicht von der linken Terrorgefahr ablenken. Noch im September 1980, also kurz vor dem Oktoberfestanschlag, kanzelte der bayerische Innenminister Tandler einen Hörfunkreporter ab, der ihn zum Thema Rechtsradikalismus interviewte: «Ihre Sorge sollte sich in erster Linie gegen den Linksextremismus wenden.» Denn: «Man soll nicht ein Schattenreich aufbauen, eine Schattengefahr aufbauen, über das hinaus, was existiert.»[17]

Ein weiterer rechtsextremer Mordanschlag soll hier, in der Küche von Schloss Ermreuth, seinen Anfang genommen haben: Einige Wochen nach der Oktoberfestkatastrophe saß Karl-Heinz Hoffmann mit seiner Lebensgefährtin (und heutigen Ehefrau) Franziska Birkmann und dem WSG-Mitglied Uwe Behrendt in diesem Gewölbe zusammen, einem seiner engsten Kameraden. Der Tübinger Theologiestudent Uwe Behrendt war 1974 aus der DDR gekommen. Die Bundesregierung hatte ihn dort für 50 000 D-Mark freigekauft, nachdem er zuvor wegen versuchter Republikflucht inhaftiert worden war.[18] Schließlich sei die Idee aufgekommen, eine Beretta-Maschinenpistole mit einem provisorischen Schalldämpfer aufzurüsten, hieß es im «Spiegel» in der Rekonstruktion der Tatumstände. Hoffmann habe also mit zwei Schlauchbinden die Stiele einiger Metallbürsten an den Lauf der Maschinenpistole montiert und eine leere Spraydose drüber gestülpt. Die nun schall gedämpfte Waffe sei dann unten im Schlosskeller und auch unter freiem Himmel ausprobiert worden.[19]

Am 19. Dezember 1980 dann erschoss Uwe Behrendt in Erlangen den jüdischen Verleger Shlomo Lewin und dessen Lebensgefährtin Frida Poeschke in deren Haus – mit einer Beretta-Maschinenpistole. Jedes der beiden Opfer trafen vier Neun-Millimeter-Parabellum-Geschosse. Die MP sei aus dem Bestand von Karl-Heinz Hoffmann gewesen, hieß es im «Spiegel». Bei der Spurensicherung am Tatort des Erlanger Doppelmordes fanden die Ermittler auch zwei Kugeln, deren Verformungen und metallische Anhaftungen auf die Verwendung eines Schalldämpfers hinwiesen. Das Opfer Shlomo Lewin, der auch Vorsitzender der Israelitischen Kultusgemeinde von Nürnberg war, hatte vor dem Mord mehrfach öffentlich vor der Gefahr gewarnt, die von Hoffmann und seiner WSG ausgehe. Aber Behrendt konnte für die Tat nicht verurteilt werden, weil er in den Libanon floh, wo er sich angeblich selbst tötete. Die Ermittlungen gegen Karl-Heinz Hoffmann sowohl wegen des Sprengstoffanschlags auf das Oktoberfest in München als auch wegen dieses Doppelmordes in Erlangen wurden später eingestellt.

Im Libanon führte der mutmaßliche Mörder Behrendt gemeinsam mit Hoffmann – nach deren Verbot in Deutschland – die «WSG-Ausland», mit Verbindungen zur PLO. Auch Odfried Hepp war inzwischen Teil dieser Truppe. Karl-Heinz Hoffmann nennt es in der Rückschau «das Libanon-Projekt». In der Bundesrepublik blieb jedenfalls ein Doppelmord zurück, der nie ganz aufgeklärt werden konnte. Dafür war der Raum für Spekulationen groß, in denen Karl-Heinz Hoffmann und seine Lebensgefährtin die Hauptrollen spielten. Habe sich doch die Brille von Franziska Birkmann am Tatort befunden – neben den beiden Leichen in dem Erlanger Bungalow, so der «Spiegel».

Gewaltige Vorgeschichte – rechter Terror in der alten Bundesrepublik und der DDR

Die WSG war für andere militante Neonazigruppen in der Bundesrepublik ein Vorbild, etwa für die «Wehrsportgruppe Werwolf» des ehemaligen Bundeswehrleutnants Michael Kühnen, dem bis zu seinem Tode 1991 wohl einflussreichsten bundesdeutschen Neonazi der Vorwendezeit. Der «Wehrsportgruppe Werwolf» gehörte unter anderem Manfred Börm aus Schleswig-Holstein an, ein späterer Bauunternehmer, der seit Jahren – auch noch bei Erscheinen dieses Buches – Mitglied im Bundesvorstand der NPD ist. Das, was man früher «Saalschutz» nannte, heißt heute bei der Partei «Referat Ordnungsdienst» – und wird von Börm organisiert, einem älteren drahtigen Herrn (Jahrgang 1950) mit scharf geschnittenen Gesichtszügen und Seitenscheitel, der bei NPD-Veranstaltungen durch Ohrhörer und Spiralkabel entlang des sauber ausrasierten Nackens auffällt. Er gehört zu denjenigen Parteifunktionären, die für die Verbindung zur gewaltbereiten Neonaziszene stehen. Im September 1979 war Manfred Börm unter den ersten Rechtsextremisten, die in der Bundesrepublik als Terroristen verurteilt wurden, in einem Prozess gegen die «Wehrsportgruppe Werwolf» vor dem Oberlandesgericht Celle: Das Gericht befand den Angeklagten Manfred Börm für schuldig, an einem Überfall auf niederländische NATO-Soldaten beteiligt gewesen zu sein, bei dem Waffen erbeutet worden waren. Er wurde zu sieben Jahren Haft verurteilt.

Zu den Rechtsterroristen, die sich im Widerstand gegen die Besatzer sahen, gehörte noch deutlich früher der einstige West-Berliner Hilfspfleger Ekkehard Weil, der bereits 1970 – als 21-Jähriger – einen fast gleichaltrigen ukrainischen Sowjetsoldaten mit zwei Gewehrschüssen in Brust und Hand lebensgefährlich verletzt hatte: Iwan Iwanowitsch Schtscherbak stand als Wachsoldat vor dem sowjetischen Ehrenmal an der «Straße des 17. Juni» im Tiergarten in West-Berlin. Aus dem 100 Meter entfernten Gebüsch des Parks heraus nahm ihn Ekkehard Weil mit dem Zielfernrohr seines Kleinkalibergewehrs ins Visier – und schoss. Es war gegen ein Uhr morgens am 7. November, dem Jahrestag der russischen Oktoberrevolution. Zuvor hatte Weil noch seine Botschaften in roter und weißer Farbe auf eine Wand in der Nähe gepinselt: «Zerschlagt die rote Korruption», «Widerstand gegen den Ausverkauf Deutschlands» – und schließlich die Unterschrift: «Europäische Befreiungsfront».[20] Ekkehard Weil wurde daraufhin von einem britischen Militärgericht zu sechs Jahren Haft verurteilt, weil der Tatort im britischen Sektor von Berlin lag. Es sollte das einzige Mal bleiben, dass ein britisches Militärgericht einen Deutschen in Deutschland verurteilte. Nach fünf Jahren wurde er vorzeitig entlassen und schloss sich gleich wieder einer rechtsradikalen Gruppe an.

Danach beging er mehrere Gewalttaten, zumeist gegen Linke. Nach 1980 verübte er mehrere Sprengstoffanschläge auf jüdische Geschäftshäuser, auch auf die Wohnung des Nazi-Jägers Simon Wiesenthal. Dafür wurde er in Wien zu fünf Jahren Haft verurteilt. Ekkehard Weil galt lange Zeit als Bombenspezialist der Szene. Nach der Wende erschien er auch regelmäßig in der Weitlingstraße 122 in Berlin-Lichtenberg, wo er sich mit dem Neonazi-Ausbilder Ingo Hasselbach anfreundete, wie dieser nach seinem Ausstieg erklärte. Später, 1998, verurteilte das Landgericht Berlin Ekkehard Weil zu zweieinhalb Jahren Haft – bei ihm waren Sprengstoff und Zündkapseln gefunden worden. Der Verurteilte trat die Haft nicht an und tauchte unter.[21]

Vor Ekkehard Weil hatte bereits die so genannte «Hengst-Bande» eine gewisse Bekanntheit erlangt, als eine der ersten rechtsterroristischen Gruppen der Bundesrepublik Deutschland. Dagegen hatten militante neonazistische Gruppen in der Gründungsphase der Bundesrepublik – anders als von den alliierten Siegermächten vermutet – kaum eine Rolle gespielt. Die nach dem Godesberger Elektromonteur Bernd Hengst benannte Gruppe umfasste 18 bewaffnete Mitglieder und flog 1971 auf. Wie Ekkehard Weil hatte auch Bernd Hengst zuvor mit einem Kleinkalibergewehr ein kommunistisches Ziel ins Visier genommen: Am 2. Oktober 1968 schoss er nachts in die Fenster des Bonner Büros der DKP (Deutsche Kommunistische Partei). Hengst war wie die meisten Mitglieder seiner Gruppe NPD-Mitglied. Die weitere Radikalisierung seiner Gruppe stand mutmaßlich im Zusammenhang mit dem knappen parlamentarischen Scheitern der NPD bei den Bundestagswahlen 1969 und dem gleichzeitig einsetzenden politischen Wandel im Zeichen der neuen sozialliberalen Koalition unter Bundeskanzler Willy Brandt.

Die «Hengst-Bande» war aus dem aufgelösten Ordnerdienst der NPD hervorgegangen. Ihr Kopf war 1963 in der DDR wegen Terroranschlägen zu zehn Jahren Haft verurteilt worden. Nach seiner frühzeitigen Entlassung 1966 flüchtete er in die Bundesrepublik und wurde im Jahr darauf NPD-Mitglied. Unmittelbar vor der Zerschlagung der Gruppe im Februar 1971 hatte der nordrhein-westfälische Landesverfassungsschutz dem Staatsschutz der Bonner Kriminalpolizei mitgeteilt, «dass ein bewaffnetes rechtsradikales Dutzend in der närrischen Zeit ‹schwerwiegende Gewaltakte gegen Personen und Sachen plane, um kräftige politische Akzente zu setzen›».[22] Im Sommer zuvor hatte Hengst als Mitarbeiter einer Wach- und Schließgesellschaft in der SPD-Zentrale gearbeitet. Fortan hieß es, dass die Gruppe bewaffnete Aktionen gegen politische Gegner, unter anderen den SPD-Vorstand, aber auch Überfälle auf Geldinstitute, auf die Bundesbahn und auf Munitionsdepots plane. Bei Hengsts Festnahme im rheinischen Kreis Euskirchen soll auf dem Rücksitz seines Autos eine «Maschinenpistole Typ Beretta» gelegen haben. Bei anschließenden Razzien bei Gruppenmitgliedern wurde ein ganzes Arsenal an Schusswaffen gefunden. Zwei Jahre nach der Zerschlagung der «Hengst-Bande», die sich auch als «Wehrsportgruppe Hengst» bezeichnete, gründete Karl-Heinz Hoffmann die «Wehrsportgruppe Hoffmann», die zur größten militanten Neonazi-Gruppe wurde. Sie trat als Saalschutz bei Versammlungen rechtsextremer Parteien auf und lud zu Wehrsportübungen und paramilitärischen Manövern ein.

Eine weitere rechtsterroristische Organisation wurde von dem Frankfurter Manfred Roeder gegründet, dem zeitweiligen Rechtsanwalt von Rudolf Heß. Die «Deutschen Aktionsgruppen» hatten das eindeutige Ziel, Terrorakte zu verüben. 1980 war die Gruppe des bekennenden Holocaustleugners gleich für mehrere Anschläge in der Bundesrepublik verantwortlich, zunächst auf das Landratsamt in Esslingen sowie auf das Wohnhaus des Landrats, um gegen eine Auschwitz-Ausstellung zu protestieren, deren Schirmherr der Landrat war. Später dann auf eine Schule in Hamburg, die nach Janusz Korczak benannt worden war. Der polnisch-jüdische Pädagoge hatte die ihm anvertrauten jüdischen Kinder 1942 in die Gaskammer begleitet. Dann auf ein Sammellager für Asylbewerber in Zirndorf und auf ein Hotel in Leinfelden-Echterdingen, in dem Asylbewerber aus Eritrea untergebracht waren, sowie auf ein Flüchtlingsheim in Lörrach. Die Mitglieder der «Deutschen Aktionsgruppen», ein Trio – eine Frau und zwei Männer –, fuhren dabei über Monate quer durch Deutschland, kundschafteten ihre Ziele aus und griffen sie an, manchmal auch nur zu zweit. Manfred Roeder war selbst angeblich nie dabei. Zuvor hatte er vergeblich versucht, Kontakte zu Palästinensergruppen wie der PLO aufzunehmen. In Deutschland verschickte er schließlich eine Todesliste mit den Namen von Beate Klarsfeld, Theo Sommer, Heinz Galinski, Marion Gräfin Dönhoff, Willy Brandt, Franz Josef Strauß und anderen.[23] Bei einem Brandanschlag seiner Gruppe auf ein Flüchtlingsheim in Hamburg am 22. August 1980 sterben schließlich zwei Vietnamesen, der 22-jährige Ngoc Nguyên und der 18-jährige Anh Lân Dô.

Den Plan, genau dieses Flüchtlingsheim in der Halskestraße mit drei Molotowcocktails anzugreifen, hatten die beiden Täter, Raimund Hörnle und Sibylle Vorderbrügge, erst am Tag zuvor gefasst. Nach einer Rekonstruktion der «Zeit» spielte dabei auch schon zu diesem Zeitpunkt – zehn Jahre bevor die Gewalt gegen Asylbewerber nach der Wiedervereinigung eskalierte – die mediale Aufregung zum Flüchtlingsthema eine Rolle: Die beiden hätten im «Hamburger Abendblatt» gelesen, dass 19 Roma und Sinti sowie zehn Afghanen aus einem Flüchtlingslager bei Fulda überraschend nach Hamburg abgeschoben worden seien. Die «Verärgerung» über die Umsiedlung sei groß, habe es in dem Blatt geheißen, da Hamburg «derzeit schon mit 9000 Asylbewerbern überlastet» sei. 1500 Asylbewerber würden inzwischen auf Staatskosten in Hotels und Pensionen Quartier beziehen. Als Adresse sei die Halskestraße genannt worden, wo auch Ngoc Nguyên und Anh Lân Dô wohnten.

«Heute hat Deutschlands Befreiung begonnen. Der Funke ist übergesprungen», habe Manfred Roeder an diesem 22. August in seinem Taschenkalender notiert, schrieb die «Zeit», die auch einen damaligen Mitbewohner des Flüchtlingsheims zitierte: «Am nächsten Tag sehen wir am Haus in roter Farbe stehen: ‹Ausländer raus›.» Die Täter habe man schnell gefasst. Denn Tage vor dem Anschlag sei an der Autobahnauffahrt Thieshope nahe Hamburg auf ein großes Blechschild mit roter

Farbe ebenfalls «Ausländer raus!» gepinselt worden. Eine Autofahrerin habe dort einen Mann und eine Frau beobachtet und sich das Autokennzeichen notiert.[24] Einige Tage nach dem Brandanschlag wurden die «Deutschen Aktionsgruppen» von der Bundesanwaltschaft zerschlagen, Manfred Roeder wurde zwei Jahre später wegen Rädelsführerschaft in einer terroristischen Vereinigung vom Oberlandesgericht Stuttgart zu 13 Jahren Freiheitsstrafe verurteilt. Die übrigen Mitglieder der Gruppe, die 24-jährige Radiologieassistentin Sibylle Vorderbrügge, der 50-jährige Arzt Heinz Colditz und der 50-jährige Werkmeister Raimund Hörnle, erhielten zum Teil lebenslange Freiheitsstrafen. Aber trotz der beiden Todesopfer der «Deutschen Aktionsgruppen» fand deren Terror in der Medienöffentlichkeit kaum Widerhall.

Alleine in dem Jahr, in dem das Hamburger Flüchtlingsheim brannte, starben in der Bundesrepublik mindestens 18 Menschen durch die Gewalttaten von Rechtsextremisten: Neben den beiden jungen Männern aus Vietnam, dem jüdischen Verleger und seiner Partnerin, sowie den 13 Menschen, die auf dem Oktoberfest ihr Leben verloren, war bereits am 5. Januar der türkische Kommunist Celalettin Kesim von türkischen Rechtsextremisten erstochen worden, am Kottbusser Tor in Berlin. Dabei ist diese Zahl nur eine Schätzung. In den zehn Jahren bis zur Wiedervereinigung 1990 stieg sie schließlich auf 37 Todesopfer, die sich mithilfe der Medienberichterstattung nachvollziehen lassen. Immerhin löste die Berichterstattung nach dem Oktoberfest-Anschlag 1980 eine gewisse Aufmerksamkeit für den organisierten rechten Terror aus, die allerdings in einem Missverhältnis zu der für den Linksterrorismus stand. In den Jahren von 1945 bis zum Anschlag auf das Oktoberfest waren jedenfalls Opfer rechtsextremer Gewalt in der Regel nicht gezählt worden.

Manfred Roeder wurde wegen guter Führung und einer günstigen Sozialprognose bereits 1990 nach Verbüßung von zwei Dritteln seiner Strafe entlassen. Wie viele andere Rechtsextremisten auch orientierte er sich in dieser Zeit in Richtung Osten: Sechs Jahre später verübte Roeder dort, in Erfurt, einen Farbanschlag auf die Wehrmachtsausstellung. Den entsprechenden Gerichtsprozess gegen den Rechtsterroristen Roeder begleiteten vor Ort auch die beiden Rechtsterroristen Uwe Böhnhardt und Uwe Mundlos, zwei Jahre vor ihrem Abtauchen in den Untergrund, gemeinsam mit zwei Kameradschaftsführern aus Jena, ihren Kumpels Ralf Wohlleben und André Kapke. Zu dieser Zeit unterhielt der «Thüringer Heimatschutz», in dem sie gemeinsam aktiv waren, eine gute Verbindung zu Roeder. Das bestätigt auch das ehemalige THS-Mitglied Patrick Wieschke: «Damals war es ein sehr sehr enger Kontakt zu Roeder.» So setzten sich die Traditionslinien des rechten Terrors auch nach der Wiedervereinigung fort.

Auch den Täter eines der letzten tödlichen Anschläge mit rechtsextremen Hintergrund in der alten Bundesrepublik zieht es nach Ablauf seiner Haftstrafe in den Osten, wo er in der Neonazi-Szene untertaucht:[25] Das Landgericht im oberpfälzischen Amberg hatte den Neonazi und Lackiererlehrling Josef Saller wegen besonders schwerer Brandstiftung zu zwölfeinhalb Jahren Haft verurteilt, jedoch nicht wegen Mordes, obwohl er aus eindeutig rassistischer Motivlage für den Tod von vier Menschen verantwortlich war. In der eiskalten Nacht auf den 17. Dezember 1988 steckt der 19-jährige Josef Saller im Treppenhaus eines Hauses in der Schwandorfer Altstadt einen Stapel Pappkartons in Brand. Das Feuer erfasst das ganze Gebäude, vier der Hausbewohner sterben: das türkische Ehepaar Osman und Fatma Can, ihr Sohn Mehmet sowie Jürgen Hübener. Sechs weitere Nachbarn können sich – zum Teil schwer verletzt – noch aus dem Gebäude retten, das bis auf die Grundmauern niederbrennt. Josef Saller sagt später aus, er habe das Feuer gelegt, um «Ausländer zu ärgern».[26] Seit 2009 begeht die Stadt Schwandorf jeweils am 17. Dezember einen kommunalen Gedenktag. «Den Lebenden zur bleibenden Mahnung» steht heute auf einer Gedenktafel, die an dem wieder aufgebauten Haus angebracht ist. Die Namen der Opfer erinnern an die Brandnacht.

Der Anschlag von Schwandorf nimmt einige Monate vor dem Mauerfall die späteren Brandanschläge auf Asylbewerber-

heime und von Migranten bewohnte Häuser vorweg: Hoyerswerda, Rostock-Lichtenhagen, Mölln, Solingen. Mit diesen
Ortsnamen sind pogromartige Ausschreitungen und fremdenfeindliche Exzesse bis hin zum Mord verbunden. Immerfort
werden sie das Gedenken an die so unverhofft und friedlich
erlangte staatliche Einheit Deutschlands beschweren. Sind sie
doch in den Nachwendejahren ins kollektive Gedächtnis ein-
gegangen, weil sie zunächst zum Gegenstand umfangreicher
medialer Berichterstattung und anschließend der wissenschaft-
lichen Beschäftigung wurden. Längst wurden sie so Teil einer
Erinnerungskultur, die sich aus Jahrestagen, einprägsamen
Bildern und sich wiederholender Medienberichterstattung
speist.

Auch in der qua Staatsverständnis antifaschistischen DDR
zeigten sich in den Jahren vor dem Mauerfall offen agierende
Rechtsextremisten. Gingen hier in den ersten Jahrzehnten nach
der Staatsgründung noch die meisten der ehemaligen Nationalsozialisten, die es nach dem Krieg nicht in den Westen oder ins
Ausland verschlagen hatte, in den Massenorganisationen des
nächsten totalitären Staates auf deutschem Boden auf, in der
«Sozialistischen Einheitspartei Deutschlands» (SED) oder auch
in der «Nationalen Volksarmee» (NVA), entwickelten sich die
späteren Neonazis der 1980er Jahre als nonkonforme Subkultur. Vor allem im Umfeld einiger Fußballclubs aus der DDR-
Oberliga geht von rechtsradikalen Hooligans regelmäßig Gewalt aus: Immer wieder kommt es bei den Auswärtsfahrten
von BFC Dynamo Berlin oder Lokomotive Leipzig zu Ausschreitungen. In der allgemein verbindlichen Sprachregelung
der DDR wird das alles unter «Rowdytum» subsumiert. Dabei
war es auch in den Jahren zuvor schon zu antisemitischen
Schmierereien und Friedhofsschändungen gekommen: Der
verordnete Antifaschismus verfing nur im offiziellen Staatsverständnis. Und mit dem zunehmenden Frust über die gesellschaftliche Stagnation, die Mangelwirtschaft und den ökono-
mischen Verfall regte sich bei vielen DDR-Bürgern Protest, der
eben auch die rechtsextreme Szene wachsen ließ, während der
Staat immer mehr an Legitimation verlor.

Am 2. Februar 1988 beschloss das Politbüro schließlich, alle «Erscheinungen von Neofaschismus» zu unterbinden. Dieser Vorgang wurde später als «stille Sensation» gewertet, weil die DDR-Führung damit erstmals die Existenz von Faschismus im antifaschistischen Staat einräumte. Aber natürlich sei der «nur durch das Einwirken neofaschistischer Kräfte aus der BRD bei einzelnen Personen hervorgerufen» worden, wie es offiziell hieß.[27] In der Folge aber gründete das Innenministerium eine «Arbeitsgruppe Skinhead», die bei der Kriminalpolizei angesiedelt wurde. Die «AG Skinhead» erfasste nun DDR-weit über 1 000 gewalttätige Neonazis, das rechte Milieu wurde auf 15 000 Personen geschätzt. Eine Statistik über rechtsextreme Gewalttaten wurde in der DDR nicht geführt, aber man zählte die «rechtsradikalen Delikte», die im Jahr 1989 immerhin auf über 300 anstiegen. Und die «AG Skinhead» erfasste nun auch immer mehr Gewalttaten: «Auf Magdeburger Betriebe wurden Sprengstoffanschläge verübt. In Karl-Marx-Stadt überfielen Rechte ein ‹ausländisch› wirkendes Mädchen und ritzten ihm einen Davidstern in den Arm. In Dresden schlugen Skinheads einen Mosambikaner zusammen. In Halle verprügelten fünf junge Männer einen weiteren Afrikaner. Einen dritten warfen Rechte nahe Riesa aus dem fahrenden Zug.»[28] Die «AG Skinhead» wurde von Oberstleutnant Bernd Wagner geführt, der Jahre später gemeinsam mit Ingo Hasselbach die Neonazi-Aussteiger-Initiative «Exit Deutschland» gründete.

Der Auslöser für die «stille Sensation» ereignete sich am 17. Oktober 1987, unter massiver Beteiligung einer Gruppe von Skinheads aus dem Umfeld von BFC Dynamo Berlin, einem Club, der bis heute gewaltbereite Neonazis und Hooligans anzieht. Mitglieder dieser rechtsextremen Szene überfielen die Besucher eines gemeinsamen Konzerts der West-Berliner Rockgruppe «Element of Crime» und der Ost-Berliner Band «Firma» in der Zionskirche im Ost-Berliner Stadtbezirk Mitte, wo sich zu dieser Zeit die Keimzelle der hauptstädtischen DDR-Bürgerbewegung versammelte. Einer der Anmelder des Konzerts, der Historiker Dirk Moldt, rekonstruierte den Überfall Jahre später.[29]

«Etwa zehn Konzertbesucher standen kurz nach 22.00 Uhr an der Straßenbahnhaltestelle in der Kastanienallee. Gegenüber hielt eine vollbesetzte Straßenbahn. Von dort her stürmte plötzlich ein Pulk von etwa einem Dutzend Skinheads auf die Wartenden zu, dabei ‹Attacke!›, ‹Skinhead-Power!› und ‹Heil!› rufend. Der Vorderste stieß im vollen Lauf mit dem Handballen gegen den Rücken einer jungen Frau, die vornüber auf das Pflaster stürzte und sich dabei die Knie verletzte. Die Angreifer teilten sich auf, umstellten Einzelne und begannen auf sie einzuschlagen. Ein Opfer ging sofort zu Boden und wurde weiter mit Stiefeltritten traktiert. Ein anderer stürzte auch, doch von ihm ließen sie bald ab. Zwei Schläger griffen sich einen weiteren, zerrten ihn in einen Hausflur, bedrohten und beschimpften ihn dort. Ein anderer blieb aufrecht stehen und versuchte, rücklings an ein parkendes Auto gelehnt, sich der Attacken eines einzelnen Skinheads zu erwehren. Die anderen blieben abseits und redeten aufeinander ein. Als der Ruf ‹Die Bullen!› ertönte, rannten die Skinheads zurück auf die gegenüberliegende Straßenseite und verschwanden in Richtung Zionskirchplatz, wohin sich die anderen von ihnen bereits begeben hatten. […] Einige Minuten nach dem Konzert – die Kirche war kaum noch halbvoll – wurden die hinausgehenden Leute am Südportal gewaltsam zurück ins Kircheninnere gedrängt. ‹Zehn oder fünfzehn Glatzen drangen in die Kirche ein und begannen gezielt einzelne Leute zu verprügeln, immer mehrere auf einen. Die Konzertbesucherinnen und -besucher wichen zurück, so dass ein freier Raum zwischen den Glatzen und den anderen war. Vereinzelt flogen Flaschen auf die Eingedrungenen, trafen jedoch auch andere›», zitiert Moldt den Bericht eines weiteren Augenzeugen. «Dabei wurde ein Besucher am Kopf verletzt und musste durch den Notdienst versorgt werden. ‹Die Leute in der Kirche begannen ‹Nazis Raus!› im Sprechchor zu rufen, und erst als einige anfingen, die Nazis herauszuprügeln, zogen die ab», heißt es in dem Augenzeugenbericht. «Schon vor der Kirche hatten die etwa 30 Skinheads – ihre genaue Zahl wurde nie ermittelt – die völlig ahnungslosen Anwesenden wahllos und brutal mit Faustschlägen und Fußtritten traktiert […]. Die

Skinheads waren ausschließlich zum Zweck des Überfalls gemeinsam aufgebrochen.»

Der Ost-Berliner Neonazi Ingo Hasselbach, der sich bereits im Jahr zuvor in verschiedenen rechtsextremen Gruppen organisiert hatte, unter anderem in der «Lichtenberger Front», war an diesem Abend bei dem Überfall auf die Zionskirche in Mitte nicht dabei. Zwar wurde er unter diesem Verdacht von der Stasi verhaftet, hatte aber für den 17. Oktober das «perfekte Alibi»: Denn Hasselbach wurde erst zwei Tage später aus achtmonatiger Haft entlassen: Er hatte beim Freundschaftsfest zu Ehren der sowjetischen Streitkräfte in der Lichtenberger Parkaue mehrmals «die Mauer muss weg!» in die Menge geschrien. Zu dieser Zeit hatten die Jungs in seinem Umfeld bereits die Band «Böhse Onkelz» entdeckt, «und einer hörte ständig alte Nazi-Wochenschauen auf Musikkassette», schrieb Hasselbach.[30] Außerhalb Berlins hatten sich bereits eine «Gubener Heimatfront», die «Wotansbrüder» (Halberstadt), die «Weimarer Front» und eine «SS-Division Walter Krüger Wolgast» formiert. Aber offiziell wurde das Problem verharmlost und bewusst heruntergespielt. Es kann nicht sein, was nicht sein darf.

Der Angriff auf das Konzert in der Zionskirche bedeutete eine Wende. Wohl auch, weil die West-Berliner Band «Element of Crime» zugegen war und man deshalb mit einer Berichterstattung der West-Medien über diesen Vorfall rechnen musste. Derart aufgeschreckt leitete das Ministerium für Staatssicherheit einen aufwendigen «Operativen Vorgang» ein und bereits Ende November begann der Prozess gegen die vier Hauptbeschuldigten. «Es war Blut geflossen, und es gab mehrere Schwerverletzte. Ein Pfarrer erlitt einen Schädelbasisbruch», die Stasi habe hart durchgegriffen, berichtete Zeitzeuge Ingo Hasselbach.[31] Nach Kritik in den gelenkten Medien an den als zu milde empfundenen Urteilen und einer Intervention des Generalstaatsanwalts, der sich «via Egon Krenz bei Erich Honecker ‹grünes Licht› geholt» hatte, wurden die Haupttäter in zweiter Instanz zu Haftstrafen zwischen eineinhalb und vier Jahren verurteilt. Der Täter mit dem höchsten Strafmaß profitierte von einer im Dezember 1989 erlassenen Amnestie des

DDR-Staatsrates, so dass er im Mai 1990 das Gefängnis in Bautzen verlassen konnte.[32] Der Neonazi Ingo Hasselbach schrieb, dass er jetzt «viele der an diesem Überfall Beteiligten in der Weitlingstraße wieder» sah. Dort ging die rechtsextreme Szene der DDR in der gesamtdeutschen auf, trafen die Neonazis aus dem Osten auf Christian Worch, Michael Kühnen und Ekkehard Weil aus dem Westen. Zwar hatte sich die Szene in der DDR vor allem in den 1980er Jahren entwickelt, aber auch schon zwischen 1965 und 1980 hatte die Staatmacht hunderte Vorfälle gezählt. So erfasste die Stasi in diesen Jahren in der Nationalen Volksarmee (NVA) und selbst in den eigenen Reihen 700 «neofaschistische» Vergehen. Sogar in der MfS-Elitetruppe, dem Wachregiment «Feliks Dzierzynski». Mitte der 1980er Jahre wurde bereits jede vierte MfS-Ermittlung wegen «staatsfeindlicher Hetze» von Neonazis geführt.[33]

«Es ist ein grundlegender Irrtum anzunehmen, das Problem Rechtsextremismus sei erst mit der Wiedervereinigung entstanden», heißt es dazu passend in einer Studie der Friedrich-Ebert-Stiftung, die sich mit Rechtsextremismus in Mecklenburg-Vorpommern beschäftigt.[34] Demnach seien die in der DDR in den 1980er Jahren entstandenen rechtsextremen Jugendsubkulturen 1990 gezielt von westdeutschen Neonazis und rechtsextremen Parteien angesprochen und in ihre Gesamtstrategie eingebunden worden. Das bestätigen so auch immer wieder führende Rechtsextremisten im Gespräch, etwa der NPD-Vorsitzende Holger Apfel, der als 18-jähriger Jungfunktionär der NPD-Jugendorganisation «Junge Nationaldemokraten» (JN) wenige Stunden nach dem Mauerfall am 9. November 1989 in die DDR gereist ist. Während viele seiner Altersgenossen noch diskutierten, ob die sich bald darauf anbahnende Wiedervereinigung zu einem Aufflammen des deutschen Nationalismus führen werde, hoffte Apfel genau darauf. Kurz darauf stand er mit Gesinnungsgenossen in Leipzig und versuchte, die politische Dynamik der Montagsdemonstrationen in seinem Sinne zu steuern.[35]

Die rechtsextremen Funktionäre aus Westdeutschland stießen unter den in der DDR sozialisierten Menschen auf eine weit verbreitete Ablehnung von Migranten, die tief in die Zeit vor 1990 zurückreichte: Denn in der DDR wurde staatlicherseits peinlich darauf geachtet, dass Migranten nicht gesellschaftlich integriert wurden. Man holte sie aus den sozialistischen Bruderstaaten ins Land, vor allem aus Mosambik, Kuba, Vietnam und Angola. In der DDR wurden sie dann als Vertragsarbeiter eingestuft und mussten in abgeschotteten Wohnheimen leben, während das Regime offiziell gegen die Rassentrennung in Südafrika protestierte und den Internationalismus propagierte. Integration war in dem Arbeiter- und Bauernstaat für Migranten nicht vorgesehen. Zugleich galten die Leute aus Übersee unter den DDR-Bürgern als privilegiert. Denn viele von ihnen besaßen D-Mark, weil sie in die Bundesrepublik reisen durften. So kamen sie an westliche Konsumgüter, vor allem Unterhaltungselektronik, und zogen damit den Neid ihrer Gastgeber auf sich. Und dann war da noch die Gelegenheitsprostitution, für die sich einige Frauen aus der DDR immer wieder den Vertragsarbeitern hergaben. Auch das sorgte für Unmut und Spaltung. Als dann gleichsam über Nacht die Kontaktsperren fielen, waren Einheimische und Fremde nicht aufeinander vorbereitet, und «es begannen die psychischen Schäden der jahrzehntelangen Ab-, Aus- und Eingrenzung hochzubrodeln», schrieb der Journalist Heribert Prantl 1994 in seinem Buch «Deutschland leicht entflammbar». «Wenn man eine Liste machen wollte von den denkbar ungünstigsten Bedingungen, unter denen sich ein Volk auf andere Kulturen einlassen soll, dann müsste man nur die Zustände in den letzten Monaten der DDR und dem ersten Jahr nach dem Beitritt zur Bundesrepublik beschreiben», heißt es dort.[36] Im persönlichen Gespräch wird der Berliner Neonazi Andreas Storr Jahre später die Ausländerpolitik der DDR loben – und das Bild fügt sich zusammen. Kurz darauf wird er im ostsächsischen Landkreis Görlitz für die NPD in den Landtag gewählt: «Man holte damals Leute ins Land, aber die blieben unter sich. Und wenn die Frauen schwanger wurden oder wenn eine gewisse Zeit abgelaufen war, dann mussten sie zurück in ihre Heimatländer. Das ist ja eine Ausländerpolitik, die wir auch mittragen könnten. Wir erkennen in der DDR Elemente einer Ordnung, die unseren Vorstellungen auch entspricht. Diese Mentalität kommt uns entgegen.»[37]

Eine kenntnisreiche Analyse ebendieser Mentalität liefert der Hallenser Psychiater und Psychoanalytiker Hans-Joachim Maaz. In seinem Buch «Gefühlsstau», erschienen gleich nach der Wende, geht er auf die Wechselwirkungen zwischen politischem System und der seelischen Verfassung der in ihm sozialisierten Menschen ein. Maaz charakterisiert den «real existierenden Sozialismus» als ein alle Lebensbereiche durchdringendes System umfassender Repression. «Man kann das Ziel staatlicher Erziehung auf einen Punkt bringen: Die Individualität hemmen und den eigenen Willen brechen», schreibt er. Individuelle, familiäre, religiöse und politische Normabweichungen seien «einer Hölle» ausgesetzt gewesen. «Linkshänder, Brillenträger, Unsportliche, Stotterer, Bettnässer waren der kollektiven Ablehnung ebenso gewiss wie Christenlehrekinder, Nicht-Pioniere, Pazifisten und Wehrdienstverweigerer [...]. Diese früh gelernten Ausgrenzungen als Mittel, Aggressionen ventilartig abzureagieren, bildeten natürlich die beste Voraussetzung für die spätere zwanglose Eingliederung in die systemimmanenten Feindbild- und Hassprojektionen, wie sie gegen Schwule und Ausländer latent immer vorhanden waren und gegen Andersdenkende und ‹Klassenfeinde› demagogisch gezüchtet wurden».[38]

Die unter DDR-Bürgern vorherrschenden Verhältnisse waren also ideal für das Erstarken eines gewalttätigen Rechtsextremismus in den neuen Bundesländern. Erfüllten sie doch die zentralen Elemente des soziologischen Rechtsextremismus-Konzepts, wie sie der Bielefelder Gewaltforscher Wilhelm Heitmeyer schon zwei Jahre vor dem Mauerfall beschrieben hatte: «Es sind Ideologien der Ungleichwertigkeit wie nationalistische Überhöhungen, rassistische Abwertungen und totalitäre Normverständnisse, die mit verschiedenen Stufen der Gewaltakzeptanz einhergehen.»[39] Der Befund von Hans-Joachim Maaz, die Ausländerpolitik der DDR und die Ideologie der Ungleichwertigkeit liefern Antworten auf die Frage nach den Ursachen der Gewaltwelle, die vor allem in den Nachwendejahren über das Gebiet der ehemaligen DDR schwappte. Diese Gewalt füllte das Vakuum, das die zusammengebrochene staatliche Autorität hier hinterlassen hatte und das wiederum für eine ideologische wie soziale Orientierungslosigkeit sorgte. Unterdessen war die demokratisch legitimierte Autorität noch nicht präsent und die Polizei mit den neuen Verhältnissen überfordert und vielfach völlig unterbesetzt. Die rechtsextreme Ideologie fand in diesem Vakuum jedenfalls besondere Resonanz. Ein Volk mit einem über Jahrzehnte aufgestauten Aggressionspotential sei wie eine Zeitbombe, die jederzeit explodieren könne, resümiert Maaz. «Die ständige Mahnung zur Gewaltfreiheit gab den Hinweis auf das vorhandene Gewaltpotential.» Der Appell im Herbst 1989 sei zwar erfolgreich gewesen, jetzt aber tobe sich «das vorhandene Aggressionspotential vorerst in Fremdenhass und in der Jagd auf Ausländer aus, es zeigt sich in erstarkendem Extremismus und Nationalismus.»[40]

In der Rückschau ist eindeutig zu erkennen, dass dieses gefährliche Gemisch von den maßgeblichen Politikern grob fahrlässig unterschätzt wurde. Und wenn auch einige Medien zu einer anderen Bewertung des rechtsextremen Gewaltpotenzials gegen Migranten gekommen wären, hätten sie sich vielleicht in der Nachwendezeit zurückhaltender zur Asyl- und Ausländerpolitik geäußert: Passt doch für ihrer beider Rolle, also der Politiker und einiger Medien, ausnahmsweise der überstrapazierte Begriff der geistigen Brandstifter. Auf eine knappe Formel brachte das Heribert Prantl in seinem Buch «Deutschland leicht entflammbar», wo es in einer Zwischenüberschrift lapidar heißt: «26.5.1993 – Ein Grundrecht wird beseitigt, 29.5.1993 – Fünf Türken werden verbrannt.» Denn was in den drei Jahren nach der deutschen Einheit folgte, war das tödliche Zusammenspiel einer gesamtdeutschen Ausländerpolitik mit der Gewaltbereitschaft eines entfesselten fremdenfeindlichen Mobs, das in der Abschaffung des Grundrechts auf Asyl mündete und in einer Welle der Gewalt gegen Zuwanderer.

Der Gefühlsstau, die Wende und der Tod – als der Mob die Macht übernahm

So friedlich wie die Revolution in der DDR verlief, so wenig friedlich präsentierte sich die gesamtdeutsche Realität nach der Wiedervereinigung für die Übriggebliebenen des untergegangenen Systems. Für die Vertragsarbeiter, die von der DDR-Führung aus so genannten «sozialistischen Bruderstaaten» rekrutiert worden waren, war nach der Wiedervereinigung kein Platz mehr in der Gesellschaft. Vor allem vermochte der neue Staat sie kaum zu schützen vor den offenen Anfeindungen derjenigen, die ihren Gefühlsstau nicht zivilisiert und kontrolliert aufzulösen vermochten. Und zusätzlich zu den noch verbliebenen Vertragsarbeitern kamen weitere Flüchtlinge ins Land, die in der Bundesrepublik um Asyl baten. Für viele Deutsche war das eine Situation, die sie als unerträglich empfanden. Zumal im Osten, wo die erlangte Freiheit für Unsicherheit und Orientierungslosigkeit sorgte.

Eberswalde, 25. November 1990. Eine Horde von 60 Rechtsextremisten fällt mit Knüppeln und Messern bewaffnet über einige Afrikaner vor einem Gasthof in Eberswalde her, 50 Kilometer nordöstlich von Berlin. Während mehrere von ihnen – teils schwer verletzt – flüchten können, erwacht der 28-jährige Amadeu Antonio Kiowa nicht mehr aus dem Koma und stirbt elf Tage später. Die drei Haupttäter, zur Tatzeit zwischen 17 und 19 Jahre alt, werden 1992 vom Bezirksgericht Frankfurt/Oder wegen gefährlicher Körperverletzung mit Todesfolge zu je vier Jahren Jugendstrafe verurteilt, ein 18-jähriger Mittäter erhält zwei Jahre auf Bewährung. Wer Amadeu Antonio Kiowa den tödlichen Tritt ins rechte Auge zufügt, ist später nicht mehr nachzuweisen.[41]

Hachenburg, 28. Dezember 1990. Der 17 Jahre alte Kurde Nihad Yusufoglu wird in der Kleinstadt Hachenburg im Westerwald von einem gleich alten Skinhead durch einen Messerstich ins Herz getötet. Nach Angaben der Staatsanwaltschaft gehörte der Täter zum Umfeld der rechtsextremen Gruppierung «Taunusfront». Das Landgericht Koblenz verurteilt den Messerstecher wegen Totschlags zu einer Jugendstrafe von sechs Jahren. Nach Ansicht der Strafkammer ist bei dem Skinhead «ein gewisser ausländerfeindlicher und rassistischer, möglicherweise auch rechtsextremistischer Hintergrund» zu erkennen, doch sei dem Täter nicht nachzuweisen, dass er zum «Zeitpunkt des Messerstichs rassistische Motive verinnerlicht» hatte.[42]

Noch im Dezember beginnt gemäß Einigungsvertrag die Zuweisung von Asylbewerbern in die fünf neuen Bundesländer. Der deutsch-deutsche Einigungsvertrag regelt den Beitritt der Deutschen Demokratischen Republik zur Bundesrepublik. Mit dem Wirksamwerden des Beitritts am 3. Oktober 1990 werden die Länder Ostdeutschlands Länder der Bundesrepublik Deutschland. Nach Ansicht von Dieter Köhler, dem Asylbeauftragten im sächsischen Innenministerium, ist der Beschluss, die neuen Bundesländer in den Verteilungsschlüssel für die Asylbewerber einzubeziehen, eine glatte «Fehlentscheidung des Bundes».[43]

In den darauffolgenden Monaten kommt es immer wieder zu Angriffen auf Unterkünfte von Asylbewerbern, nicht nur – aber vor allem – im Osten der vereinigten Republik: Der «Spiegel» beschreibt diese Vorfälle als «anhaltenden Terror». Im sächsischen Leisnig marschieren 30 Zecher geschlossen und mit Zaunpfählen, Spaten oder Eisenstangen bewaffnet zu einem staatlichen Wohnheim, prügeln die fast 60 Asylbewerber aus dem Schlaf, schreien immer wieder «Scheiß-Ausländer» und zerschlagen die Einrichtung. Die meisten Bewohner, überwiegend Eritreer und Pakistani, retten sich mit Sprüngen durch die geschlossenen Fenster. Ein Telefon gibt es nicht. Schwerverletzte können deshalb erst am nächsten Morgen ins Krankenhaus gebracht werden. Die Opfer suchen Zuflucht in einer Gemeinschaftsunterkunft im hessischen Eschborn und berichten über das Chaos, dem Asylbewerber in Ostdeutschland ausgesetzt sind. Im thüringischen Geisa verüben Unbekannte vor dem Erstbezug der Asylbewerberunterkunft einen Brandanschlag. Der Bürgermeister hatte zuvor versucht, die Unterbringung der Migranten per Gerichtsbeschluss zu verbieten. Weitere Brandanschläge treffen ein Wohnheim für Asylbewerber in Zielitz bei Magdeburg und die zentrale Aufnahmestelle des Landes Brandenburg in Eisenhüttenstadt. In Klötze in Sachsen-Anhalt verfolgt eine 30-köpfige Jugendbande zwei Tage und zwei Nächte lang die Bewohner eines Asylantenheims. Ein Afrikaner wird im nahen Wald brutal zusammengeschlagen, ein rumänischer Flüchtling mit mehreren Messerstichen niedergestreckt. Längst weigern sich viele Asylbewerber, in den Bus gen Osten zu steigen.

Dresden, 31. März 1991. Der 28-jährige Mosambikaner Jorge Gomondai stürzt in Dresden aus einer fahrenden Straßenbahn und verletzt sich tödlich am Kopf. Das Gericht kann nicht klären, ob der Schlachthofarbeiter von Skinheads aus der Bahn gestoßen wurde oder ob er aus Angst vor der aggressiven Meute aus der Tür sprang. Das Landgericht Dresden verurteilt einen der Beteiligten wegen fahrlässiger Tötung zu einer Freiheitsstrafe von zweieinhalb Jahren ohne Bewährung. Zwei andere Angeklagte erhalten Bewährungsstrafen von eineinhalb Jahren.[44]

Friedrichshafen, 16. Juni 1991. Der Angolaner Agostinho Comboio wird in Friedrichshafen am Bodensee von einem Rechtsextremisten verprügelt und erstochen. Der Täter wird laut Landgericht Ravensburg nach dem Verbrechen in der rechten Szene als «Held von Friedrichshafen» gefeiert. Das Gericht verurteilt den Neonazi wegen Totschlags zu fünf Jahren Haft.

«Immer mehr Asylbewerber kommen nach Deutschland. Gestern waren es 1000. Heute werden es wieder 1000 sein. Wie lange geht das noch gut?», fragt die «Bild» am 5. September. Es folgt eine «Bild»-Serie, für die mit einer bundesweiten Plakatkampagne geworben wird: «Asylanten in … – wer soll das bezahlen?» Die erste Folge des «Großen Bild-Reports» beginnt die Serie im zweifelsfreien Stammtischsprech: Flüchtlinge werden als «Scheinasylanten» und «Schmarotzer» bezeichnet, die das deutsche Asylrecht missbrauchen und die Steuergelder der Bürger verprassen. «In Dortmund leben 257 Asylbewerber in

18 Hotels. Für das viele Geld könnte man auch Kindergärten bauen, sagen manche. Oder Krankenhäuser. Oder Wohnungen.»[45]

Monatelang tobt nun schon eine Asyldebatte in Deutschland. Es geht um den Bestand des Artikels 16 im Grundgesetz, dass nämlich politisch Verfolgte Asylrecht genießen. Hintergrund ist der angeblich massenhafte Missbrauch ebendieses Prinzips. Während die Unionsparteien durch eine Verfassungsänderung diesen Rechtsanspruch aufweichen wollen, geht es der SPD und auch der FDP darum, das bisherige Prüfverfahren zur Berechtigung der Antragsteller zu beschleunigen, um die abgelehnten Bewerber schneller wieder außer Landes schicken zu können. Beide Positionen zielen also darauf, den beklagten Asylmissbrauch einzugrenzen.

CDU-Generalsekretär Volker Rühe startet mit einem internen Rundbrief an alle Kreisverbände seiner Partei eine eigene bundesweite Kampagne, mit dem Ziel, «die Asylpolitik zum Thema zu machen […], in den Gemeinde- und Stadträten, den Kreistagen und in den Landesparlamenten». Über parlamentarische Anfragen und entsprechende Pressemitteilungen sollten die CDU-Mandatsträger den «Unmut» der Bevölkerung stärken. Sie sollten etwa fragen, ob Asylbewerber in Hotels oder Pensionen untergebracht worden sind? Zu welchen Kosten? Und welche Auswirkungen die Belegung von öffentlichen Einrichtungen mit Asylbewerbern auf die bisherigen Besucher hatte?[46]

Bei der Wahl zur Bremischen Bürgerschaft kommen die Parteien der extremen Rechten am 29. September 1991 auf 6,2 Prozent der Wählerstimmen, die rechtsextreme DVU zieht in Fraktionsstärke in die Bürgerschaft ein und setzt sich auf Jahre in der politischen Landschaft fest. Neben den kurzzeitigen Gewalttaten gegen Zuwanderer zeigt sich jetzt der nachhaltige politische Effekt der polemisch geführten und parteipolitisch instrumentalisierten Asyldebatte. Spätestens seit dieser Wahl ist klar, dass diese Debatte auch das Wahlverhalten der Deutschen beeinflussen würde. Damit wächst der Druck auf diejenigen, die sich noch gegen eine Verfassungsänderung stemmen. Alle, die offen oder insgeheim fremdenfeindliche Einstellungen hegen, können sich dagegen politisch bestätigt fühlen. Und zwar nicht nur von rechtsextremen Parteien, sondern vor allem von der größten Regierungspartei und ihrem Vorsitzenden, Helmut Kohl, dem «Kanzler der Einheit».

Hoyerswerda, 17./18. September 1991: DDR Staats- und Parteichef Erich Honecker glaubte ehedem, in der sozialistischen Musterstadt für die Beschäftigten der Braunkohlenindustrie das «Herz der Republik» schlagen zu hören. Dabei erschien dem «Spiegel» die von Plattenbauten geprägte Neustadt von Hoyerswerda als ein «steingewordener Reißbrett-Traum realsozialistischer Kaninchenzüchter». Bestehend aus «zehn Wohnkomplexen mit ihren drei Kneipen und Schließfächern für 70 000 Menschen, wo die Kriminalitätsrate und die der Selbstmorde einsame deutsche Spitze sind». Unter dem Eindruck der pogromartigen Ausschreitungen gegen ehemalige DDR-Vertragsarbeiter und Asylbewerber im September 1991 warf das Nachrichtenmagazin seinen Lesern einen zweifelhaften Gruß aus Hoyerswerda zu: «Willkommen in einem bösartigen, hässlichen, dumpfen Alltag, der bösartige, hässliche, dumpfe Menschen stanzt.»[47] Seither haftet der schrumpfenden Stadt in der Oberlausitz ein Makel von Fremdenfeindlichkeit, Intoleranz und Rechtsextremismus an. Seitdem ist Hoyerswerda eine «Stadt auf Bewährung».[48] Nach Ablauf des Jahres 1991 kürte die «Gesellschaft für deutsche Sprache» – übrigens zum ersten Mal – ihr «Unwort des Jahres», das «ausländerfrei» hieß. Denn darum ging es bei den Ereignissen von Hoyerswerda: Die Menschen, die an den Ausschreitungen teilnahmen, vor allem auch ein Großteil derer, die dazu applaudierten oder als stillhaltende Beobachter den Vorgängen schlicht zustimmten, wollten ein ausländerfreies Hoyerswerda. Und sie haben es bekommen. Bis heute leben kaum mehr Migranten in der Stadt. Das Wort «ausländerfrei» sollte übrigens nicht das letzte aus dem Zusammenhang rechtsextremistischer Gewalt bleiben, das zum «Unwort des Jahres» gekürt wurde.

In Hoyerswerda beginnt jedenfalls alles mit einer Gruppe von acht Skinheads, die an einem frühen Dienstagabend, dem

17. September, auf dem Lausitzer Platz im Zentrum von Hoyerswerda-Neustadt mehrere vietnamesische Händler angreifen. Als die herbeigerufene Polizei einschreitet, ziehen die Skinheads weiter in die Albert-Schweitzer-Straße. Dort wohnen die letzten vietnamesischen und mosambikanischen Gastarbeiter, die das Honecker-Regime ins Land geholt hatte, und warten auf die Rückkehr in ihre Heimatländer. Die Gruppe vor dem Wohnheim wächst auf rund 40 Personen an; aus ihr fliegen Steine auf das Haus. Einige Bewohner setzen sich zur Wehr, indem sie Flaschen und andere Gegenstände aus dem Fenster werfen.[49]

Am frühen Abend des darauf folgenden Tages versammeln sich erneut rund 100 rechtsgerichtete Jugendliche vor der Vertragsarbeiter-Unterkunft und skandieren fremdenfeindliche Parolen. Der Mob wächst auf 200 bis 250 Personen an, darunter auch Nachbarn aus der näheren Umgebung, bei denen es sich nach Einschätzung der Polizei «nicht um extremistisch eingestellte Personen gehandelt hat», berichtet eine Lokalzeitung.[50] Demnach kam es wiederholt zu Äußerungen wie «Ausländer raus, sonst werden wir die Aktivitäten solange fortsetzen, bis die Ausländer wirklich raus sind, oder das gesamte Haus wird angezündet.» Kurz vor 22 Uhr trifft schließlich der Landrat ein, vermerkt die Chronik der Stadt. Er diskutiert mit den rund 25 Personen, die jetzt noch vor dem Gebäude stehen. Eine halbe Stunde später, so der Polizeibericht, haben «alle Bürger den Ort vor dem AWH verlassen. Festnahmen gab es nicht». Zudem seien «Auflagen an Verantwortliche im Wohnheim erteilt [worden], dass die Bewohner Handlungen zu unterlassen haben, die als Provokation gewertet werden können».[51]

Saarlouis, 19. September 1991. Während sich in Hoyerswerda die Ausschreitungen gegen die Unterkünfte der Migranten allmählich pogromartig ausweiten, verbrennt in der Nacht der 27-jährige Samuel Kofi Yeboah aus Ghana in einem Asylbewerberheim im saarländischen Saarlouis. Unbekannte hatten gegen 3.30 Uhr einen Brandsatz in die Unterkunft geschleudert. Zwei weitere Männer aus Nigeria werden dabei verletzt.

Der Brandanschlag ist bis heute noch nicht aufgeklärt. Das vereinigte Deutschland hat nun schon seinen elften Toten als Folge rechtsextremistischer Gewalt zu beklagen, und das noch vor seinem ersten Jahrestag am 3. Oktober 1991.[52]

Hoyerswerda, 19.–23. September 1991. Die wütende Menschenmenge in der ostsächsischen Stadt verdoppelt sich: Bis zu 500 Personen versammeln sich am dritten Abend in Folge vor dem Wohnheim. Auch die Gewaltbereitschaft nimmt zu. Diesmal bleibt es nicht bei Flaschen und Steinen: «Erste Feuerbälle am Ausländerheim» titelt eine Lokalzeitung über Molotowcocktails, die auf das Wohnheim geschleudert werden. Inzwischen beteiligen sich auch auswärtige Rechtsradikale an den Krawallen. Erst für 2.29 Uhr notiert der Polizeibericht: «Lage in Hoyerswerda beruhigt», und meldet 17 Verletzte, darunter drei in stationärer Behandlung, sowie 23 Festnahmen.[53]

Für den inzwischen angebrochenen vierten Protesttag, Freitag, den 20. September, ist mittags eine Krisensitzung beim Landrat angesetzt, wo man zu einer bedenklichen Einschätzung der Lage kommt: «Die übergroße Mehrheit der […] Anwohner im unmittelbaren Umfeld des AWH sieht in den Handlungen der Störer eine Unterstützung ihrer eigenen Ziele zur Erzwingung einer Ausreise der Ausländer und erklärt sich folgerichtig mit ihren Gewalttaten sehr intensiv solidarisch. Die polizeilichen Handlungen werden dagegen strikt abgelehnt.» Es sei mit weiteren und «sich erheblich verstärkenden Aktionen zu rechnen», und daher eine «schnellstmögliche Klärung des Sachverhalts zu erreichen und das Gespräch zwischen politisch Verantwortlichen und den Bürgern zu suchen».[54]

Am Abend fliegen erneut Steine und Molotowcocktails aus einem Mob gegen das Wohnheim. Gegen 21 Uhr räumt die Polizei schließlich die Albert-Schweitzer-Straße. Daraufhin verlagert sich das Geschehen an die Peripherie, vor das Asylbewerberheim in der Thomas-Müntzer-Straße im «Wohnkomplex IX». Dort halten sich nach Polizeiangaben gegen 23 Uhr «40 Personen aus der Skinhead-Szene» auf und werfen «am genannten Objekt Scheiben ein».[55] Nach Mitternacht fordern rund 70 Asylbewerber vor dem Wohnheim ihre Verlegung nach Berlin. Das ist aus ihrer Sicht ein sicherer Ort. Als sie nach einer Stunde in ihre Unterkunft zurückkehren, ziehen sich auch die Skinheads zurück.

Am Samstagmorgen, den 21. September, bilanziert die Polizei nüchtern: diesmal keine Verletzten. Drei Skinheads habe man über Nacht festgenommen, sie seien aber inzwischen wieder freigelassen worden. Auf dem Wochenmarkt ist am Vormittag alles wie immer, stellt die Berliner «Tageszeitung» fest: «Die Leute kaufen ein und schlendern zwischen den Ständen. Eine Frau indes verteilt gelbe Rosen an die Vietnamesen, die hier Zigaretten verkaufen. Sie ist ‹entsetzt› über den Rassismus. Sie schenkt den Vietnamesen Blumen, ‹weil sie Ausländer sind›. Währenddessen verlassen etwa 60 Mosambikaner aus dem WK 5c überstürzt die Stadt. In Bussen werden sie nach Frankfurt am Main gefahren, von wo aus sie in ihre Heimat zurückfliegen. Einer sagt: ‹Besser weg hier, als tot.› Ein Hoyerswerdaer schreit den abfahrenden Bussen noch hinterher: ‹Ihr Negerschweine, wir bringen Euch alle um!›»[56]

Auch die «Frankfurter Allgemeine Zeitung» hat einen Korrespondenten in die Stadt geschickt, der beobachtet, wie die Asylbewerber Vorkehrungen für die kommende Nacht treffen und die Eingänge zu ihrem Heim mit Rollcontainern blockieren. Vertraut hier doch kaum noch jemand auf den Schutz durch die Polizei. «Die Straßen um WK 8 oder WK 9, wie die monotonen Wohnviertel im sozialistischen Kürzeldeutsch hießen, waren offenbar schon lange Niemandsland, in dem nur selten noch ein Polizist zu sehen war [...]. Über die Eskalation der vergangenen Tage kann ein Anwohner nur den Kopf schütteln. Die eigentliche Randale habe doch die Polizei gemacht, behauptet er. Sie sei der Situation in keinem Fall gewachsen gewesen und habe einfach drauflosgeprügelt. Auch von den politisch Verantwortlichen zeigt er sich zutiefst enttäuscht. Der neue Bürgermeister aus dem Westen sei erst einmal ins Wochenende verschwunden, obwohl der Ausbruch der Gewalt in der Luft lag. Auch Sachsens Innenminister Krause habe versagt, indem er den planlosen Polizeieinsatz genehmigt und sich das Schlachtfeld dann vor allem vom Hubschrauber aus angesehen habe.»[57]

Während es vor dem teilweise geräumten Wohnheim der Vertragsarbeiter abends nur zu vereinzelten Scharmützeln kommt, eskaliert die Lage in der Thomas-Müntzer-Straße. Das Gebäude wird mit Steinen und Molotowcocktails beworfen. Als einige Bewohner auf das Dach steigen, um ihrerseits Gegenstände in die Menschenmenge vor dem Haus zu werfen, wurde «durch Einsatz von MEK [Mobiles Einsatzkommando] und SEK [Sondereinsatzkommando] die Lage bereinigt», heißt es in dem fortlaufenden Polizeibericht.[58] Bei der Räumung des Geländes rund um die Unterkunft werden die Polizisten mit Brandflaschen und Stahlkugeln attackiert. Die Aktion ist gegen 2.30 Uhr abgeschlossen. Die Polizei registriert 16 Verletzte und 16 Festnahmen.

Am Sonntag, dem 22. September, reisen Demonstranten in einem Autokonvoi aus Berlin an, um die Asylbewerber zu unterstützen. Die Polizei berichtet von Zusammenstößen mit diesen Unterstützern, nach denen sie zwei Verletzte zählt. Am späten Abend räumt sie mit mehreren Hundertschaften und zwei Wasserwerfern das Gelände. Von den vielleicht 300 Menschen, die abgedrängt werden, sind die meisten parteiische Schaulustige aus der Nachbarschaft. Zwar wollen sie mit den Skinheads nichts zu tun haben, aber dass «die Ausländer weg müssen», steht für sie fest.

Der Polizeibericht von Montag, dem 23. September, weist eine Beruhigung der Lage aus: «Dies ist zum einen auf erste positive Auswirkungen im Stimmungsbild der Bevölkerung und zum anderen auf die durchgeführte Verlagerung von Asylbewerbern in andere Heime zurückzuführen.»[59] Zunächst werden die Flüchtlinge auf andere Unterkünfte im Großraum Dresden sowie im Landkreis Hoyerswerda verteilt. Aber auch der Auszug gerät zum Spießrutenlaufen. Kurz nach 19 Uhr wird das Gebäude mit Feuerwerkskörpern beschossen. Wenig später verliert ein Bewohner des Heims die Nerven und will aus dem vierten Stock springen. Er kann zurückgehalten werden, doch aus der Zuschauermenge ertönen Anfeuerungen. Ungefähr zeitgleich wird einer der Busse, die die Asylbewerber aus der Stadt bringen sollen, mit einem Gegenstand beworfen.

Ein Insasse wird am Auge verletzt. Ein Reporter des «Spiegel» hat diese Szene als Augenzeuge notiert: «Tham Le Thanh, ein 21-jähriger Junge aus Hanoi, hat einen Fensterplatz. Er hatte in die zähnebleckende Menge hinausgewinkt, krampfhaft grinsend, um seine Angst zu verbergen. Plötzlich verschwindet sein Gesicht hinter einem Netz aus Glassprüngen. In der Scheibe klafft ein hässliches Loch. Tam bricht blutüberströmt im Polster zusammen. ‹Treffer›, brüllt einer aus der Menge. Die anderen applaudieren. Thai Binh, Thams Freund, ruft um Hilfe. Der Fahrer startet durch. Nur weg hier.»[60] Die Behörden können die Sicherheit der ausländischen Bewohner offenkundig nicht länger garantieren, sie werden evakuiert. Hoyerswerda ist jetzt ausländerfrei. Seither steht die Stadt dafür, wie schnell sich die gewalttätigen Ausschreitungen einer radikalen Minderheit zu einer Art Pogrom entzünden können, durch die zur Schau gestellten Sympathiebekundungen einer passiven Menge, die aggressive Neonazis in ihrem gewalttätigen Fremdenhass ermutigen. So etwas hatte es in Deutschland seit der NS-Zeit nicht mehr gegeben. Dabei war Hoyerswerda erst der Anfang. Ein halbes Jahr nach diesen pogromartigen Ausschreitungen verkündet die junge ostdeutsche Bundesjugendministerin Angela Merkel (CDU), dass ihr Ministerium den Aufbau der Jugendarbeit in Hoyerswerda fördern wolle, um der Gewaltbereitschaft Jugendlicher entgegenzuwirken. In Hoyerswerda sollten die Angebote offener und mobiler Jugendarbeit verbessert werden, mit der auch die Skinhead-Szene erreicht werden solle. Schließlich habe eine Studie ergeben, dass die Lage der Jugendlichen in der ehemaligen Modellstadt «DDR-typisch» sei: Arbeitslosigkeit und Wohnungsnot nähmen zu und die Wende habe zu einem Kahlschlag in der ohnehin unzureichenden sozialen Infrastruktur für Jugendliche geführt. Weder eine Mehrheit der Bevölkerung noch eine Mehrheit der Jugendlichen sei jedoch ausländerfeindlich oder gewalttätig eingestellt, betonte Angela Merkel.[61] An dem Wochenende nach Hoyerswerda werden in Deutschland 78 rassistische Angriffe gezählt. Es ist abzusehen, dass die Ausschreitungen rechtsextreme Gewalttäter auch anderen Orts zu Vertreibungstaten animieren werden.

Unterdessen beklagten die Lokalpolitiker in Hoyerswerda selbst zunächst vor allem die heftige Resonanz in den Medien und eine damit einhergehende Stigmatisierung. Die Angst der lokal Verantwortlichen vor der Presse wird fortan überall dort eine Medienschelte nach sich ziehen, wo die rechtsextreme Gewalt eine nachhaltige Verbindung mit einer Ortsmarke eingeht. Immerhin hat sich in Hoyerswerda 20 Jahre nach den Ausschreitungen das diesbezügliche Klima in der Politik gewandelt: Anlässlich der Eröffnung der Ausstellung «Hoyerswerda, Herbst 1991» über die Ereignisse an diesen fünf Tagen im September entschuldigte sich der Oberbürgermeister 2011 ausdrücklich bei den Opfern.

Hünxe, 3. Oktober 1991. Und schon passiert das Erwartete: Kurz vor der niederländischen Grenze, im Kreis Wesel am Niederrhein. In der 13 000-Einwohner-Gemeinde Hünxe steht kurz nach ein Uhr morgens ein Asylbewerberheim in Flammen: Weil drei junge Männer, Volker, Jens und André, aus der hiesigen Skinhead-Szene, zwei von ihnen jeweils 19 Jahre, der dritte 18 Jahre alt, den neuen deutschen Feiertag, den 3. Oktober, auf ihre Weise begehen. Nach einem Besäufnis am Vorabend setzen sie das Haus in Brand, in dem die Ausländer wohnen. Vier Kinder einer libanesischen Familie werden dabei verletzt; zwei kleine Mädchen erleiden schwere, zum Teil lebensgefährliche Verbrennungen. Als Motiv ihrer fremdenfeindlichen Tat werden die drei später der Polizei sagen, sie hätten «ein Zeichen setzen» wollen. Die Übergriffe auf ein Asylbewerberwohnheim in Hoyerswerda hätten ihnen als «Vorbild» gedient.[62]

Bundeskanzler Helmut Kohl vermied es in seiner (bereits aufgezeichneten) Ansprache zum ersten Jahrestag der deutschen Einheit unterdessen, dieses «Vorbild» fremdenfeindlicher Hetze aus Hoyerswerda klar und deutlich zu verurteilen. Kohl forderte lediglich Achtung und Toleranz gegenüber ausländischen Mitbürgern. Statt zu kritisieren und zu mahnen, blieb er landesväterlich jovial und positiv, und formulierte ein Lob, das an diesem Tag vor allem eines war: unangebracht. «Deutschland ist ein ausländerfreundliches Land und wird es

bleiben.»⁶³ Damit legte er den bleiernen Mantel der Gleichgültigkeit über die Ausschreitungen der jüngsten Zeit. Es gibt
nicht wenige, die ihm – gerade in der historischen Rückschau –
eine moralische Mitschuld an den Gewaltexzessen der Nachwendezeit geben. Wegen dieser Haltung und der so genannten
Ausländerpolitik seiner Regierung, die mit einigem populistischen Getöse begleitet wurde, das wiederum bei vielen Radikalen als Gegenteil eines Widerspruchs gewirkt haben dürfte. Vor
allem aber vermied der Bundeskanzler ein klares Signal, dass er
persönlich alles dafür tun würde, der ausufernden Gewalt Kraft
seines Amtes und seiner Person entgegenzutreten. Der damalige grüne Dezernent für multikulturelle Angelegenheiten der
Stadt Frankfurt/Main, Daniel Cohn-Bendit, hatte schon während der Ausschreitungen von Hoyerswerda gefordert, dass
Spitzenpolitiker umgehend «nach Hoyerswerda fahren» sollten, um bei den Einheimischen für Toleranz gegenüber Fremden zu werben.⁶⁴ Sein Vorschlag blieb unbeantwortet. So ließ
Helmut Kohl, dessen erfolgreiche Amtszeit in diesen Jahren
durch sein einzigartiges Gespür für den richtigen Moment
geprägt war, eine historische Chance verstreichen, dem gewalttätigen Rechtsextremismus in Deutschland zu einem entscheidenden Zeitpunkt die moralische Grundlage zu entziehen.
Während der gesamten 16 Jahre seiner Amtszeit als Bundeskanzler besucht Kohl kein Opfer rechtsextremer Gewalt, auch
nimmt er an keiner der Trauerfeiern für die von Neonazis Getöteten teil.

Genau genommen ließ Helmut Kohl auch noch eine zweite
große politische Chance verstreichen, nämlich die, Deutschland als modernes Einwanderungsland für die bald drängende
demographische Herausforderung zu wappnen. Also die Zu-
wanderung politisch zu begleiten und den tatsächlichen Inte-
grationsproblemen aktiv zu begegnen. Stattdessen hielt er an
der Fiktion fest, dass die Bundesrepublik «kein Einwanderungsland» sei, wie er stets betonte.

Nach ihrer privaten Einheitsfeier in den 3. Oktober fahren
die drei Auszubildenden Volker, Jens und André angetrunken
mit dem Auto zu einer ihrer Wohnungen und basteln dort in

der Garage aus Bierflaschen, Mofa-Benzin und alten Lappen mehrere Molotowcocktails. Damit bewaffnet fahren sie zu ihrem Ziel. In der Nähe der Unterkunft für Asylbewerber stellen sie ihr Auto ab, gehen mit den Molotowcocktails zu dem Haus und schleudern die angezündeten Brandbomben los: André, von Gewissensbissen geplagt, wirft nicht auf das Gebäude, sondern schleudert seinen Brandsatz in Richtung eines abgestellten Autos.[65] Seine Kumpane Volker und Jens zielen auf das Haus und durchschlagen das Fenster zum Kinderschlafzimmer der aus dem Libanon stammenden kurdischen Familie Saado. Eine Bierflasche zerbricht, und das Benzin entzündet sich mit einem Knall in dem Zimmer, in dem vier Kinder schlafen. Vor allem die beiden Mädchen, die sechsjährige Mokadas und die achtjährige Seinab, erleiden schwerste Brandwunden. Seinabs Haut verbrennt zu einem Drittel. 14 Tage lang ringen Ärzte einer Hamburger Spezialklinik um das Leben des Kindes.[66] Der «Spiegel» resümiert, «dass die Ruhe, mit der die deutsche Öffentlichkeit der Angriffswelle gegen Asylantenheime bisher zuschaute, gestört wurde».[67]

Die Betroffenheit ist jetzt groß. «Hünxe will nicht Hoyerswerda sein», titelt die «Tageszeitung»: «Jetzt, nach dem Anschlag, haben sich auch der CDU- und der SPD-Ortsverein für die allnächtlichen Wachen an der Asylbewerberunterkunft eingetragen. Noch drei Tage vor dem Anschlag hatten CDU, SPD und FDP im Hünxer Rat gegen die Stimmen der Grünen mit einer Resolution eine ‹konsequente Abschiebepraxis› verlangt. Und Bürger, die gegen ein neues Übergangsheim im Ortsteil Drevenack Unterschriften sammelten, wollten wissen, ‹wie die Gemeinde uns vor Übergriffen schützt›. Vor Übergriffen durch Flüchtlinge wohlgemerkt.»[68]

Das Landgericht Duisburg verurteilt Volker und Jens schließlich zu je fünf Jahren Jugendstrafe, während André mit dreieinhalb Jahren davonkommt. In der Verhandlung vor der Jugendkammer sind sich Staatsanwaltschaft und Verteidigung darin einig, dass die Schuldfähigkeit der Angeklagten wegen des Alkoholeinflusses zum Tatzeitpunkt erheblich eingeschränkt war. Prozessbeobachter hatten den Eindruck, als träfen in dem Verfahren zwei Welten aufeinander: die der heimatlosen Flüchtlingsfamilie und die des kleinbürgerlichen Deutschlands.[69] Als der Vater der beiden versehrten Mädchen den Angeklagten im Gerichtssaal die schweren Brandverletzungen seiner Tochter zeigt, um ihnen die Folgen ihrer Tat vor Augen zu führen, wirft der Vorsitzende Richter ihm gar eine «Entgleisung» vor. Zwar sah der ehemalige Richter und Staatsanwalt und innenpolitische Redakteur der «Süddeutschen Zeitung», Heribert Prantl, in einem Kommentar nach dem Urteil das Strafmaß als richtiges Signal. Aber es helfe den Opfern und ihren Angehörigen nicht, zumal die Täter auch bei einem höheren Strafmaß das Gefängnis nicht geläuterter verließen, «eher noch schlechter». Schlimmer aber sei die mangelnde Lernfähigkeit der Politiker. «In den Tagen nach dem Anschlag in Hünxe sind sie auf Kuscheltour gegangen, haben Asylbewerber besucht und Kinder auf den Arm genommen. Das ist schon wieder vorbei. Nach der Schrecksekunde wurde die Asyldebatte noch übler fortgesetzt als vorher. Was also soll man den Opfern sagen? Trösten wir sie mit einem Wort des Bundeskanzlers zum Tag der deutschen Einheit: ‹Deutschland ist ein ausländerfreundliches Land.›»[70]

Unterdessen begab sich der Hannoveraner Kriminologe Christian Pfeiffer nach dem Urteil auf die Suche nach den eigentlichen Schuldigen: Demnach sei die Schuld für die Tat nicht allein bei den drei verurteilten Tätern zu suchen. «Wir dürfen aber nicht vergessen, dass die Tat sich vor dem Hintergrund der ‹Ausländer raus›-Mentalität ereignet hat. Wären keine Menschen zu Schaden gekommen, die Täter hätten sich des Beifalls vieler Stammtische sicher sein können. Die Schuldigen sind nicht nur die drei Täter von Hünxe.»[71]

Der frühere CDU-Generalsekretär Heiner Geißler schreibt am 11. Oktober in einem Meinungsbeitrag für die «Zeit»: «Richtig los gingen die Krawalle, nachdem das Asylthema im Bremer Wahlkampf mit bundesweitem Echo hochgezogen wurde.» Mit dieser Feststellung hatte Geißler nicht nur den unmittelbaren Zusammenhang der Situation erfasst, sondern zugleich die Tragweite des «Asylthemas» in ihrer Verbindung mit der rechtsextremen Gewalt und seine langfristigen Auswirkungen auf die politische Kultur in der Bundesrepublik. Damit ist der Unionspolitiker gleichsam Kronzeuge der Verantwortungslosigkeit seiner Regierung in dieser Phase deutscher Innenpolitik. Der CDU-Bundesvorstand widersprach ihm sogleich und legte nach dem Rechtsruck im Nordwesten einen Beschluss nach: Die Asylrechtsdiskussion sei in Bremen mit wahlentscheidend gewesen. Alle Vorschläge zur Beschleunigung der Anerkennungsverfahren seien untauglich. Nur eine Grundgesetzänderung könne helfen. Wenn sich die Sozialdemokraten weiter verweigerten, so hatte der CSU-Generalsekretär Erwin Huber seit Wochen polemisiert, sei künftig jeder Asylant ein SPD-Asylant. Nun fand er gar, wer am bestehenden Asylrecht festhalte, werde mitschuldig an Ressentiments gegen Ausländer und am Erstarken rechtsradikaler Parteien. Unabhängig von seiner stark parteipolitischen Perspektive, die man einem Generalsekretär zugestehen möchte, kehrte Huber mit seiner Argumentation die tatsächlichen Verhältnisse auf unzulässige Weise um: War es doch schließlich vielmehr so, dass diejenigen, die aus der Asyldebatte ein Wahlkampfthema gemacht hatten, eine gehörige Mitschuld an der gewaltsamen Eigendynamik trugen, die das Thema unter Neonazis längst entwickelte. Genauso, wie es der Kriminologe Christian Pfeiffer analysiert hatte, dass nämlich die Schuldigen nicht nur die drei Täter von Hünxe gewesen seien.

20 Jahre später laden die Gemeinde Hünxe und die lokale evangelische Kirchengemeinde am 3. Oktober 2011 zu einer gemeinsamen Gedenkveranstaltung mit Schweigemarsch und meditativem Jugendgottesdienst ein. Unterzeichnet ist die Einladung auch von Bürgermeister Hermann Hansen, der 1991 noch Gemeindedirektor in Hünxe war. Gleich nach dem Brandanschlag versprach er den Einbau von Sicherheitsglas in das Asylbewerberheim, was zuvor von dem Kommunalparlament abgelehnt worden war. Aus Kostengründen.[72]

Berlin, 24. April 1992. Unterdessen geht das Morden an den ausländischen Mitbürgern weiter: Ein 21-jähriger Rechtsextremist – er gibt an, der DVU nahezustehen – tötet den 29-jährigen Vietnamesen Nguyen Van Tu durch einen Messerstich in die

Lunge. Der Täter wird ein halbes Jahr später vom Landgericht Berlin wegen Körperverletzung mit Todesfolge zu viereinhalb Jahren Haft verurteilt. Als Tatmotiv stellt das Gericht Selbstjustiz vor dem Hintergrund fremdenfeindlicher Ressentiments fest. Nguyen Van Tu ist das 19. Todesopfer rechtsextremer Gewalt seit der deutschen Einheit, das von den Rechercheuren von «Zeit» und «Tagesspiegel» gezählt wird.

Die Lage spitzte sich immer weiter zu: Die anwachsenden Asylbewerberzahlen schmälerten die Aussicht auf eine Deeskalation der fremdenfeindlichen Gewalt: Allein von Januar bis Juli 1992 stellten rund 234 000 Menschen einen Antrag auf Gewährung politischen Asyls, nachdem es im gesamten Jahr 1991 lediglich 256 000 gewesen waren.[73] Die Kriege im ehemaligen Jugoslawien trieben jetzt tausende Flüchtlinge nach Deutschland. Und auch die oppositionelle SPD schwenkt in der Asylfrage auf den Kurs der Unionsparteien ein. Einen entsprechenden Beschluss fasst sie – unter maßgeblicher Führung ihres Parteivorsitzenden Björn Engholm – während einer Klausurtagung am Wochenende vom 22./23. August 1992 auf dem Petersberg bei Bonn. Diese Entscheidung trägt fortan den Titel «Petersberger Wende».

Rostock-Lichtenhagen, 22.–27. August 1992. An warnenden Hinweisen hatte es nicht gemangelt. Sogar in den Rostocker Lokalzeitungen konnte man schon in den Tagen vor den Ausschreitungen lesen, dass Rechte Lichtenhagen ausländerfrei prügeln wollten. Telefonisch hatte eine «Interessengemeinschaft Lichtenhagen» den Redaktionen für das Wochenende anonym «eine heiße Nacht» angekündigt, in der man die Probleme rund um das Asylbewerberheim gewaltsam lösen wolle, wenn die Stadt nicht »für Ordnung sorge».[74]

«Die Behörden reagierten mit grotesker Naivität», kommentiert der «Spiegel» später.[75] Wiegelte das Ordnungsamt diese Warnung doch ab, weil niemand gekommen sei, um eine öffentliche Kundgebung anzumelden. Dass sich daraus mehrere Tage andauernde pogromartige Angriffe auf die Unterkünfte von Asylbewerbern und ehemaligen DDR-Vertragsarbeitern entwickeln würden, ahnte wohl niemand. Schon gar nicht, dass diese Zustände unter den in Deutschland lebenden Migranten noch mehr Angst verbreiten würden, als die fünf Tage von Hoyerswerda. Würden doch hier, im deutschen Nordosten, die «Hängt sie»-Rufe rechter Randalierer noch viel mehr Beifall finden als zwischen den Wohnkomplexen in der Oberlausitz im Jahr zuvor.

Dabei gibt es viele Parallelen zwischen beiden Ereignissen: das Plattenbauambiente ebenso wie die sozialen Problemlagen, die sich jeweils darin breit gemacht hatten. Ebenso der Ablauf der Geschehnisse sowie das Versagen von Polizei und Behörden. Auch Rostock-Lichtenhagen hatte seinen baulichen Ursprung in der Wirtschafts- und Siedlungspolitik der DDR. Derlei Wohnzentren wurden unorganisch hochgezüchtet, parallel zur Entwicklung einer aus dem Boden gestampften Industrie, die hier – an der Ostsee – der Schiffsbau war. Weil diese Monostruktur aber nach dem Wegbrechen der Märkte in der ehemaligen Sowjetunion und den übrigen Ostblockstaaten nach der Wiedervereinigung in eine schwere Krise geraten war, waren Arbeitslosigkeit und Frust sehr hoch in diesem Nachwendesommer in Lichtenhagen. Dort war auch die Zentrale Aufnahmestelle des Landes Mecklenburg-Vorpommern (ZAst) untergebracht, in der sich jeder Asylbewerber im Land registrieren lassen musste. Die praktische Seite des Einigungsvertrages wurde in einem langgezogenen elfstöckigen Plattenbau in einer Sackgasse umgesetzt, der Mecklenburger Allee. Der riesige Klotz, dessen östliche Stirnseite ein großflächiges sommerliches Mosaik ziert, ist mit den Aufgangsnummern 13 bis 19 markiert. Das Mosaik gab dem Block den Namen «Sonnenblumenhaus». Hinter dem Aufgang 18 befand sich nun also die Aufnahmestelle für Asylbewerber.

Zuvor hatten hier ebenso wie im benachbarten Aufgang 19 kubanische und vietnamesische Vertragsarbeiter gewohnt, die im Seehafen beschäftigt waren. Durch den Wegzug vieler ausländischer Vertragsarbeiter wurde Aufgang 18 frei, unterdessen wurde Aufgang 19 weiterhin von den in der Stadt verbliebenen ehemaligen Vertragsarbeitern bewohnt.

Die Behörden gingen davon aus, dass die Nachbarn wegen

des jahrelangen Nebeneinanders mit Migranten vertraut seien. Ein fataler Irrtum. Schon bald nach der Eröffnung der Aufnahmestelle ist das Haus völlig überbelegt. Ständig kommen neue Flüchtlinge, zumeist Sinti und Roma aus Rumänien. Die Situation, die sich daraus ergab, wurde in der «Zeit» so beschrieben: «Täglich luden Kleinbusse mit unentzifferbaren Kennzeichen mehr Fremde ab, so viele, dass sie im Sonnenblumenhaus schon lange keinen Platz mehr fanden. So lagerten sie unter den Sternen, neben dem großen Supermarkt, dem künstlichen Herzen der Blockstadt, das stündlich Hunderte Fremde ansaugt und auspumpt. Und alle sahen sie, hörten sie, rochen sie – Tag für Tag, Nacht für Nacht, bis sie die Fremden hassten.»[76]

Neuankömmlinge müssen oft tagelang auf ihre Registrierung warten, sind sich in der Zwischenzeit selber überlassen. Es mangelt an Toiletten, Wasch- und Kochgelegenheiten. Viele der Flüchtlinge verrichten ihre Notdurft im Freien. Dieser Zustand wird sowohl für sie als auch für die Anwohner unerträglich. Diese aber helfen ihnen nicht, auch nicht die zuständigen Behörden. Der damalige Oberbürgermeister Klaus Kilimann (SPD) verteidigte diese Tatenlosigkeit rückblickend in einem Interview Jahre nach den Ausschreitungen: Toiletten hätte man nicht aufstellen können. «Das hätte bedeutet, dass wir einen Zustand legalisieren, den wir nicht haben wollen.»[77]

Aber schließlich ist eine Verbesserung in Sicht: Am 1. September soll die ZAst in eine frühere Kaserne der NVA an den Rostocker Stadtrand verlegt werden. Zu spät. Immer wieder kommt es zu kleinen Schlägereien und Beschimpfungen. In der Nacht zum 23. August dann die Eskalation. Ein Mob aus zumeist Jugendlichen umzingelt das Sonnenblumenhaus. Sie werfen Steine auf dessen Bewohner, zertrümmern Fensterscheiben bis hoch in den vierten Stock und skandieren fremdenfeindliche Parolen. Die Asylbewerber verbarrikadieren sich, vereinzelt werfen sie Möbel aus den Fenstern. Der «Spiegel» macht eine regelrechte Volksfeststimmung rund um die Wiese vor dem Asylbewerberheim aus: «Hunderte von Jugendlichen spazierten umher, freuten sich auf den Krawall. Vor dem Supermarkt an der Güstrower Straße machten die Imbisse beste Geschäfte.»[78]

Und wieder einmal ist die Polizei überfordert, die in unzulänglicher Ausrüstung angerückt ist. Unter Helmen aus dünnem Plastik, die «ein Fußtritt leicht zusammen quetscht. Die weißen Schutzschilde sind undurchsichtig; will der Polizist sehen, muss er den Plaste-Deckel herunternehmen».[79] 20 Polizisten sehen sich hier mit 150 Angreifern konfrontiert – die von 1 500 Anwohnern unterstützt werden. Bis 100 weiter Polizisten als Verstärkung anrücken, wird es Stunden dauern.[80] Später wird sich herausstellen, dass im Keller des Schweriner Landespolizeiamtes moderne Schutzausrüstung lagerte, ohne dass sie für den Einsatz in Rostock verwendet worden wäre.

Lichtenhagen entzündete sich am Wochenende: Jetzt, in der Nacht zum 23. August, war schon der Sonntag angebrochen. Ausgerechnet. Alle Führungskräfte der Polizei fuhren freitags nach Hause in den Westen, zu ihren Familien, sehr zum Ärger ihrer ostdeutschen Kollegen. Wochenenddienste blieben in der Regel an ihnen hängen.[81] Mittels zweier Wasserwerfer bekommt die Polizei die Lage vor dem Sonnenblumenhaus schließlich in den Griff. Gegen 2 Uhr morgens war das schwere Gerät aus der knapp 100 Kilometer entfernten Landeshauptstadt Schwerin eingetroffen. Neun Gewalttäter werden festgenommen – und tags darauf wieder freigelassen. Nachmittags geht es wieder los, vor etlichen Augenzeugen der Medien. Die «Tageszeitung» zählt 500 Angreifer, «die Ausländer und Bullen aufmatschen wollen».[82] Denn längst sind auch die Polizisten Ziel der rechtsextremen Gewalt in Lichtenhagen, 400 sind es jetzt. Das Aufgebot wurde vom Bundesgrenzschutz und der Hamburger Polizei aufgestockt. Nach Polizei-Angaben stehen die Beamten schließlich einer aufgeheizten Menge von 2 500 Menschen gegenüber. Offiziell heißt es, dass 80 Polizisten verletzt werden, 140 Gewalttäter werden festgenommen. Vorläufig.

Längst haben sich Neonazis aus dem Westen unter die Angreifer gemischt, vor allem aus dem nahen Schleswig-Holstein und aus Niedersachsen. Etliche Fernsehteams berichten live, übertragen das Grölen der Menge und zeigen den Applaus der Umherstehenden in Trainingsanzügen aus Ballonseide. Ministerpräsident Berndt Seite sagt am Montag, die Krawalle seien eine «konzertierte Aktion» extremer Kräfte gewesen. Den dahinterstehenden Spannungen sei mit Polizeigewalt nicht zu begegnen. Seite sagt außerdem, dass die Bevölkerung seines Landes nicht ausländerfeindlich sei. Die Proteste richteten sich allerdings «entschieden gegen den Missbrauch des Asylrechts». Und dass die SPD die Möglichkeit einer Grundgesetzänderung nicht wieder in Frage stellen dürfe.

Unterdessen beginnt am Montagvormittag die Räumung der ZAst. Die noch verbliebenen Asylbewerber werden in eine frühere NVA-Kaserne am Stadtrand gebracht. Die ehemaligen Vertragsarbeiter aus Vietnam, die inzwischen alle hinter dem Aufgang 19 leben, gelten aber als nicht gefährdet. Eine Fehleinschätzung, wird die Randale doch gegen Abend aufs Neue beginnen, als wiederkehrendes Ritual. Nach 18 Uhr kommt es zu ersten Scharmützeln zwischen der Polizei und den Randalierern. Zwei Stunden später schmeißen Jugendliche Pflastersteine und Nebelkerzen auf Polizisten, die sich daraufhin zurückziehen. Die Menge johlt und rennt hinterher.

Gegen 20 Uhr betritt ein Fernsehteam der ZDF-Redaktion «Kennzeichen D» das «Sonnenblumenhaus». Zwei Redakteure, ein Kameramann, ein Assistent sowie der Hospitant Jochen Schmidt werden durch den Eingang mit der Nummer 19 eingelassen. Das Team wird fortan gemeinsam mit 120 Vietnamesen und einer «Handvoll Deutscher, die ihnen Schutz zu bieten versuchen», in dem Haus eingeschlossen sein.[83] Zunächst aber dokumentiert das ZDF-Team das aktuelle Geschehen aus der Perspektive der eingeschlossenen, lebensgefährlich bedrohten Menschen. Darunter auch einige Mitarbeiter der Rostocker Ausländerbehörde. Der Autor und Zeitzeuge Jochen Schmidt vertritt in einem Buch vehement die These, dass diese Gewalteskalation das Ergebnis einer politischen Inszenierung gewesen sei: «Rostock-Lichtenhagen sollte als Fanal fungieren. Geplant war von Seiten der Politik eine kontrollierte Eskalation des Volkszorns mit dem Ziel, die SPD zum Einlenken in der Asylfrage zu zwingen.» Schmidts Kritik richtet sich vor allem gegen die damalige Landesregierung von Mecklenburg-Vorpommern, gegen Ministerpräsident Berndt

Seite (CDU) und dessen Innenminister Lothar Kupfer (CDU), der ein knappes halbes Jahr nach den Ausschreitungen unter Druck zurücktrat. Der endgültige Beweis für eine Inszenierung ist bis heute allerdings nicht erbracht worden.

Nach Presseberichten gehen nun rund eintausend Randalierer gegen das leer geräumte Asylbewerberheim vor. Etwa 70 davon zünden das Erdgeschoss mit Brandsätzen an, ohne dass die Polizei einschreitet. Sie hat sich 100 Meter weit entfernt zurückgezogen, zum Schichtwechsel. Außerdem nimmt sie an, dass das Gebäude leer ist, und überlässt den Brandstiftern das Feld. Dabei sind noch mehr als 120 Menschen im angrenzenden Aufgang 19 eingeschlossen, an dem die Flammen hoch schlagen. Fast zwei Stunden lang wütet der Mob unbehelligt. Und Hilfe von Feuerwehr oder Polizei für die Eingeschlossenen gibt es keine. Das Behördenversagen setzt sich fort, jetzt ist es lebensgefährlich. Angeblich ist die einzige Notrufleitung in diesem Moment überlastet. Deshalb kommt die Feuerwehr erst spät, außerdem wird sie von den Angreifern behindert. «Sieg Heil! Sieg Heil! Sieg Heil!», brüllt es vor dem Haus aus offenen Kehlen. Weit und breit nichts als Rechte, mal mit Glatze, mal mit Scheitel. Mit Steinen, Leuchtspurgeschossen und Stöcken greifen sie die Polizei an. Nach Angaben von Augenzeugen räumt diese erst nach zwei Stunden die Zufahrten vor dem Heim, so dass die Feuerwehr-Löschfahrzeuge an den Brandherd gelangen können. Die «Tageszeitung» führt Protokoll, 23 Uhr: «Ein Feuerwehrauto fährt über den Rasen auf das brennende Haus zu. Stoppt abrupt auf dem weichen Wiesenboden. Glatzen umringen den Wagen. Schlagstöcke zischen durch die Luft. Kein Tropfen Wasser verlässt die Spritzrohre. Stattdessen klettern die Feuerwehrmänner aus ihrem Führerhaus, suchen das Weite. Die Jungmänner johlen.»[84] Und das Feuer breitet sich weiter aus. Die in dem Haus eingeschlossenen Menschen sind jetzt aufs Dach geflüchtet. Gegen 23.40 Uhr rückt eine Polizeihundertschaft in Marschformation an. Auch diese Polizisten sind schlecht ausgerüstet. Sie ziehen sich vor dem Steinhagel der Rechtsextremisten zurück.

In dem brennenden Haus spitzt sich die Lage derweil zu.

Neben den 120 Vietnamesen – Männer, Frauen, Kinder, Babys – werden hier auch der Ausländerbeauftragte der Stadt Rostock, Wolfgang Richter, sowie das ZDF-Kamerateam mit Jochen Schmidt zu Zeugen der pogromartigen Zustände. Das Team filmt weiter das dramatische Geschehen in dem Haus, wo die Flammen und der Qualm den Eingeschlossenen immer mehr den Weg versperren. Schließlich brechen diese die mit Ketten gesicherten Notausgänge zum Dach auf, von wo aus sie in den sicheren Teil des langen Wohnblocks flüchten – in die Nr. 15. Bis auf vier Ausnahmen bleiben die Wohnungen der Deutschen hier für sie verschlossen.[85] Später werden die Vietnamesen in einem Schullandheim südlich von Rostock untergebracht. Aber zunächst sind sowohl das Asylbewerber- als auch das Vertragsarbeiterheim im Sonnenblumenhaus evakuiert. Ihre einstigen Bewohner sind jetzt sicher vor der rechtsextremen Gewalt in Lichtenhagen.

In der darauffolgenden Nacht zum Mittwoch, dem 26. August, kommt es aber zu den bislang schwersten Krawallen. Und wieder führt die «Tageszeitung» Protokoll. Darin heißt es, dass 1600 Polizisten und Beamte des Bundesgrenzschutzes sich mit mehr als tausend rechtsradikalen Gewalttätern stundenlange Straßenschlachten liefern. Jetzt ist die Polizei in der Überzahl, sie ist auch besser ausgerüstet als in den vergangenen Tagen. Neun Wasserwerfer kreuzen inzwischen in der Plattenbausiedlung. Ein Rostocker Polizeisprecher gibt offen zu: «In den Tagen davor waren diese Kräfte nicht da, weil wir die Lage anders eingeschätzt haben.»[86] Trotz der erlangten Übermacht werden 65 Polizisten zum Teil schwer verletzt. Autos brennen, Polizisten werden mit Gaspistolen und Feuerwerkskörpern beschossen und immer wieder mit Steinen beworfen. Aus der rechtsradikalen Szene wird bekannt, dass man bis zum 1. September, dem Jahrestag des Beginns des Zweiten Weltkrieges, «in Rostock weitermachen» wolle.

Und in der Tat geht es weiter: In der Nacht zum Donnerstag fliegen allerdings weniger Steine und Brandbomben als an den Vorabenden. Darauf ist die Polizei jetzt besser vorbereitet. Ihr gelingt es, 300 Randalierer einzukesseln. Zum ersten Mal seit

Samstag wird bei dem Polizeieinsatz in Lichtenhagen kein Beamter verletzt. 146 Randalierer werden festgenommen, 392 sind es seit Ausbruch der Krawalle insgesamt. Davon kommen zwei Drittel aus der Region, die übrigen vor allem aus Hamburg, Bremen und Berlin.

Aber noch während in Rostock die Steine fliegen, entsteht der auch von Jochen Schmidt geäußerte Verdacht, dass der Grund für die teilweise pogromartigen Ausschreitungen ein politischer Vorsatz war, und nicht bloß Versäumnisse von Polizei und Verwaltung. Absichtlich habe man die Asylbewerber zwischen den Plattenbauten von Lichtenhagen campieren lassen, um so den Volkszorn zum Kochen zu bringen. So wird beispielsweise der einstige DDR-Bürgerrechtler und damalige Bundestagsabgeordnete Wolfgang Ullmann (Bündnis 90/Die Grünen) im «Spiegel» zitiert.[87] Nachdem sich die Lage Tage später beruhigt hat, sagt Innenminister Lothar Kupfer in einem Gespräch mit dem WDR: «Die Rechten haben bewirkt, die Politiker dafür zu sensibilisieren, dass das Asylrecht eingeschränkt wird und dass das Sicherheitsgefühl an erster Stelle steht – nicht nur in Ostdeutschland.»[88] Tatsächlich schwindet nach Rostock in der SPD nun gänzlich der Widerstand gegen eine Verfassungsänderung beim Asylrechtsparagraphen.

Der Mob hatte in Hoyerswerda und Rostock-Lichtenhagen jeweils einen Sieg gegen die Vernunft erzwungen, vor dem Sonnenblumenhaus hatte er das Gewaltmonopol des Staates erfolgreich in Frage gestellt. Die Krawallmacher wurden so zu moralischen Siegern. Das war ein Gefühl, das sich schnell im Land verbreitete. «Ihr könnt uns nichts!», mochten Rechtsextremisten fortan denken, die ihre Gewalt gegen Ausländer zunehmend gerechtfertigt sahen: durch die Bundesregierung wegen ihrer Asyl- und Ausländerpolitik, durch die Medien wegen der Bestätigung und nun sogar durch die Polizei, die in Lichtenhagen vor der Selbstjustiz des rechtsextremen Mobs gewichen war.

Mölln, 23. November 1992. Es ist kurz nach Mitternacht, als die beiden Neonazis Michael Peters (25) und Lars Christiansen (19) den Plan fassen, von türkischen Familien bewohnte Häuser in der Ratzeburger Straße und der Mühlenstraße anzugreifen. Mit Brandbomben. Anders als nach der Tat ihres Gesinnungsgenossen Josef Saller, bei dessen Brandanschlag im oberpfälzischen Schwandorf vier Jahre zuvor vier Menschen umgekommen sind, wird das Medienecho nach dieser Nacht riesig sein. Es wird Demonstrationen und Lichterketten aus Kerzen haltenden Menschen geben, man wird sogar Straßen nach einem der Opfer benennen. Denn in Mölln wird das Ende der Geduld erreicht, mit der die diejenigen bislang die anhaltende Serie von fremdenfeindlichen Anschlägen aus der Ferne verfolgt haben, die sich moralisch auf der Seite der Opfer sehen. In der eiskalten Dezembernacht in Schwandorf, in der der Neonazi Saller die Pappkartons in Brand steckte, war die Geduld noch lange nicht aufgebraucht.

Überhaupt würde einer der Vertreter der Nebenklage in dem späteren Strafprozess gegen die beiden Möllner Neonazis eine Mitschuld der Allgemeinheit an der Tat erkennen. Sah der Rechtsanwalt Hans-Christian Ströbele, der die Opfer des Brandanschlags aus dieser Nacht vertrat, doch einen Zusammenhang zwischen der durch die Asylrechtsdebatte aufgeheizten Stimmung und dem vor Gericht verhandelten Geschehen: «Das kam im Prozess aus den Aussagen der Angeklagten selber, aber auch der Zeugen, die aus der Skinhead-Szene gehört worden sind, ganz deutlich zum Ausdruck, dass sie der Auffassung waren, die Stimmung in der Bevölkerung steht hinter ihnen, und dass sie das zu ihren Taten veranlasst hat. Deshalb denke ich, da besteht eine ganz erhebliche politische und moralische Mitschuld der Leute, die diese Stimmung hier im Land angeheizt haben.»[89]

In dieser Konstellation also gehen die beiden Neonazis zu Werke: Der eine, Christiansen, kommt aus Mölln, der andere, Peters, aus dem zwölf Kilometer entfernten Dorf Gudow, unmittelbar an der ehemaligen Grenze zur DDR. Die liebliche Landschaft im vormaligen Zonenrandgebiet ist reich an Wasser, wie dem Ratzeburger See. Auch der künftige Literaturnobelpreisträger und dauerhafte Mahner vor rechtsextremer Gewalt, Günter Grass, lebt ganz in der Nähe, und lässt sich von der zu dieser Zeit äußerst aktiven Neonaziszene im wiederver-

einigten deutschen Norden zu der berühmt gewordenen No-
velle «Im Krebsgang» inspirieren. Darin handelt er die Wirkung des Nationalsozialismus auf die aktuelle rechtsextreme
Jugend ab. Also auf die Generation der Neonazis Peters und
Christiansen.

Wie die meisten rechtsextremen Gewalttäter sind auch diese
beiden mit der Gegend um ihren Tatort vertraut. Wenige Jahre
später gilt es bereits als wissenschaftlich gesicherte Erkenntnis,
dass fremdenfeindliche rechtsextreme Gewalt durch Jugendcli-
quen in der Regel ortsnah am eigenen Lebensmittelpunkt statt-
findet.[90] Der Terror geht also meist von Hiesigen aus. So wie in
Mölln. Aber die beiden Brandanschläge, die sie in dieser Nacht
begehen werden, erfolgen aus der Anonymität und nicht in der
direkten körperlichen Konfrontation mit den Opfern, die sie
im Übrigen nicht persönlich kennen.[91] Auch das ist typisch,
weist aber schon auf einen gewissen Grad an Strategie und
Organisation hin. Michael Peters und Lars Christiansen hatten
einen todbringenden Plan für diese Nacht. Und den setzten sie
um.

Zunächst fahren sie mit den gefüllten Brandflaschen in Chri-
stiansens Auto zu einem Asylbewerberheim in Mölln, wo sie
aber nichts anrichten. Dann geht es weiter zu einem mit Türken
bewohnten Haus in die Ratzeburger Straße, in dem sich augenblicklich 32 Menschen aufhalten. Die meisten von ihnen schlafen schon. Jeder der beiden Neonazis schleudert zwei Brandflaschen durch die Fenster des Hauses. Zwei Menschen werden
dabei verletzt. Im Flammenschein rufen die Täter anonym bei
der Polizei an. Sie benutzten eine Telefonnummer, von der sie
wissen, dass sie von der Notruf-Fangschaltung nicht zu ihnen
führt: «In der Ratzeburger Straße brennt ein Haus! Heil Hitler!» Da war sie, die Wirkung des Nationalsozialismus auf die
junge Szene.

Christiansen drängt zum Aufbruch. Denn der Plan geht
noch weiter. Nach seiner Ausführung werden drei Menschen
tot sein: Nr. 31, 32 und 33 auf der Liste der Todesopfer rechtsextremer Gewalt im neuen Deutschland. Die beiden fahren
also zu einem weiteren von türkischen Familien bewohnten

Haus, in die Mühlenstraße 9. Dort ziehen sie sich Sturmhauben übers Gesicht. Christiansen geht in den Hausflur, legt dort Feuer an der Treppe und versperrt so bewusst den Fluchtweg. Darin sieht das Oberlandesgericht Schleswig, das die beiden Täter wegen dieser Anschläge ein gutes Jahr später verurteilen wird, eine «besondere Schuld», die es strafverschärfend gegen den jüngeren der beiden Neonazis wertet. Peters wirft von außen einen Brandsatz in ein Fenster – und ruft die Freiwillige Feuerwehr an. Jetzt ist es 1.08 Uhr: «In der Mühlenstraße brennt es! Heil Hitler!»[92] Auch dieser zweite Bekenneranruf wird nicht aufgezeichnet, was die Fahndung erschwert.

Was danach passiert, schildert der «Spiegel» aus Sicht einer Zeugin: «Als die 70-jährige Erika Fröhlich [...] durch Schreie geweckt wird, schlagen die Flammen schon aus dem Fenster des gegenüberliegenden alten Fachwerkhauses. Sie sieht ihre Nachbarin Hava Arslan, 27, aus dem zweiten Stock springen, sieht, wie ihr Körper die aufgespannten Wolldecken niederreißt und auf das Kopfsteinpflaster aufschlägt. Hava Arslan überlebt. Aber ihre Schwiegermutter, Bahide Arslan, 51, verbrennt bei lebendigem Leibe. «Sie war nur noch ein Haufen Kohle», sagt später der Feuerwehrmann, der ihren Leichnam birgt.[93] Ihre Enkelin Yeliz, zehn, lebte noch, als sie geborgen wurde, rief noch nach ihrer Mutter. Sie stirbt Minuten später an Rauchvergiftung und Brandwunden. Und auch die 14-jährige Nichte von Bahide Arslan verliert in der Brandnacht von Mölln ihr junges Leben. Sie ist zu Besuch aus der Türkei. Angeblich lebte sie bei ihrer Bergung noch. Augenzeugen behaupten später, das Mädchen sei den Feuerwehrleuten, die es mit einer Leiter aus dem zweiten Stock retten wollten, aus den Händen geglitten, mit dem Kopf zuerst in die Tiefe gestürzt und sofort tot gewesen. Die Feuerwehr wird diesen Vorwurf bestreiten. Der Befund der Obduktion der drei Leichen fällt eindeutig aus: «Die Obduktion der beiden türkischen Mädchen im Alter von zehn und 14 Jahren und der 51-jährigen Frau ergab den Angaben zufolge, dass alle drei an schwersten Brandverletzungen und Rauchvergiftungen starben», stellt das Gericht später fest.[94]

Während die beiden Neonazis schon in Untersuchungshaft sitzen, Lars Christiansen hatte bereits versucht, sich die Pulsadern aufzuschneiden, um sich so das Leben zu nehmen, irritieren Anfang Dezember einige Zeitungsberichte die Öffentlichkeit. Ausführlich berichtet die «Tageszeitung» am 3. Dezember: «Michael Peters, der gestanden hat, in Mölln zwei Häuser türkischer Familien angezündet zu haben, war schon seit Wochen dringend verdächtig, mit Brandsätzen gegen Fremde vorzugehen. Doch einem Lübecker Jugendrichter reichten die Beweise nicht aus. Er ließ Peters auf freiem Fuß. Am 5. und 6. September 1992 überfällt Peters Asylwohnheime in Pritzier [Mecklenburg-Vorpommern, O.S.] und Gudow. Eine Sonderermittlungsgruppe der Lübecker Polizei, die Gewalt gegen Ausländer untersucht, präsentiert der Staatsanwaltschaft einige Wochen später vier Tatverdächtige. Einer von ihnen ist Michael Peters [...]. Am Dienstag, dem 17. November, beantragt die Staatsanwaltschaft bei einem Jugendrichter am Amtsgericht Haftbefehl gegen die vier: dringender Tatverdacht auf versuchten Mord und Landfriedensbruch.

Der 18. November ist Buß- und Bettag, also Feiertag. Am 19. November fragt Staatsanwalt Möller beim Richter nach, die Sache sei eilig. Doch der Richter fordert noch weitere Ermittlungen, der dringende Tatverdacht scheint ihm nicht gegeben. Sonntagnacht brennt es in Mölln.

Montagnachmittag zieht Staatsanwalt Möller seine Anträge zurück. Einen Tag später wird Peters vorläufig festgenommen. Außer den Überfällen in Pritzier und Gudow am 5. September wird ihm einer am 12. September in Kollow vorgeworfen. Am Mittwoch bekommt Staatsanwalt Möller dann doch noch überraschend den Haftbefehl wegen der Septemberanschläge – ausgestellt von einem anderen Richter. Fünf Tage später gesteht Peters auch die Tat in Mölln.»[95]

Diese Tat in Mölln beobachtet ausschließlich ein achtjähriges Mädchen, auf dessen Aussage sich das Gericht in seiner Urteilbegründung maßgeblich stützen wird, ergänzt durch die jeweils widerrufenen Geständnisse der beiden Täter. Das Mädchen sieht aus einer gegenüberliegenden Wohnung, was vor dem Haus

Mühlenstraße 9 vorgeht, erkennt das Auto der Täter und wird anschließend genaue Angaben zum Tathergang machen. Der zweite Strafsenat am Oberlandesgericht Schleswig verurteilt die beiden Täter nach 47 Verhandlungstagen schließlich zur Höchststrafe wegen dreifachen Mordes in Tateinheit mit versuchtem Mord an sieben Menschen in Tateinheit mit besonders schwerer Brandstiftung und des versuchten Mordes an 32 Menschen. Michael Peters erhält eine lebenslange Freiheitsstrafe nach Erwachsenenstrafrecht und der zur Tatzeit 19-jährige Christiansen wird zu zehnjähriger Haft verurteilt, der höchsten Strafe im Jugendstrafrecht.[96] Nach siebeneinhalb Jahren wird Lars Christiansen aus der Haft entlassen, Michael Peters nach 14 Jahren.

Während des Prozesses gegen die beiden rechtsextremen Mörder hatte der Vorsitzende Richter Hermann Ehrich davor gewarnt, eine Verurteilung der beiden Neonazis über zu bewerten: «Was einem manchmal etwas bange macht, ist die Erwartung, die an einen solchen Prozess geknüpft wird. Manchmal konnte man Stimmen hören, die fast darauf hinausliefen, mit der Aufklärung der Morde von Mölln sei der Rechtsradikalismus insgesamt zu Ende. Das sind Erwartungen, denen ein solcher Prozess natürlich nie gerecht werden kann, die einem aber Angst machen, weil man weiß, dass man solche Erwartungen enttäuschen muss.»[97]

Dem lauten Medienecho, das die seit nunmehr zwei Jahren anhaltende Gewaltwelle gegen in Deutschland lebende Migranten auslöste, sprachen manche wissenschaftliche Beobachter gar eine eskalationsbegünstigende Wirkung zu: «Zuerst lernten die Täter aus den Medien Gewalt als erfolgversprechendes Mittel zur Problemlösung kennen, dann lernten sie, dass sie sich fast blind auf große Medienresonanz verlassen konnten. Quasi reflexhaft stürzten sich die Medien nun auf alle Formen der Gewalt von rechts [...] Dadurch verliehen sie dieser ‹neuen Bewegung› eine kollektive, identitätsstiftende Bedeutung [...] Indem jeder Nachahmungstäter in dieser neuen, vielbeachteten Bewegung sein wollte, selbst auf anonyme Prominenz hoffen konnte, ging von der Berichterstattung eine hohe Motivation auf Gewalttäter aus.»[98]

Hoyerswerda, 19. Februar 1993. Knapp eineinhalb Jahre nach den fünf gewalttätigen Tagen im September 1991 ereignet sich in der sächsischen Stadt wieder ein aufsehenerregendes rechtsextremes Gewaltverbrechen, mit tödlichem Ausgang: Diesmal trifft es einen linken Jugendlichen; denn Todesopfer von Neonazis sind nicht immer Migranten. Der 22-jährige Mike Zerna wird bei einem Überfall von rechten Skinheads auf linke Jugendliche zusammengeschlagen. Die Angreifer, darunter drei wegen fremdenfeindlicher Gewalttaten Vorbestrafte, prügeln mit Rufen wie «schlagt die Zecken tot» auf die Besucher eines Konzerts ein. Dann kippen sie ein Auto auf den am Boden liegenden Mike Zerna. Sechs Tage später stirbt er an seinen Verletzungen. Nach Ansicht des Landgerichts Bautzen tragen Polizei und Sanitäter eine Mitverantwortung für seinen Tod, weil sie erst eine Stunde nach dem Überfall am Tatort eingetroffen sind. Das Landgericht verurteilt im Juli 1994 zwölf Tatbeteiligte im Alter von 19 bis 25 Jahren zu Bewährungs- und Haftstrafen bis zu vier Jahren. Mike Zerna ist der 37. Tote auf der Liste rechtsextremer Gewaltopfer. Und das sind nicht ausschließlich Asylbewerber und andere Migranten, sondern vor allem auch Obdachlose und Andersdenkende. Aber in diesen ersten drei Jahren nach der Wende versuchen Rechtsextremisten massiv mit rassistischer Gewalt den Staat unter Druck zu setzen. Und das gelingt.

Der Bundestag ändert am 26. Mai 1993 mit einer Zweidrittel-Mehrheit das deutsche Asylrecht, also den Artikel 16 des Grundgesetzes. Damit wurde zum ersten Mal in der Geschichte der Bundesrepublik ein Grundrecht beseitigt.[99] Die Möglichkeiten, sich erfolgreich auf das Asylrecht zu berufen, werden erheblich eingeschränkt. Wer künftig aus einem sicheren Drittstaat nach Deutschland einreist, kann sich nicht mehr auf das Grundrecht auf Asyl berufen. Zu diesen Staaten gehören alle Länder, die Deutschland unmittelbar umgeben. Jeder Flüchtling, der also in der Nähe der deutschen Landesgrenzen aufgegriffen wird, kann sofort zurückgeschickt werden. Diese Neuerung tritt ab Juni in Kraft. Nach dem Zustandekommen dieses Asylkompromisses zwischen der Regierungskoalition aus CDU/CSU und FDP sowie der oppositionellen SPD nimmt die Zahl der Asylbewerber in Deutschland drastisch ab.

Der Mob hatte also gesiegt; die Politik mit Gewalt auf die eigene Position gezwungen. Aber die Abschaffung des Grundrechts auf Asyl war nur ein Symbol für Rechtsextremisten, ein politischer Erfolg für Menschen, die ihre Ziele mit Gewalt durchsetzen. Und so sollte es bleiben, zumal es darum ging, auch jene Zuwanderer, die bereits in Deutschland lebten, zu vertreiben.

Solingen, 29. Mai 1993. Der Streit unter ein paar betrunkenen jugendlichen Gästen auf einem Polterabend in Solingen wird in dieser Nacht fünf völlig unbeteiligten Menschen das Leben kosten, die während des nichtigen Streits zum Teil schon schlafen: in einem Haus einige Straßen weiter, in der Unteren Wernerstraße 81. Gürsün Ince (27), Hatice Genç (18), Gülistan Öztürk (12), Hülya Genç (9), Saime Genç (4). Sie sterben einzig, weil sie Türkinnen waren. 19 Menschen sind in dieser Nacht in dem Haus. Von denen werden außerdem ein Säugling, ein Kleinkind und ein Jugendlicher durch lebensgefährliche Verbrennungen verletzt. Die vier Brandstifter, die das Haus der türkischen Familie Genç in der Unteren Wernerstraße in den frühen Morgenstunden des Pfingstsamstags anzündeten, nahmen an, dass die beiden Migranten, mit denen drei von ihnen zuvor auf dem Polterabend Streit gehabt hatten, ebenfalls Türken seien. Das war eine Fehlannahme. Aber ihr eigener Hass auf Migranten war echt und saß viel tiefer als die Erfahrung dieses Abends. Dieser Fremdenhass war ihr Tatmotiv, wie der Generalbundesanwalt bald schon feststellen sollte. Eine Woche nach dem Brandanschlag sitzen die vier Tatverdächtigen in Untersuchungshaft. Alle gehören sie der örtlichen Neonaziszene an. Auf dem Heimweg von der Feier jedenfalls trafen die drei Polterabendgäste einen ihnen flüchtig bekannten vierten Neonazi an einer Straßenkreuzung, der sich ihrem Wunsch nach Rache spontan anschloss. Alle vier, Markus Gartmann (23), Felix K. (16), Christian B. (20) und der hinzugekommene Christian R. (17) waren betrunken, als sich schließlich die Szene abspielt, die der sechste Strafsenat des Oberlandesgerichts Düsseldorf in seiner Urteilsbegründung mehr als zwei Jahre später als «Tathergang» beschreibt:

«Schon bald wurde der Vorschlag laut, ‹den Türken› einen ‹Denkzettel› zu verpassen und ‹ein Haus anzuzünden›. Der Angeklagte R. wies auf das von der Familie Genç bewohnte Haus hin. Dieser Vorschlag fand sofort allgemeine Zustimmung. Dabei war man sich einig, ohne dass dies näher diskutiert wurde, Benzin zu beschaffen und damit den Brand in unmittelbarer Nähe des Hauses zu legen. Zur Beschaffung des Benzins verschwand R. nach vorne in den zur Schlagbaumer Straße hin offenen Tankstellenbereich. Jedenfalls kam der Angeklagte R. nach längstens fünf Minuten zurück und hielt bereits aus einiger Entfernung zum Zeichen dafür, dass er das Benzin hatte, einen grauen Behälter hoch. Die vier Angeklagten machten sich sofort auf den etwa 900 Meter langen Weg. Bis zu ihrem Ziel sprachen sich die Angeklagten im Groben darin ab, dass B. und G. ‹Schmiere› stehen und den Tatort absichern sollten, während die Angeklagten R. und K. dort Feuer legen sollten. Im Windfang schütteten die beiden Angeklagten nunmehr das Benzin großflächig gegen die Hauseingangstür, gegen die links und rechts an der Hauswand angebrachte Holzverschalung und auf den Fliesenboden vor der Hauseingangstür. Jedenfalls wurde das ausgebrachte Benzin von R. oder K. – möglicherweise mit Zeitungen als Fidibus – aus einem sicheren Abstand heraus gezündet. Beide Angeklagten rannten alsdann schnell aus dem Windfang heraus, riefen den draußen wartenden Angeklagten B. und G. zu ‹lauft› und trennten sich. Der Angeklagte R. lief, ohne sich mit den anderen abzusprechen, sofort zu seinem schräg auf der anderen Straßenseite gelegenen Wohnhaus. Dort verhielt er sich ruhig, beobachtete das Tathaus noch eine Zeit lang und legte sich zu Bett.»[100] Das überwiegend aus Holz erbaute Haus brennt bereits lichterloh, als um 1.42 Uhr der Notruf bei der Feuerwehr eingeht, die fünf Minuten später eintrifft.[101]

Der «Spiegel» beschreibt später im Detail, wie die einzelnen Opfer in diesen Minuten zu Tode kommen: Demnach stirbt Hülya Genç an einer hochgradigen Kohlenmonoxidvergiftung und an den Folgen der Brandeinwirkung. Auch die vierjährige Saime erleidet eine tödliche Kohlenmonoxidvergiftung, sie wird eine Stunde nach dem Eintreffen der Feuerwehr leblos gefunden, mit großflächigen Verbrennungen. Ein Wiederbelebungsversuch bleibt erfolglos. Den im Haus verbliebenen Bewohnern war wegen des sich ausbreitenden Feuers der Fluchtweg durch die Diele und das Treppenhaus versperrt. Hatice Genç versuchte es dennoch. Dabei ist sie gestürzt oder zusammengebrochen und infolge der Brandeinwirkung gestorben. Ihre verkohlte Leiche wird erst während der Aufräumarbeiten im Brandschutt der Diele gefunden. Der 15-jährige Bekir Genç sieht sich von dem Feuer eingeschlossen, sein Körper hat Feuer gefangen. Er springt aus dem Haus und bleibt regungslos liegen. Trotz starker Verbrennungen überlebt er, muss aber insgesamt 18 Operationen über sich ergehen lassen.

Im zweiten Obergeschoss befinden sich die Eheleute Ince mit ihrer dreijährigen Tochter sowie die aus der Türkei zu Besuch weilende 12-jährige Gülistan Öztürk. Der Vater springt aus dem Fenster und will seine Tochter auffangen. Das Mädchen fällt daraufhin in einen Schacht, der in die Betonfläche eingelassen wurde. Gülistan Öztürk steht bis zum Schluss hinter bzw. neben Gürsün Ince an dem Giebelfenster. Kurz bevor diese aus dem Fenster springt bzw. fällt, bewegt sich Gülistan Öztürk nach hinten in den Raum hinein. Ihre verkohlte Leiche wird am nächsten Vormittag gefunden.[102]

Nach einem eineinhalbjährigen Mammutverfahren mit über 100 Verhandlungstagen, 137 Zeugen, 14 Sachverständigen und widersprüchlichen Geständnissen zweier Angeklagter ergeht schließlich das Urteil gegen die vier Neonazis wegen auf Fremdenhass basierenden gemeinschaftlich verübten fünffachen Mordes, 14-fachen Mordversuchs und besonders schwerer Brandstiftung zu einmal 15 (Erwachsenenstrafrecht) und dreimal zehn Jahren Haft (Jugendstrafrecht). Dabei stützt sich das Gericht maßgeblich auf das frühere Geständnis von Markus Gartmann, in dem dieser auch die bis zum Schluss ihre Unschuld beteuernden Felix K. und Christian B. der Tat bezichtigt hatte. Seine Angaben und die dazu passende Darstellung aus den insgesamt 19 Tatversionen des Angeklagten R. bildeten, unterstützt von Zeugenaussagen, die Hauptgrundlage des Urteils.[103] Immer wieder wurde im Laufe des Prozesses der rechtsextremistische Hintergrund der Täter bezweifelt, auch in einigen Medien.

Einen Tag nach der Urteilsverkündung geben Fadime und Bekir Genç eine gemeinsame Erklärung ab. «Wir, mein Bruder Bekir und ich, wenden uns heute, einen Tag nach dem Urteil, an alle jungen Leute in Deutschland und in der Türkei. Wir haben unsere Schwestern Gürsün und Hatice, unsere Nichten Hülya und Saime und unsere Cousine Gülistan Öztürk bei dem Brandanschlag verloren. Bekir hat schwerste Brandverletzungen davongetragen. Der Richter hat das gestern richtig als sinnlose Tat bezeichnet, die auf Rassenhass beruht. Die jungen Leute, die den Brandanschlag verübten, sitzen im Gefängnis und werden noch lange da bleiben. Wir haben die Schmerzen und die Trauer. Niemand hat einen Vorteil. Dabei haben wir Jugendlichen, egal, ob wir Deutsche oder Türken sind, egal, welche Hautfarbe wir haben oder aus welchem Land wir kommen, gemeinsame Interessen. Wir alle haben Ängste, ob wir einen Ausbildungsplatz oder Arbeit finden. Wir alle sorgen uns um unsere Umwelt. Wir müssen uns gemeinsam für Verbesserungen einsetzen. Hass spaltet nur und führt im schlimmsten Fall zu solchen schrecklichen und sinnlosen Taten, wie wir sie erleben mussten. So etwas sollte sich nie mehr wiederholen.»[104]

Die Revisionsanträge der Anwälte von drei der Verurteilten werden vom Bundesgerichtshof 1997 verworfen. Einer der Nebenklagevertreter, der Kölner Rechtsanwalt Eberhard Reinecke, äußert auch 15 Jahre nach der Tat noch immer seinen Unmut zu dem öffentlichen Unverständnis über den Zusammenhang zwischen rechtsextremistischen Einstellungen und Gewalt, der sich bei den vier Brandstiftern von Solingen auf tödliche Weise gezeigt hat: «Unwidersprochen wird heute von vier Jugendlichen aus der Neonaziszene gesprochen, die die Tat begangen hätten. In den 18 Monaten des Prozesses war das heiß umstritten. Die ausländerfeindlichen und rassistischen Texte der ‹Böhsen Onkelz› sollten ebenso ‹Dumme-Jungen-

Streiche› sein, wie rassistische Eintragungen in Tagebüchern. Die Zugehörigkeit der Täter zur rechten Szene wurde geleugnet.»[105]

Mevlüde Genç, die in der Brandnacht zwei Töchter, zwei Enkelinnen und eine Nichte verlor, tritt im März 2012 als Wahlfrau für die CDU in der Bundesversammlung an, zur Wahl eines neuen Bundespräsidenten. Die Täter von Solingen sind jetzt längst wieder auf freiem Fuß. Sie wisse zwar nicht viel über Joachim Gauck, sagt Mevlüde Genç bei dieser Gelegenheit, aber: «Ich hoffe, Herr Gauck wird ein bisschen wie Herr Rau». Der sei zuerst als Ministerpräsident und dann als Bundespräsident zum Jahrestag des Brandanschlags oft vorbei gekommen.[106] Johannes Rau saß dann mit ihr und ihrem Ehemann Durmuş daheim in Solingen auf dem Sofa. Wer nie kam, auch nicht zur Trauerfeier der fünf Toten von Solingen, war der damalige Bundeskanzler Helmut Kohl. Über seinen Sprecher fällte er zu der Zeit, als in Deutschland noch die Demokratie in Flammen stand, ein bezeichnendes Urteil über derlei Anteilnahme für die Opfer rechtsextremer Gewalt: Sah er darin doch bloß einen «Beileidstourismus».[107]

Zwei Wochen nachdem Joachim Gauck auch mit der Stimme von Mevlüde Genç zum Bundespräsidenten gewählt wurde, legt dieser als elfter Bundespräsident der Bundesrepublik Deutschland vor Bundestag und Bundesrat seinen Amtseid ab. Gleich im Anschluss hält er seine erste größere Rede als Staatsoberhaupt, in der er hervorhebt, dass die Demokratie stärker sei als ihre Feinde, die er sodann direkt anspricht: «Speziell zu den rechtsextremen Verächtern unserer Demokratie sagen wir in aller Deutlichkeit: Euer Hass ist unser Ansporn. Wir lassen unser Land nicht im Stich. Wir schenken euch auch nicht unsere Angst. Ihr werdet Vergangenheit sein und unsere Demokratie wird leben.»

In einem Kommentar in den «Tagesthemen» hatte Klaus Bednarz, der damalige Leiter des ARD-Politmagazin «Monitor», am 1. Juni 1993 die Rolle einiger Medien kritisiert, denen er indirekt eine Mitschuld an der Gewalteskalation gegenüber Migranten in Deutschland gibt. Er spricht mit Blick auf Solingen von «Krokodilstränen» jener, die nicht unerheblich zu der ausländerfeindlichen Stimmung im Lande beigetragen, von «publizistischen Biedermännern», die seit Monaten und Jahren die «Ausländerdebatte» angeheizt hätten.

Fünf Tage nach dem Brandanschlag in Solingen, am 3. Juni, erscheint in dem Busen-Blatt «Praline» (Bauer Verlagsgruppe), das vor allem auch unter Bundeswehrsoldaten eine hohe Verbreitung hat, ein Kommentar von Chefredakteur Jürgen Köpcke, der gleichsam eine politische Aufforderung ist: Unter dem Titel «Jetzt wollen die Bürger Taten sehen: Schein-Asylanten ab nach Hause, aber schnell!» fordert Köpcke nach Verabschiedung des neuen Asylgesetzes ein hartes Durchgreifen. «Das neue Gesetz ist nun also da. Und nun auch bitte dalli! Dass sich umgehend was ändert, das wollen wir Bürger jetzt ruck, zuck vor der eigenen Haustür sehen, wo die vielen Asylantenunterkünfte bitte zügigst geleert, gesäubert und für deutsche Zwecke umgewidmet und umgebaut werden! ... Es wurde (viel zu lange) debattiert, nun wurde beschlossen und ab sofort wird GEHANDELT! ...»

Viele Mitarbeiter des Bauer-Verlags reagieren empört auf diesen Kommentar des «Praline»-Chefs. In einem offenen Brief an den Verleger protestierten sie gegen die Verbreitung rechtsradikalen und rassistischen Gedankenguts: «Das kommt dem Aufruf gleich, weiterhin Anschläge auf Flüchtlingsheime zu machen. Was ist das anderes als geistige Brandstiftung? ... Wir appellieren an Ihre Verantwortung als Verleger: Stoppen Sie Chefredakteur Köpcke!» Die Branchenwächter sind empört, auch der Deutsche Journalisten-Verband (DJV) greift den Fall auf.

Doch Köpcke darf weitermachen. Zwar habe es ein «langes Gespräch» zwischen Verleger Heinz Bauer und Jürgen Köpcke gegeben. Aber: Keine Trennung, keine Abmahnung, nur eine mündliche Ermahnung. Dabei hatte Verleger Bauer noch im Oktober des Vorjahres nach den Morden von Mölln zu Lichterketten aufgerufen und damit seine persönliche Betroffenheit bekundet.[108]

In den ersten drei Jahren nach der Wiedervereinigung, in denen die Demokratie in Flammen steht, sterben 50 Menschen durch rechtsextreme Gewalttaten. Die meisten Opfer gab es in den Jahren 1992 (22) und 1993 (16). Danach geht die Zahl derer, die von Neonazis getötet werden, deutlich zurück. Das spricht für den Vorwurf von Monitor-Chef Klaus Bednarz, der den Medien eine Mitschuld an der Gewalteskalation in diesen Jahren gab. Denn die zu dieser Zeit scharf geführte Asyldebatte wurde durch die unsachliche Berichterstattung mancher Medien in unverantwortlicher Weise weiter angeheizt. In Einzelfällen darf man hier zweifelsohne von Medienhetze sprechen, für die der viel strapazierte Begriff der geistigen Brandstiftung zutreffend ist. Zwar eskalierte die Gewalt bundesweit, also in West- wie in Ostdeutschland, aber auf dem Gebiet der ehemaligen DDR wirkte dieser Medieneffekt besonders stark. Denn dort tobte nach dem Mauerfall ein aggressiv geführter Verteilungskampf um den neu geöffneten Medienmarkt. Menschen, die bislang vor allem die staatlich gelenkten Medien nutzten, wurden plötzlich zur Zielgruppe von entfesselten Boulevardmedien im Fernsehen und Print, denen sie keinerlei Demokratieerfahrung entgegensetzen konnten. Just zur selben Zeit entwickelte sich das Privatfernsehen in Deutschland zu einem bedeutenden Medium: Mit allen Mitteln kämpften die Privatsender in dieser Phase um Bekanntheit und Einschaltquoten, hinter die inhaltliche Erwägungen, journalistische Ethik und publizistische Verantwortung zurücktraten.

Die Berichterstattung der Boulevardmedien sorgte vor allem unter den Ostdeutschen, die ihr völlig unvorbereitet begegneten, für Stimulanz. Auch deshalb löste sich der Gefühlsstau der ehemaligen DDR-Bürger oftmals in Gewalt. Und in diesem Klima wuchsen viele junge Leute auf, die sich allmählich zu gewalttätigen Neonazis entwickelten, etwa die Mitglieder des späteren «Thüringer Heimatschutzes». «Das hat uns schon stimuliert», erinnert sich Patrick Wieschke, deshalb sei es ihnen, «den Rechten», darum gegangen, «diese Stimmung jetzt auszunutzen, um da weiterzugehen. Um unter den Ausländern das Gefühl zu verbreiten, dass sie hier nicht erwünscht sind und dass sie hier nicht bleiben sollen.» Ihm und seinen Gesinnungsgenossen sei es damals auch immer darum gegangen, «ein mediales Echo zu erzeugen». Und viele Medien wiederum nahmen die Aktionen der Neonazis dankbar an, um aus der weiteren Skandalisierung ein Geschäft zu machen. So beschreibt auch der ehemalige gewaltbereite Neonazi Ingo Hasselbach aus Ost-Berlin die Zeit nach der Wende in seinem Aussteigerbericht «Die Abrechnung»: «Ich gab Tag für Tag bis zu vier Interviews. Diese Interviews wurden immer honoriert. Die Tarife für solche Interviews lagen zwischen zweihundert und eintausend D-Mark.»[109] Der damals führende westdeutsche Neonazi Michael Kühnen erklärte Ingo Hasselbach zusätzlich die Wirksamkeit der Medien für ihren gewaltsamen ideologischen Kampf: «Dass nationalsozialistische Aussprüche und Zeichen auf jüdischen Friedhöfen, die Zerstörung von sozialistischen Denkmälern und Angriffe auf Asylbewerberheime in den Medien für Schlagzeilen sorgen würden.»[110]

Es war also nicht nur die vereinzelte Medienhetze gegen Asylbewerber, die den Neonazis in dieser Zeit Auftrieb gab, sondern auch die anlassbezogene Berichterstattung über die Gewalt als solche. Schließlich wurden einzelne Aktionen eigens für diesen Zweck inszeniert. Durch die mediale Verstärkung und durch einen Staat, der von einer Bundesregierung repräsentiert wurde, die durch ihre Politik die bestehende Fremdenfeindlichkeit unter den Menschen weiter kultivierte, war die langfristige Radikalisierung einer gewaltbereiten rechtsextremen Szene garantiert. Die wiederum führte im bislang extremsten Fall, der bekannt wurde, bis zum Terror der «Zwickauer Zelle», deren Mitglieder sich in demselben Kameradschaftsverband radikalisiert haben wie Patrick Wieschke. Die «Zwickauer Zelle» ist ein Produkt der damaligen gesellschaftlichen und politischen Entwicklungen des Landes und ihre Einbettung in die rechtsextremen Unterstützungsmilieus ist ohne eine gemeinsame Vorgeschichte, einen Vorrat an Vertrauen sowie geteilte politische und soziale Ideen und Vorstellungen nicht erklärbar.[111]

Diesen jungen Menschen, die sich in den Nachwendejahren zu gewalttätigen Neonazis entwickelten, wurden in dieser Zeit keine erkennbaren Grenzen gesetzt: Die rechtsextreme Gewalt wurde in diesen Jahren insgesamt und systematisch verharmlost, und ihre Opfer wurden von höchster politischer Stelle alleine gelassen. Auch wenn die Todesfälle anschließend weniger wurden – eine deutliche Abnahme erfolgte erst nach weiteren zehn Jahren. Es hatte sich in dieser Nachwendezeit längst eine rechtsextreme Gewaltkultur etabliert, die vor allem in den ländlichen Gegenden Ostdeutschlands bis heute Bestand haben sollte: als Ergebnis des Gefühlsstaus, der politischen Verharmlosung und der medialen Verstärkung, durch die aus verbreiteten menschenfeindlichen Einstellungen rechtsextreme Gewalt werden konnte.

II. Teil
Orte der Gewalt

Die Opfer des Terrors

Wenige deutsche Politiker haben die Existenz menschenfeind-
licher Einstellungen unter ihren Landsleuten so wiederkeh-
rend, konsequent und offen angesprochen wie Joachim Gauck.
Dabei mag eine Rolle spielen, dass er wenige Monate nach dem
Auffliegen der Zwickauer Terrorzelle ins Amt des Bundespräsidenten gewählt wurde, zu einem Zeitpunkt, als in Deutschland eine intensive gesellschaftliche Debatte über die rechtsextreme Gewalt und ihre Opfer geführt wurde, als der Staat
gefordert war, Verantwortung für das NSU-Debakel zu übernehmen. Aber Joachim Gauck hatte sich bereits in den Jahren
zuvor mit den Ursachen des Rechtsextremismus beschäftigt:
als Vorsitzender des Vereins «Gegen Vergessen – Für Demokratie», ebenso als Verwaltungsrat der «Europäischen Stelle
zur Beobachtung von Rassismus und Fremdenfeindlichkeit in
Europa». Aber als er anlässlich einer Gedenkfeier zum 20. Jahrestag der Ausschreitungen von Rostock-Lichtenhagen vor
dem Sonnenblumenhaus in der Mecklenburgischen Allee
sprach, war er vor allem ein ehemaliger Pastor aus Rostock, der
in seine Heimatstadt zurückgekehrt war, mit dem Ansinnen,
den Menschen in Deutschland zu erklären, warum es zu den
pogromartigen Ausschreitungen im Sommer 1992 gekommen
war.

«Fremdenfeindlichkeit gibt es überall, aber es lässt sich nicht
leugnen, dass sie uns im Osten leider häufiger begegnet», sagte
Joachim Gauck in seiner Rede.[1] «Gerade wir Ostdeutschen, die
wir in lange eingeübter Ohnmacht lebten, blieben anfällig für
ein Denken in Schwarz-Weiß-Schemata. Wir lebten in einem
Land der strukturellen Rücksichtslosigkeit; alles, was *anders*
war, nicht linientreu war, wurde verdächtigt, denunziert, be-
kämpft oder ausgegrenzt», fasste er die Situation in der DDR

zusammen, mit der dort auch die Vertragsarbeiter konfrontiert worden sind, die aus Kuba oder Vietnam nach Lichtenhagen gekommen waren. «Das Zusammenleben mit Fremden kannten wir fast nicht – auf den Straßen dieser Stadt habe ich gedankenlos und wie selbstverständlich für die wenigen Ausländer, die bei uns arbeiteten, die Bezeichnungen ‹Fidschis› und ‹Kanaken› gehört – das war ganz ‹normal›.» So war es später dann auch folgerichtig, dass die rechtsextreme Gewalt, die stets an solche Einstellungen anknüpft, in Ostdeutschland statistisch gesehen am höchsten war – und bis heute ist. Legt man die Einwohnerzahl und die polizeilich erfassten rechtsextremen Gewaltfälle zu Grunde, dann ereignet sie sich am häufigsten in der Region Berlin-Brandenburg und in Sachsen-Anhalt, wobei in Berlin wiederum die östlichen Bezirke Marzahn-Hellersdorf, Lichtenberg und Treptow-Köpenick besonders betroffen sind.[2] Das übrige Berlin fällt dagegen regelrecht ab. Die meisten Toten gab es seit der Wende in Brandenburg (27), übrigens gefolgt vom einwohnerstärksten Bundesland Nordrhein-Westfalen (25).[3]

Dabei ist es sehr schwierig, die rechtsextreme Gewalt zu messen und ihre Schwerpunkte genau zu verorten, denn die Statistik weist nur aus, was einzelne Polizisten als rassistisch und rechtsextrem erfassen. Und spätestens seit dem Bekanntwerden der NSU-Mordserie, deren Opfer über Jahre nicht der politisch motivierten Gewalt zugeordnet wurden, ist auch der breiten Öffentlichkeit bewusst geworden, dass es der Polizei in Deutschland an dieser Stelle an Sensibilität mangelt. Oder schlicht am Wissen, die Zusammenhänge jeweils richtig einordnen zu können. Das volle Ausmaß der rechtsextremen Gewalt ist daher bis heute unbekannt. «Unser größtes Problem ist das riesige Dunkelfeld, das wiederum viel größer ist als das Hellfeld», stellte deshalb der Sozialwissenschaftler Alexander Häusler von der Arbeitsstelle Neonazismus an der Fachhochschule Düsseldorf jüngst fest.[4]

So bezieht sich auch das Wissen über die Opfer rechtsextremer Gewalt immer nur auf subjektive Momentaufnahmen. Ist es schließlich für die Polizei und für die Gerichte unerheblich,

ob da nun ein deutsch- oder türkischstämmiger, ein homosexu-
eller oder wohnungsloser Mensch verbrannt, erschossen oder
erschlagen wird. Für die Behörden zählt einzig der jeweilige
Tatbestand, also die Tatsache, dass und auf welche Weise ein
Mensch zu Schaden gekommen ist, nicht aber die Hautfarbe,
Staatsangehörigkeit, Religionszugehörigkeit und sexuelle Orientierung des Opfers oder die sozialen Verhältnisse, denen es
entstammt. Das spielt unter Umständen in der Bewertung des
Tatmotivs eine Rolle, mehr aber auch nicht.

Bei den bekannt gewordenen Fällen rechtsextremer Gewalt,
ob nun bei den Todesfällen, oder bei den zahllosen Angriffen
durch Rechtsextremisten, bei denen Menschen verletzt wurden, fallen neben den Migranten aber besonders viele Fälle auf,
bei denen Obdachlose angegriffen wurden. Auch in Brandenburg, wo es bislang die meisten Todesopfer rechtsextremer
Gewalt gab. Hier ist jeder zweite Tote ein Obdachloser oder
Hartz IV-Empfänger, der aufgrund seiner schwachen sozialen
Stellung zum Opfer wurde – wegen der sozialdarwinistischen
Einstellung der Täter. In diesen Fällen haben die Behörden
stets ganz besondere Schwierigkeiten, ein rechtsextremes Tatmotiv zu erkennen. Wenn sich die Täter vor Gericht oder in
den polizeilichen Vernehmungen nicht eindeutig äußern und
sie außerdem keiner organisierten Gruppe von Rechtsextremisten zuzuordnen sind, fällt dieses Motiv in vielen Fällen nicht
auf.

Dahlewitz, 8. August 2001. Anders als Dieter Manzke gehört sein Wohnort Dahlewitz, eine 1800-Seelen-Gemeinde
südlich von Berlin, nicht zu den Verlierern der Wende. Denn
alleine in dem örtlichen Gewerbegebiet an der A10 gibt es fast
so viele Arbeitsplätze, wie in Dahlewitz Menschen leben. Mit
Abstand größter Arbeitgeber ist der Flugzeugturbinenherstel-
ler «Rolls Royce», ein Unternehmen des BMW-Konzerns, das
dem Ortsnamen Dahlewitz seit einigen Jahren einen luxuri-
ösen Klang verleiht. Man habe sich die Investoren aussuchen
können, erzählten die Gemeindevertreter in den Nachwendejahren stolz der Presse. Überhaupt gedeiht im Speckgürtel der
Hauptstadt allmählich eine vorwärtsgewandte Alltagskultur,

die sich von der in den hoffnungslosen Brandenburger Dörfern weit ab von Berlin völlig unterscheidet.

Da passt eine rechtsextrem motivierte Gewalttat nicht so recht ins Bild, die ihrer Rohheit wegen schockiert. Aber nach dem Mord an dem Obdachlosen Dieter Manzke, der schon 1991 arbeitslos wurde und am Ende eines langen sozialen Abstiegs zum Opfer von fünf jungen Männern wurde, die sein Leben nicht für lebenswert erachteten, waren sie da: Die Schlagzeilen über das braune Nest, die wiederum zum gängigen Reflex bei den lokalen Verantwortungsträgern führten. Wollten sie jetzt doch ihren Stolz auf den wirtschaftlichen Aufschwung bloß nicht gegen Scham für die Jugend am Ort eintauschen. «Man wollte einen rechten Hintergrund finden, dagegen haben wir uns energisch gewehrt», sagt Bürgermeister Fritz Lenk (PDS) der Lokalzeitung mit einigem Abstand.[5] Er fühlte sich ungerecht behandelt, fürchtete er doch schließlich um Dahlewitz' Ruf. Auch deshalb bemerkt er, dass einer der Täter erst kurz vor der Tat zugezogen sei, die anderen vier jedoch aus den Nachbarorten Blankenfelde und Mahlow stammten. So stellt der Bürgermeister fest: «Dahlewitz ist zwar der Tatort, aber die Täter selbst sind keine richtigen Dahlewitzer.»[6] An diesem grausamen Mittwochabend im August trafen sie sich also – eigentlich nur zum Saufen.

Und gesoffen haben Dirk R. (21), Ralf W. (21), Ronny R. (19), Uwe R. (17) und Dirk B. (22) auch. Aber irgendwann, sagt Dirk R. später vor Gericht, habe er Lust bekommen sich zu prügeln. So hat es die «Berliner Zeitung» notiert. Und dass sie es zu ihrem Opfer nicht weit hatten: Gleich neben seiner Wohnung in der Bahnhofstraße, in einer verlassenen Datscha, übernachtete seit einem Jahr der Obdachlose Dieter Manzke. Seit die Dahlewitzer Mühle Pleite gegangen war, in der er Futtermittel hergestellt hatte, war er auf dem Suff. Zehn Jahre lang. Nachdem er sich verschuldet hatte, trank er noch mehr. Als seine Frau vor drei Jahren starb, saß er gerade im Gefängnis ein paar seiner Schulden ab. Er wohnte noch eine Weile allein, dann wurde sein Wohnhaus in der Bahnhofstraße saniert – und Manzke musste raus.[7]

Gemeinsam gingen die fünf zur Datscha, in der Manzke übernachtete, direkt neben dem Haus, in dem Dirk R. wohnte, der Rädelsführer der Fünf und einer der beiden Haupttäter. Und das auch erst seit einem Vierteljahr – war er doch selber eine Zeitlang obdachlos gewesen und hatte in einer Garage übernachtet. Doch an diesem Abend sollten andere büßen. Sein Kompagnon, der 22-jährige Dirk B., habe «Suffis aufklatschen» wollen, gab er zu Protokoll. Ein richtiger Sadist sei der gewesen, habe Manzke noch mit dem Finger aufs geschwollene Auge gedrückt und «Tut's weh?» gefragt. Sie wollten sogar noch weiter ziehen, als sie von Manzke abließen, weiter zum nächsten Alki, den sie in Dahlewitz kannten. Doch der war nicht aufzutreiben. Sonst hätte es «wahrscheinlich noch einen zweiten Toten» gegeben, sagte Dirk R.[8]

Dabei wollte sich Bürgermeister Fritz Lenk doch um eine Wohnung für Dieter Manzke kümmern und um eine Betreuerin. Und das wenige Tage vor dessen Tod. Aber Manzke erschien nicht beim Bürgermeister. Zwei Tage danach erfuhr Lenk, dass er nicht mehr auf Bürger Manzke würde warten müssen. War der schließlich längst zu Tode gequält worden, am Ende einer «ganz fürchterlichen Gewaltorgie», wie es das Gericht schließlich feststellen sollte.[9]

Dabei war dies nicht das erste Mal, dass ihn die jungen Männer aus der Nachbarschaft überfielen. Erst zwei Wochen vor dem Mord waren Dirk R. und Ralf W. schon einmal in die Datscha eingedrungen, Manzke hatte fliehen können, doch ein zufällig anwesender und gleichfalls arbeitsloser Bekannter war von Dirk R. verprügelt worden.[10]

Aber jetzt, an diesem 8. August, ist Manzke dran. Eine halbe Stunde dauert sein Martyrium, von dem die anschließende Obduktion Zeugnis ablegt: 16 Rippen haben sie ihm gebrochen, durch Tritte. «Ein Teil der Rippen war noch einmal in sich aufgesplittert. Das sieht man relativ selten», erklärte eine Gerichtsmedizinerin dem Gericht.[11] Der Befund ergab zahllose Blutergüsse, Brüche des Schlüsselbeins und der Augenhöhlen, ausgeschlagene Zähne, aufgerissene Lippen und Ohren. Das Rippenfell war gerissen, Darm und Magen verletzt. Dieter

Manzke ist betrunken und völlig wehrlos. Im Gesicht des Opfers werden eine Zigarette ausgedrückt und seine Barthaare angesengt. Als er schon röchelnd am Boden liegt, bieten die vier älteren Täter dem jüngsten an, Manzke ins Gesicht zu schlagen: Der 17-jährige Uwe R. nimmt an – und schlägt dreimal zu. Einer der Täter versucht schließlich noch, Manzke einen Stock in den After einzuführen. Anschließend ziehen die fünf ihr Opfer in ein Gebüsch, um die Tat zu vertuschen. Dort stirbt der 61-jährige Obdachlose. Und gleich bei ihrer Festnahme geben die Täter bei der Polizei an, sie hätten sich von ihrem Opfer «gestört gefühlt» und «Ordnung schaffen» wollen.[12] Deshalb wollten sie ihn aus der Datscha «vertreiben», wo er «nichts zu suchen» gehabt habe.

Acht Monate später verurteilte das Landgericht Potsdam die Haupttäter Dirk B. und Dirk R. zu jeweils 13 Jahren Haft, Ronny R. und Ralf W. erhalten acht und sieben Jahre Jugendstrafe. Der jüngste, der 17-jährige Uwe R., wurde zu einer Freiheitsstrafe von fünf Jahren verurteilt.

Schon lange vor dem Urteil war eine Debatte darüber entstanden, ob die Tat nun als rechtsextremistische Gewalt zu werten sei. Auch der Vorsitzende Richter Klaus Przybilla setzte sich mit dieser Frage in dem laufenden Prozess eingehend auseinander. Etliche rechtsextreme Gewaltverbrechen hatte der erfahrene Richter am Potsdamer Landgericht bereits bearbeitet. In diesem Fall gelangte er aber zu dem Schluss, dass die Tat nicht rechtsradikal sei, doch aber politisch motiviert, weil sie sich «gegen den gesellschaftlichen Status eines Menschen gerichtet hat», wie der Berliner «Tagesspiegel» aus der Urteilsbegründung zitierte. Darin bezog sich Przybilla auf das Bundeskriminalamt, das im Jahre 2001 maßgeblich zu einer Reform der Erfassung politisch motivierter Kriminalität beigetragen hatte. Demnach sind Straftaten wie gezielte Angriffe auf Obdachlose auch dann als politisch zu werten, wenn die Täter ohne bewusste rechte Motivation handeln. Die Begründung des Urteils beschloss der Richter zudem mit einer dunklen Prognose: Das «fürchterliche Tatgeschehen» werde sich «mit hoher Wahrscheinlichkeit wiederholen». Trotzdem hoffe er, «dass dieser Spuk irgendwann ein Ende nehmen wird».[13]

Bereits drei Wochen nach der Tat von Dahlewitz bat die Bundestagsabgeordnete Ulla Jelpke (PDS) in einer «Kleinen parlamentarischen Anfrage» die Bundesregierung um eine Stellungnahme in dieser Angelegenheit, wobei es ihr um eine Einordnung des Gewaltmotivs ging.[14] In der Anfrage zitiert die Abgeordnete zunächst die «Berliner Morgenpost»: «Den inzwischen geständigen Männern, die mit dem Vorwurf des vorsätzlichen Totschlags festgenommen wurden, wirft die Staatsanwaltschaft Potsdam vor, ‹aus falsch verstandenem Ordnungssinn› gehandelt zu haben. Einen rechtsextremen Hintergrund der Tat schließt die Staatsanwaltschaft aber aus, obwohl einer der Täter ‹ein Faible für Musik rechter Gruppen hatte› und ‹Leute aus der rechten Szene in dem Haus [dem Wohnhaus des Täters, O. S.] ein- und ausgegangen sein› sollen.» Neben diesem Hinweis zum Umfeld der Täter stellt Jelpke schließlich noch auf das politische Motiv ab: «Die ‹Berliner Morgenpost› hält einen rechtsextremen Hintergrund der Tat aber offenbar dennoch für möglich und zitiert den Rechtsextremismus-Experten Burkhard Schröder mit folgenden Worten: ‹Das Entscheidende ist die Motivlage: Einen Obdachlosen aus ‹falsch verstandenem Ordnungssinn› umzubringen entspricht eins zu eins einem rechtsradikalen Weltbild.›»

Ulla Jelpke drängte vor allem deshalb auf eine Klärung, weil etliche Gewalttaten gegen Obdachlose in den vorangegangenen Jahren tatsächlich einen rechtsextremen Hintergrund gehabt hatten, der aber von den Behörden nicht als solcher erkannt worden war. So lautete zumindest der Vorwurf der «Bundesarbeitsgemeinschaft Wohnungslosenhilfe» aus Bielefeld, die auf diesen Missstand bereits im Jahr zuvor hingewiesen hatte. In einer Mitteilung des Vereins hieß es, dass in den Jahren zwischen 1989 bis 2000 «mindestens 107 wohnungslose Menschen von Tätern außerhalb der Wohnungslosenszene getötet worden sind, 203 Wohnungslose wurden Opfer schwerer körperlicher Gewalt», und dass «ein großer Teil der Täter ein Verhalten an den Tag legt, das rechtsextremen Ideologien entspricht, ohne dass die Täter in entsprechenden Organisationsstrukturen verankert sind. Armut, soziale Ausgrenzung, Wohnungslosigkeit gelten den Tätern als Beweis für die Minderwertigkeit des Opfers, die zugleich Legitimation für die Täter ist. Der kleinere Teil der Täter – ohne diesen exakt beziffern zu können – ist offen rechtsextremistisch motiviert. Ihre Taten bezeichnen sie häufig als ‹Pennerklatschen› – ein Begriff, der das Ausmaß der Menschenverachtung und des blinden Hasses ausdrückt.» Außer ihrem Hass und ihrer Verachtung für vermeintlich Schwache hätten die Täter in der Regel keine anderen Motive. «In der Öffentlichkeit wird die Brisanz dieser Taten aber bislang nicht deutlich wahrgenommen, […] es wird der rechtsextremistische Charakter in den Fällen geleugnet, in denen den Tätern keine entsprechende Organisationsstruktur nachgewiesen werden kann», so die «Bundesarbeitsgemeinschaft Wohnungslosenhilfe».[15] Diese Gewalttaten beträfen die west- und ostdeutschen Bundesländer gleichermaßen.

Diese Einschätzung besaß zumindest in einem Punkt Allgemeingültigkeit, die sich bis heute als Problem bei der Ermittlung eines rechtsextremen Tatmotivs erweist, ganz egal, gegen welche Opfergruppen sich die Gewalt dabei richtet: Dass nämlich meist nur derjenige Täter als Rechtsextremist eingestuft wird, dem die offenkundige Mitgliedschaft in einer rechtsextremen Vereinigung nachgewiesen werden kann. Das allerdings ist für die Strafverfolgungsbehörden ein immer größer werdendes Problem, weil die Organisationsstrukturen der Szene ganz bewusst einem schnellen Wandel unterzogen werden und sich zahlreiche Rechtsextremisten mit Bedacht keiner Organisation anschließen. Die vorübergehende Teilhabe an einem losen Aktionsbündnis ist ungleich schwerer nachweisbar, als etwa die Mitgliedschaft in der NPD oder in einer lokal stark verwurzelten Neonazi-Kameradschaft.

Vor dem Hintergrund des angenommenen Ausmaßes an rechtsextremer Gewalt gegen Obdachlose befürchtete die PDS-Abgeordnete Jelpke, dass das von der Innenministerkonferenz 2001 eingeführte neue Erfassungskriterium für rechte Straf- und Gewalttaten nicht entsprechend angewandt werde.

Schließlich war dem Erfassungskriterium der IMK folgendes Beispiel als «Zusatzinformation» angefügt: «Der Angriff rechtsorientierter Jugendlicher oder auch Unbekannter auf einen deutschen Obdachlosen stellt eine (zu vermutende) politisch motivierte Tat dar und wird als solche im Rahmen des KPMD – PMK [= kriminalpolizeilicher Meldedienst – politisch motivierte Kriminalität] erfasst.»[16]

Jelpke fragte deshalb ganz konkret nach: Sie wollte von der Bundesregierung wissen, ob sie in dem Dahlewitzer Tötungsdelikt eine «zu vermutende oder tatsächliche rechtsextreme Motivation erkennen kann». Die Antwort kam knapp vier Wochen später: «Das [...] Tötungsdelikt wurde nach Bewertung der zuständigen Landesbehörden als Körperverletzung mit Todesfolge im Rahmen der ‹Polizeilichen Kriminalstatistik› erfasst. Eine politische Motivation liegt nach Bewertung der Landesbehörden [...] nicht vor.» Außerdem wollte Ulla Jelpke wissen, worin der Unterschied zwischen dem Dahlewitzer Fall und dem Beispiel aus der Zusatzinformation zu dem Erfassungskriterium der PMK liegt. Darauf antwortete die Bundesregierung: «Differenzen zwischen der Bewertung und dem Inhalt der Zusatzinformation sind nach Einschätzung der Landeskriminalämter nicht erkennbar.»

2009 schließlich kam die Bundesregierung zu einer anderen Bewertung, die sie wiederum in einer Antwort auf eine «Kleine parlamentarische Anfrage» darlegte,[17] diesmal von einigen Bundestagsabgeordneten der Grünen: «Im Hinblick auf die politisch motivierte Gewalt gegen Obdachlose gibt es zwar eine erschreckend lange Liste rechter Tötungsdelikte (deren jeweilige Einordnung in die Rubrik ‹PMK-rechts› umstritten war und zum Teil noch ist) – andere politisch motivierte Gewaltdelikte gegenüber Obdachlosen sind aber nur unzureichend dokumentiert. Seit 1990 gibt es folgende Tötungsdelikte gegenüber Obdachlosen, die einen rechten Tathintergrund vermuten lassen.»[18] Und dann folgt eine traurige Liste mit 24 Namen, Daten und Orten, da heißt es unter anderem: «Dieter M., Dahlewitz (BR), erschlagen.»

Der Richter Klaus Przybilla, der hunderte Verfahren wegen

rechtsextremer Gewalt geführt hatte, war zwischenzeitlich pensioniert worden. In einem Interview mit dem «Tagesspiegel» antwortete er 2010 auf die Frage, ob die 2001 bei der Polizei erfolgte Umstellung auf das erweiterte Erfassungssystem «Politisch Motivierte Kriminalität» hilfreich war, er könne das in einigen Fälle bestätigen, «zum Beispiel für die Ermordung des Obdachlosen Dieter Manzke in Dahlewitz […]. Dieser Fall wäre im alten Erfassungssystem nicht als rechts motiviert eingestuft worden. Und das neue System hat eine politische Wirkung. Eine Kriminalstatistik, die eine signifikant hohe Zahl politisch motivierter Straftaten ausweist, ist ein Makel für die Politik eines Landes und zwingt zum Handeln.» An seiner Bewertung des Falls habe sich nichts geändert, sagte Przybilla weiter: «Jede Tat, die sich gegen den gesellschaftlichen Status eines Menschen richtet […], ist politisch motiviert. Sie erinnern sich: Dieter Manzke musste sterben, weil er als ‹Penner› und ‹Suffi› den in der Nachbarschaft wohnenden, erwachsenen Haupttäter gestört hat und eine emotional verkommene Jugendclique ihren Spaß haben wollte.»[19]

Ganz vergessen ist Dieter Manzke in seinem langjährigen Wohnort nicht. Durch das Engagement einer Bürgerinitiative aus dem Nachbarort Mahlow bekam er einen Grabstein auf dem Familiengrab in Dahlewitz.

Dieter Egon Wilfried Manzke
geb. 1.11.1939 in Damerow
gest. 9.8.2001 in Dahlewitz
Er verstarb durch Gewalteinwirkung:
in unserem Ort ohne Hilfe, unbemerkt,
weil er anders lebte und sein Dasein einige junge Menschen
störte, Täter, die aus unseren Gemeinden stammen.
mit Trauer und Zorn
Kerstin, Simone und Nicole Manzke
Tolerantes Mahlow und Freunde

Um die drei Töchter von Manzke kümmerte sich nach dem Mord an ihrem Vater der Potsdamer Verein «Opferperspektive», der als erste Beratungsstelle für Opfer rechtsextremer Gewalt in Deutschland drei Jahre zuvor gegründet worden war. Nach Schilderungen von Prozessbeobachtern verfolgten die drei Frauen das Verfahren am Potsdamer Landgericht nicht; eine der Töchter sagte jedoch kurz als Zeugin aus. In dem Jahr, als Dieter Manzke getötet wurde, starben noch sieben weitere Menschen durch die Taten von Neonazis. Denn auch nach der Zeit, in der in Deutschland die Demokratie in Flammen stand, ging das Morden weiter.

Inzwischen hat der Verein «Opferperspektive» eine Wanderausstellung zusammengetragen, die anhand von Bildern über die Schicksale der von Rechtsextremisten getöteten Menschen berichtet, unter dem Titel «Opfer rechter Gewalt seit 1990 in Deutschland». Ziel dieser Ausstellung ist es, den Opfern der rechtsextremen Gewalt ein Gesicht zu geben. Und dafür zu sorgen, dass Menschen wie Dieter Manzke nicht in Vergessenheit geraten. Denn in Deutschland hatten sich zu viele an rechtsextreme Gewalt gewöhnt, zumal diese in den meisten Fällen Menschen betrifft, die am Rand der Gesellschaft leben. Und für die übrigen, also die Mehrheitsgesellschaft, stellt der Rechtsextremismus als solches keine Gefahr für Leib und Leben dar. Die massive Bedrohung der demokratischen Kultur durch Neonazis wurde in vielen Fällen überhaupt nicht erkannt, zumal in Ostdeutschland, wo sich die Demokratie selbst erst allmählich entwickelte und durch die Aktivitäten von Neonazis bis heute massiv gestört wird.

Die jahrelange Verharmlosung und Bagatellisierung der Gewalt durch Behörden und lokale Autoritäten, auch durch Politiker und örtliche Medienvertreter ergab sich oft aus der eigenen persönlichen Perspektive, die frei von Bedrohung durch rechtsextreme Gewalttäter war. Dabei wurde die Gewalt häufig nur in den Fällen bekannt, wo sie tödliche Folgen hatte, wenn ihr Ausmaß nicht mehr von dem lokalen Umfeld der Opfer und Täter zu vertuschen war. Unterhalb dieser Schwelle begünstigt aber seit der Wiedervereinigung das Demokratiegefälle zwischen West und Ost das Streben der Neonazis nach lokaler Deutungshoheit. So stellte Bundespräsident Joachim Gauck in seiner Rede zum Gedenken an die Ausschreitungen von Rostock-Lichtenhagen fest, es liege «nicht am schlechteren Charakter der Ostdeutschen, dass es Unterschiede zu den Westdeutschen gibt, sondern an unseren unterschiedlichen Prägungen und Erfahrungen. Hier im Osten konnten wir nicht teilhaben an einer Zivilgesellschaft von aktiven und eigenverantwortlichen Bürgern.» Und genau diese Zivilgesellschaft entwickelt sich im östlichen Teil Deutschlands nun – unter den ständigen Angriffen von rechts, unter der Gewalt, der Agitation und dem Bestreben von Rechtsextremisten, dort ihrerseits eine völkisch geprägte Ordnung zu zementieren, in der Zuwanderer, Obdachlose, Homosexuelle, Juden und Linksalternative nichts zu suchen haben. Für dieses Ziel erkämpften sich Rechtsextremisten die Deutungshoheit mit Straßenterror.

Wo die Gewaltkultur zu Hause ist – die «national befreiten Zonen»

Elf Jahre nach dem Mord an Dieter Manzke, dessen Bild ebenfalls in der Wanderausstellung des Vereins «Opferperspektive» zu sehen ist, gastierte diese in einem anderen Ort in der Nähe Berlins. Velten liegt nordwestlich, ebenfalls am Autobahnring. Hier wurde Gunter Marx von Rechtsextremisten getötet. Aber die SPD-Bürgermeisterin, die in ihrem Grußwort zur Ausstellungseröffnung salbungsvoll die zivilgesellschaftlichen Initiativen als «wichtige Stützen der Demokratie» würdigte, erwähnte Gunter Marx mit keinem Wort. «Erst auf Nachfrage fällt ihr der Fall ein. Sie kann sich dunkel erinnern», notierte die «Märkische Oderzeitung».[20]

Velten, Samstag, 6. August 1994. Es ist eine laue Sommernacht in Velten nordwestlich von Berlin. Gegen 4 Uhr morgens radelt Gunter Marx durch die Viktoriastraße im Zentrum der 11 000-Einwohner-Stadt. Er will nach Hause, vorbei an dem neuen Marktplatz, der erst in diesem Jahr eingeweiht wurde. Wegen der Nähe zu Berlin herrscht in dieser Zeit eine Aufbruchsstimmung in der Stadt. Man erhofft sich viele neue Einwohner in der weitläufigen Region Oberhavel. Zugleich etabliert sich aber auch eine besonders aktive rechtsextreme Szene in der Gegend von Velten, die auf viele Jahre hinaus Bestand haben wird. Einige führende Rechtsextremisten aus Berlin und Brandenburg werden sich künftig hier ansiedeln, zwischen Velten, Hohen Neuendorf und Oranienburg. Bis heute haben sich die Traditionslinien aus der Nachwendezeit gehalten, als gewalttätige Neonazis Straßen und Plätze mit Angst belegten. Gleich nach dem Mauerfall hatten Unbekannte hier, im Park an der Viktoriastraße, eine Erinnerungstafel für den ermordeten Veltener KPD-Vorsitzenden demoliert. Seither wird die Tafel im Bürgermeisteramt aufbewahrt, und das Andenken erfolgt hinter verschlossenen Türen.

Für Gunter Marx wird es die letzte Fahrradfahrt seines Lebens sein, das drei Jahre nach der Gründung der DDR begann und nun, kurz nach ihrem Zusammenbruch, zu Ende sein wird. Vier junge Männer aus der Veltener Skinheadszene kommen in diesem Augenblick im Auto die Viktoriastraße entlanggefahren und werden immer langsamer. Gunter Marx wird zufällig ihr Opfer. Aber die Gewalttat ist kein Zufall. Denn Neonazis breiten sich hier ganz bewusst aus, beherrschen den öffentlichen Raum, füllen das Vakuum in der Zeit zwischen den Systemen mit eigener Macht, die sich auf Angst und Gewalt gründet. Zwar heißt der Staat, in dem auch die Veltener Viktoriastraße liegt, längst Bundesrepublik, aber dessen Autorität, Strukturen und demokratische Funktionsweisen sind hier längst noch nicht angekommen. Zwischen Velten und dem 33 Kilometer entfernten Berliner Reichstagsgebäude, das bald schon zum symbolischen Ort eines modernen weltoffenen Deutschlands werden sollte, lagen Welten. Die Demokratie war noch weit weg.

Aber die Neonazis waren schon da. Sie sind Kinder der DDR. Auch die vier jungen Männer in dem Auto, das sich Gunter Marx jetzt nähert. Der Mordprozess am Neuruppiner

Landgericht wird später Klarheit über das Tatmotiv geben: Die vier hatten kein Geld, wollten aber noch in die Disko und deshalb unterwegs jemanden ausrauben. «Alles was auf der Straße herumläuft, außer Frauen und Kinder», hatte der Haupttäter Maik L. als Parole ausgegeben. Er selbst mochte sich in dem Prozess aber an nichts mehr erinnern. Den ganzen Tag über hatten die vier am nahe gelegenen Bernsteinsee gezecht. Maik L. ist jetzt, gegen 4 Uhr morgens, bei 3,1 Promille Blutalkohol, als er aus dem Auto springt. In der Hand einen Radmutterschlüssel. Er zwingt Gunter Marx zum Anhalten, tritt sogleich auf ihn ein und fordert Geld. Marx trägt keines bei sich. Sodann zertrümmert ihm Maik L. mit dem wuchtigen Radmutterschlüssel den Schädel.[21]

«Der Mann lag auf dem Bauch, der Kopf war blutverschmiert, und um den Kopf herum hatte sich eine große Blutlache gebildet», sagt der Polizist als Zeuge vor Gericht aus, der als erster am Tatort in der Viktoriastraße eintraf.[22] Die Neonazis hatten ihr argloses Opfer blutüberströmt und sterbend liegen gelassen. Aber noch immer fehlte ihnen Geld. Sie ziehen weiter und überfallen kurz darauf ein Ehepaar: Für 100 Mark verletzen sie den Mann schwer, der eine Woche lang im Krankenhaus behandelt werden muss. Der Mord an Gunter Marx ruft in Velten ohnmächtiges Entsetzen über den Straßenterror der Neonazis hervor. Eine Woche nach der Bluttat versammeln sich 500 Menschen zu einem Schweigemarsch in der Stadt.[23]

Das Landgericht Neuruppin verurteilt den Haupttäter Maik L. ein Dreivierteljahr später wegen Mordes und Raubes in drei Fällen zur Höchststrafe von zehn Jahren Jugendhaft. Seine Mittäter müssen wegen schweren Raubes mit Todesfolge für sechs, viereinhalb und zweieinhalb Jahre ins Gefängnis.

Aber Gunter Marx gerät in Vergessenheit. Wohl auch, weil bei dem Mord an ihm der rechtsextreme Hintergrund nicht auf den ersten Blick erkennbar war und die Behörden zu der Zeit kein Interesse daran hatten, diese Gemengelage aufzulösen.

Bis heute gilt der Mord an Gunter Marx offiziell, also seitens der Sicherheitsbehörden und damit auch der Bundesregierung, nicht als rechtsextreme Gewalttat. Das erklärt wohl auch, warum sich die Bürgermeisterin im Jahr 2012 nicht auf Anhieb an den Mord erinnern konnte. Ganz sicher aber erklärt es beispielhaft, wie schwer es dem Staat bis heute fällt, die Gewalt als essentiellen Teil der rechtsextremen Strategie auszumachen. Ganz entscheidend ist hier das Konzept der so genannten «national befreiten Zonen», das in der Nachwendezeit von Rechtsextremisten entwickelt und – buchstäblich – auf die Straße gebracht wurde. Manchmal nur auf einen Platz, in eine Bierkneipe. Es kann sich aber auch auf einen ganzen Stadtteil beziehen, auf ein Dorf – oder eben eine ganze Region. Eine «national befreite Zone» jedenfalls ist ein Ort, an dem Rechtsextremisten zumindest zeitweilig, manchmal also nur am Wochenende, zu bestimmten Uhrzeiten, einige Monate lang, oder gar dauerhaft das Sagen haben. Wo eine Gewaltkultur herrscht. Das heißt, wo Gewalt nicht notwendigerweise allgegenwärtig ist, aber eben die Angst davor. Vor allem bei jenen, die nicht in das rechtsextreme Weltbild passen, also den üblichen Opfergruppen von Neonazis: Migranten, alternative Jugendliche, Obdachlose und Homosexuelle; für sie sind diese Zonen Angsträume, die zu betreten gefährlich sein kann. Im äußersten Fall sogar lebensgefährlich.

Das Konzept der «national befreiten Zone» ist ein rechtsextremer Kampfbegriff aus den frühen 1990er Jahren. In dieser Zeit gewann der Aspekt der Territorialität für die aktionsorientierte, rechtsextreme Jugendszene an Bedeutung. Zumal auf dem Gebiet der ehemaligen DDR, wo die Szene schnell zum Platzhalter für die Autorität des neuen Staates wurde, der sich zwar angekündigt hatte, aber eben noch nicht da war. Am Zentrum für Antisemitismusforschung an der Technischen Universität (TU) Berlin, wo die rechtsextreme Gewalt im Land Brandenburg immer wieder Gegenstand der sozialwissenschaftlichen Auseinandersetzung gewesen ist, wird das Konzept der «national befreiten Zone» in der Rückschau auf die Wendezeit wie folgt beschrieben: «Der öffentliche Raum bekam für rechtsextreme Gesellen den Charakter eines Freizeit- und Erlebnisraumes, dessen Nutzung teilweise aggressiv durchgesetzt wurde und wird. Darüber hinaus wurde er durch kollektive Angriffe auf Unterkünfte von Asylbewerbern zum strategischen Aktionsraum, da diese Gruppengewalt auf die Entfernung «unliebsamer» Personen zielte und überprüfbare Resultate erwirkt werden konnten.»[24] Diese Strategie wird noch immer von Rechtsextremisten an ganz unterschiedlichen Orten in Deutschland verfolgt. Sie führen vielerorts, auch im Westen, einen Raumkampf, dessen Ziel ebendieser Zustand einer «national befreiten Zone» ist. Hier haben die Rechtsextremisten nicht nur die Deutungshoheit erlangt, sondern machen dem Staat auch dessen Gewaltmonopol streitig. So ist das Nicht-Erkennen dieser Strategie seitens der Behörden der erste Erfolg für die Rechtsextremisten auf dem Weg zu ihrem Ziel.

Inzwischen ist der Begriff der «national befreiten Zone» auch in den Medien geläufig, weil er prägnant auf den Punkt bringt, was einst in der Kampfschrift «Vorderste Front» des NPD-Ablegers «Nationaldemokratischer Hochschulbund» (NHB) formuliert wurde und gleichermaßen ideologisches wie organisatorisches Rüstzeug lieferte: Demnach ist eine «national befreite Zone» ein Freiraum für «Nationalisten», welche darin faktisch die Macht ausüben, die sich primär gegen den Staat und politische Gegner richtet. «Wir sind drinnen, der Staat bleibt draußen», heißt es dort. Soziogeographisch definiert, sind «befreite Zonen» Gebiete, «in denen ungestört aufmarschiert und Propagandatätigkeit geleistet werden kann, während die Konterrevolutionäre dies genau nicht tun können». Es geht um den Aufbau einer «Gegenmacht» und einer «Gegengesellschaft». Als Voraussetzung hierfür wird eine räumliche Konzentration von «Revolutionären» und deren Verankerung in der ansässigen Bevölkerung angesehen. «Befreite Zonen» werden als Räume definiert, in denen die Garde der Revolution darauf zielt, dass «wir mit dem Volk uns solidarisieren, mit ihm kämpfen und siegen werden». Jener Gleichklang soll durch soziale Tätigkeiten und bürgerschaftliches Engagement erreicht werden. Auch dieser Entwurf fordert Bürgernähe. «Man muss so handeln, dass man in einem Meer der Sympathie schwimmt, dass die ‹normalen› Bewohner für uns ‹die Hand ins Feuer legen›.»[25]

Interessant ist in diesem Zusammenhang vor allem – wenn auch ziemlich weit weg von Brandenburg – der Ursprung dieses Gewaltkonzepts. Denn die Urheberschaft liegt mitnichten bei den Rechtsextremisten, die es lediglich abgestimmt auf die Lage in dem Gebiet der untergegangenen DDR weiterentwickelten. Der Sprachgebrauch geht auf die Revolutionsstrategie Mao Tsetungs zurück. So sieht man es jedenfalls an der TU Berlin. Demnach sollen die angestammten Bewohner eines «befreiten Gebietes» als Unterstützer gewonnen werden. Die Idee habe auch bei der Stadtguerilla in Europa eine Rolle gespielt.[26] Demnach wurde ein Konzept linker sozialer Bewegungen der 1970er und 1980er Jahre in ein rechtes Modell zur Einflussnahme übertragen. Und das zu einem idealen Zeitpunkt, der in der deutschen Geschichte einmalig ist: zur Wendezeit.

Viele langjährige Beobachter des Rechtsextremismus sowie Zeitzeugen haben in der Rückschau keinen Zweifel daran, dass die politische Gleichgültigkeit gegenüber dem Problem während dieser Jahre die Kultur der Gewalt erst gedeihen ließ. Die verantwortlichen Regierungspolitiker passten an entscheidender Stelle nicht auf und ließen so einer Eigendynamik Raum, die sich bis heute fortsetzt. Dieser Vorwurf richtet sich nicht nur an die Person des damaligen Bundeskanzlers Helmut Kohl und die von ihm zu verantwortenden politischen Leitlinien der Bundesregierung, sondern vor allem gegen die Vogel-Strauß-Mentalität der Verantwortungsträger auf lokaler Ebene insbesondere im Osten, die sich nach Jahrzehnten eines strikten Zentralismus mit der Wahrnehmung kommunaler Selbstverwaltung und Selbstverantwortung schwer taten. Dennoch konnten Neonazis nach der Wende das Gebiet der ehemaligen DDR mitnichten zu einer durchgängigen «national befreiten Zone» machen. Dabei kam es ja neben den äußeren Bedingungen auch auf die eigenen strukturellen Voraussetzungen der Szene an: Also vor allem auf die Anzahl und Entschlossenheit ihrer Mitglieder sowie auf die organisatorischen Möglichkeiten, den kurzfristigen eigenen Raumgewinn durch Gewalt auch über langfristige eigene politische Aktivitäten zu behaupten. Und genau das gelingt ihnen nur selten. Auch konzentrieren sie ihre knappen Ressourcen längst in einigen ländlich geprägten Regionen. «National befreite Zonen» gibt es im küstenfernen Vorpommern, in Teilen Mecklenburgs, im nördlichen Brandenburg, in der Altmark, in wenigen Orten im Harz, in der Sächsischen Schweiz, im Erzgebirge, der Oberlausitz und im Vogtland. Der Blick in diese Regionen ergibt, dass die rechtsextreme Szene überall dort stark ist, wo Staat und Zivilgesellschaft schwach sind. So kommen selbst führende, äußerst aktive Neonazis heute zu dem Schluss, dass es ihnen in Thüringen deshalb nicht gelungen ist, «national befreite Zonen» zu errichten, weil das Land viel zu dicht besiedelt sei, es zu viele Städte gebe, weitgehende gesellschaftliche und ökonomische Prosperität herrsche und es einen flächendeckenden, gut organisierten Widerstand gegen ihre rechtsextreme Ideologie gebe, die sie selbst eine «nationale» nennen.

Die erste Stufe im Kampf um Raumgewinn ist erreicht, wenn die potenziellen Opfer rechtsextremer Gewalt eine Gegend als Angstraum meiden. Und der erstreckt sich zweifelsfrei über weite Teile des ländlichen Ostdeutschlands, auch wenn man dort nur sehr punktuell von «national befreiten Zonen» sprechen kann. Außerdem gehört zum Wesen der Angst deren ausgeprägte Subjektivität, die von Rechtsextremisten wiederum bewusst mit in ihre Strategie einbezogen wird. Die Tatsache also, dass viele – vor allem dunkelhäutige – Zuwanderer heute nur selten, meistens ungern und fast nie alleine und in den meisten Fällen nur tagsüber in Ostdeutschland unterwegs sind, ist das Ergebnis des rechtsextremen Raumkampfes, der gleich nach der Wende begann und sich immer noch fortsetzt. Für Migranten ist der öffentliche Raum Ostdeutschlands nicht grundsätzlich gefährlich, aber ihre Bewegungsfreiheit ist eingeschränkt, abhängig auch von dem Grad der persönlichen Angst, die wiederum von den Rechtsextremisten gewollt ist. In der Umkehr wirkt der begründete Rechtsextremismusverdacht auf die sozialökonomische Entwicklung der Region, die dadurch gehemmt wird. Das weiß auch der aus Rostock stammende Bundespräsident Joachim Gauck, der verstanden hat, was gegen diesen Zusammenhang wirkt: «Den manchmal etwas pauschalen Ruf des braunen Ostens überwinden wir nicht, indem wir lautstark behaupten: Alles ist übertrieben, alles nicht so schlimm! Wir überwinden ihn, indem wir den Beweis im Alltag antreten und dieser noch jungen Demokratie Gestalt geben.»[27]

Prenzlau, 16. August 2002. Einer der Orte, die mitten in der Angstzone liegen und in denen die Gewaltkultur schnell um sich griff, ist Prenzlau in der dünn besiedelten Uckermark im nordöstlichen Brandenburg. Aber Neil D. konnte sich seinen Wohnort nicht selbstbestimmt aussuchen. Der Asylbewerber wurde zugeteilt. Und so schlendert er nach ein paar Bieren an einem späten Freitagabend im August des Jahres 2002 dort den Neustädter Damm entlang. Die Hauptstraße führt vom weitläufigen Unteruckersee weg, dessen nördliches Ufer das landschaftlich reizvoll gelegene Prenzlau wie ein Hufeisen umschließt. Der 34-jährige Automechaniker aus Sierra Leone geht immer im Schein der Straßenlaternen, die hier die B109 wie eine Lichterkette säumen.

Es ist die Überlandstraße, die den Berliner Stadtteil Prenzlauer Berg mit der Küste verbindet. Für Menschen, die in der DDR aufgewachsen sind, hört sich «B109» nach Urlaub an. Auf dieser Straße fühlt Neil D. sich sicher, in der ansonsten dunklen Stadt. War doch die Angst sein ständiger Begleiter, seit seiner Ankunft hier in der landwirtschaftlich geprägten, weiten und sanft gewellten Uckermark, wo schwarze Menschen vor allem Feindseligkeit ernten. Von Anfang an machte er hier Erfahrungen mit dem weit verbreiteten Rassismus. Aber er hatte in seinem Leben gelernt, Gefahren einzuschätzen. Weil in seiner Heimat Sierra Leone Bürgerkrieg herrschte, war Neil D. vor drei Jahren hierher nach Deutschland gekommen, um sicher zu sein. Aber Sicherheit gibt es in der Uckermark nur für weiße Menschen. Wenn überhaupt. Ein paar Jahre später wird der Liedermacher Rainald Grebe zynisch aber zutreffend seinen Song «Brandenburg» texten, der in den Berliner Konzerthallen und bei lokalen Radiosendern zu einer Art Anti-Hymne auf das Land hinter der Stadtgrenze stilisiert wird.

«Da steh'n drei Nazis auf dem Hügel. Und finden keinen

zum Verprügeln. In Brandenburg. In Brandenburg. Ich fühl'
mich heut' so leer. Ich fühl' mich Brandenburg.»

Als hätte Grebe ganz bewusst Anleihen bei der Wissenschaft
genommen, weist er damit auf eines der belegten Merkmale
rechtsextremer Gewalt in Deutschland hin: Denn Neonazis
sind in der Regel in der Gruppe gewalttätig, zumal wenn sich
die Gewalt aus einer spontanen Gelegenheit ergibt.[28] Einzeltäter bleiben die Ausnahme.

Auch vor diesem Sommertag war Neil D. stets mit so einer
Ahnung in Prenzlau unterwegs – im Schein der Straßenlaternen. Und dann begegnete er auch schon dem 20-jährigen Daniel S., der jetzt alleine die Urlaubsstraße B109 auf ihn zugelau-
fen kommt. Er ist frei von Angst, pöbelt den dunkelhäutigen
Neil D. an, einen muskelbepackten Hünen. «Scheiß-Ausländer, was willst du hier?», ruft Daniel S. dem Afrikaner entgegen, auch er hat getrunken. «Ich habe kein Geld, und ihr bekommt alles in den Arsch geschoben.» Neil D. reagiert mit der
Selbstsicherheit eines athletischen Mannes: Er beruhigt den
Neonazi. Der Afrikaner spricht nur ein paar Brocken Deutsch,
kann aber viel mehr verstehen. Alles andere versucht er auf
Englisch zu regeln. Aber dann hält ein Auto auf dem Neustädter Damm, ein weiterer Mann, Marco Schönfeld, und eine Frau
steigen aus, und die Sache mit der Gruppengewalt nimmt ihren
Lauf: Jetzt steh'n da drei Nazis auf der Straße und haben einen
zum Verprügeln gefunden. Auch der Fahrer steigt schließlich
aus, nun sind die Rechtsextremisten zu viert. Die 16-jährige
Nicole B., ein Skingirl mit geschorenen Haaren, beleidigt Neil
D. Dann schlagen die Männer zu. Alle drei schlagen und treten
sie jetzt auf den Mann ein, während mehrere Autos auf der
B109 vorbei fahren. Keiner der Fahrer hält an, niemand greift
ein. Neil D. ist benommen, hat eine Platzwunde am Kopf, sein
Körper ist von Blutergüssen übersät. Etwas später kommt ihm
ein älterer Mann zu Hilfe. Er ruft die Polizei, die schließlich die
Täter fassen kann. Eine Woche später wird Neil D. erneut von
zwei Männern beim Einkaufen bedroht: «Scheiß-Neger, du
bist schuld, dass unsere Freunde im Knast sitzen!»[29]

Der Angriff auf Neil D. in Prenzlau ist typisch nicht nur in

Bezug auf die Gruppengewalt. Auch der Zeitpunkt des Überfalls am Wochenende und der Tatort entsprechen dem Muster, das vom Bundesamt für Verfassungsschutz bereits im Jahr vor diesem Fall veröffentlicht wurde. Zwar lebte Ende der 1990er Jahre nur rund ein Fünftel der deutschen Gesamtbevölkerung in Ostdeutschland, aber dort wurde 1999 fast die Hälfte (46 Prozent) aller rechtsextremen Gewalttaten registriert. In der Analyse waren sich die Behörde und zivilgesellschaftliche Beobachter einig: Hier wirkte die größere Fremdheit gegenüber Zugewanderten mit dem besonders hohen Maß an sozialer und kultureller Homogenität auf dem Gebiet der ehemaligen DDR zusammen. Und das in besonderem Maße in kleineren Städten, zu denen auch Prenzlau mit zum Zeitpunkt des Überfalls auf Neil D. knapp 22 000 Einwohnern zählt. Überhaupt ist in Ostdeutschland die Siedlungsstruktur von Kleinstädten dominiert.[30] Und in gewisser Weise verstärkt die rechtsextreme Gewalt den Bevölkerungsschwund. «Gerade bei den sehr stark körperlichen Angriffen waren die Opfer in der Mehrzahl Asylbewerber», erinnert sich die Politikwissenschaftlerin Claudia Luzar, die sechs Jahre lang als Beraterin für Opfer rechtsextremer Gewalt in Brandenburg unterwegs war. In dieser Zeit sei das Konzept der «national befreiten Zone» dort sehr deutlich zu spüren gewesen.[31]

Und ja, rückblickend müsse man sagen, dass dieses Konzept aus Sicht der Rechtsextremisten auch aufgegangen sei, zumindest in vielen kleinen Städten und Dörfern im Land. Nicht jedoch in den größeren Städten, wie etwa in Potsdam oder Frankfurt/Oder. Prenzlau hat – wie fast alle Städte in Brandenburg außerhalb des «Speckgürtels» um die Hauptstadt – seit der Wende mehr als ein Fünftel seiner Einwohner verloren, und die Prognose sagt einen weiteren deutlichen Rückgang voraus. Die Chance, den Bevölkerungsschwund durch Zuwanderer wenn auch nicht aufzuhalten, so doch zumindest zu verlangsamen, wie es in einigen westdeutschen Kommunen gelingt, hat die dahinsiechende Uckermark wegen der rassistischen Gewalt schon in den Nachwendejahren vertan. «Was sollen sie auch dort?», fragt Luzar – und liefert die Antwort mit der nächsten rhetorischen Frage gleich mit: «Es gibt keine Arbeitsplätze und vor allem keine Gesellschaft, die sie willkommen heißt, warum sollten sie sich denn dort ansiedeln?»

Man wolle sie dort einfach nicht, das beziehe sich im Übrigen nicht bloß auf Migranten. Auch habe das nicht immer gleich einen rechtsextremen Hintergrund, sondern es sei schlicht eine Feindschaft gegen alles, was fremd ist. Aber der Übergang von der Ablehnung alles Fremden zur rechtsextremen Gewalt gegen Migranten ist hier fließend. Tatsächlich ziehen auch viele Deutsche, die sich der landschaftlichen Reize und vermeintlichen Ruhe wegen – vornehmlich aus der hektischen Metropole Berlin kommend – hier niederlassen, wegen des fremdenfeindlichen Klimas wieder weg.

Die fortwährenden Angriffe auf Schwarzafrikaner in Brandenburg und im Ostteil Berlins veranlassten schließlich den Afrika-Rat, ein Dachverband für rund 25 Verbände und Initiativen der afrikanischen Diaspora in Berlin und Brandenburg, und die Internationale Liga für Menschenrechte zu einer öffentlichen Stellungnahme, die vor der Fußballweltmeisterschaft in Deutschland 2006 eine breite Resonanz fand. Auch international. Man warnte ausländische Besucher mit dunkler Hautfarbe ausdrücklich vor dem Besuch so genannter «No-Go-Areas». Ein Begriff, der inhaltlich eine negative Entsprechung der «national befreiten Zonen» ist. Wegen der Fußball-WM war dem Verband die Aufmerksamkeit gewiss. Das war auch das erklärte Kalkül, wie es Moctar Kamara, Vorstandsmitglied des Afrika-Rates, in zahlreichen Interviews erklärte: Schließlich habe zuvor kaum eine Redaktion auf die Pressemitteilungen seines Vereins reagiert. Bis man die Idee hatte, «No-Go-Areas» für dunkelhäutige WM-Gäste zu benennen. «Es muss etwas getan werden gegen diese Welle von Gewalt gegen Schwarze – besonders bei der WM. Denn es kommen Leute, die keine Ahnung haben, die meinen, sie können sich frei bewegen, überall hingehen. Und es könnte diesen Menschen was passieren, das wollen wir einfach verhindern», sagte Kamara.[32] Es passierte nichts. Zum Glück.

Außer, dass die vom Afrika-Rat ausgelöste Medienlawine diejenigen diskreditierte, die sich um eine höhere Empfindsamkeit für rechtsextreme Gewalt und deren Opfer bemüht hatten. Eben weil während der WM nichts passiert ist, entzogen ihnen Politiker und einige Medien die moralische Rechtfertigung für die schlichte Tatsachenbehauptung, dass Deutschland für Dunkelhäutige nicht überall ein sicheres Land ist. Der Afrika-Rat hatte mit seiner Aktion nicht nur sein Ziel verfehlt, sondern seinem Anliegen langfristig geschadet. Zwar hatte man die Intensität der medialen Aufmerksamkeit richtig eingeschätzt, nicht aber deren Stoßrichtung. Denn diese wandte sich voller Empörung gegen die Warner selbst. Vor allem sahen viele ostdeutsche Politiker darin eine Entmutigung derjenigen, die sich im Osten bereits der rechtsextremen Gewalt entgegenstellten. Ihre Kritik entzündete sich besonders an einem Satz des ehemaligen Regierungssprechers Uwe-Karsten Heye, der inzwischen Vorsitzender der Anti-Rassismus-Initiative «Gesicht zeigen» war. In einem Interview hatte Heye die Reisewarnung des Afrika-Rates aufgegriffen: «Kleine und mittlere Städte in Brandenburg», so sein dringender Rat, sollten diese Menschen lieber nicht aufsuchen, weil sie die «möglicherweise lebend nicht wieder verlassen» würden. Seine Aussage konterkarierte vor allem aber das Motto der bevorstehenden WM, zu der «Die Welt zu Gast bei Freunden» sein sollte. Empörung aller orten. Von kundiger Seite kam der Einwand, Heye bestätige mit seiner Aussage die Rechtsextremisten in der Auffassung, dass ihr Konzept der «national befreiten Zonen» teilweise aufgegangen sei. So teilten ihm, dem Sozialdemokraten Heye, zwei anerkannte Fachpolitiker aus dem rot-grünen Lager, für das Heye jahrelang gesprochen hatte, im «Spiegel» ihre Bedenken mit: «Die Aussage könne von der Rechtsradikalen-Szene so verstanden werden, kritisierte der grüne Bundestagsabgeordnete Wolfgang Wieland, ‹als ob sie gesiegt hätten›. Auch der profilierte Berliner Innenpolitiker Ehrhart Körting (SPD), der die von Rechtsextremisten ausgehende Gefahr nie kleinredet, findet Heyes Sätze ‹kontraproduktiv›. Man werde ‹den Rechten nicht die Straße überlassen›, weder in Berlin noch anderswo.»[33]

Man stelle sich vor, dass nun während der WM ein paar Anhänger der «Black Stars», der Ghanaischen Nationalmannschaft, die während des deutschen Sommermärchens auch viele neutrale Zuschauer begeisterte, auf der B109, irgendwo zwischen dem Prenzlauer Berg und Anklam, von einer Gruppe jugendlicher Neonazis zusammengeschlagen worden wären. Wohl möglich sogar prominente Spieler, wie der ehemalige Bayern-Star Sammy Kuffour oder Michael Essien von Chelsea London. Aber es gab wenige Gründe für diese Leute nach Prenzlau zu reisen, weder für Fans noch für Spieler.

Lag doch schon das WM-Quartier der «Black Stars», das Würzburger Maritim-Hotel, weit außerhalb der «No-Go-Areas» – so wie die sämtlicher anderer Mannschaften auch. Einzig die ukrainische Sbornaja ließ sich für diese Wochen in Ostdeutschland nieder, in Potsdam. Das war für sie insofern nicht ungewöhnlich, als einige der Verantwortlichen des ukrainischen Fußballverbandes bereits seit der Zeit der Sowjetunion ein Verhältnis zu der Gegend hatten, so auch Auswahltrainer Oleg Blochin, der einst erfolgreichste Fußballspieler des Ostblocks. Außerdem liegt Potsdam zwischen den damaligen Spielorten der Sbornaja, Berlin und Leipzig, und die ukrainischen Kicker sind es aus ihrer Heimat gewöhnt, sich in einem überdurchschnittlich rassistischen Umfeld zu bewegen, das sich dort gegen ausländische Spieler aus Afrika oder Südamerika richtet.

Auch die Norweger hätten gerne im Brandenburgischen genächtigt: in Bad Saarow, und auf dem perfekt gepflegten nahegelegenen Rasenplatz der SV Eintracht Reichenwalde trainiert, übrigens dem Heimatverein des langjährigen Brandenburger Landesvorsitzenden und Bundesgeschäftsführers der NPD, Klaus Beier, der ein paar Straßen vom Fußballplatz entfernt wohnt. Nur leider waren die skandinavischen Kicker zuletzt noch in den Entscheidungsspielen zur WM-Qualifikation an der Mannschaft aus Tschechien gescheitert, die sich ihrerseits für ein Quartier im Westerwald entschied.

So gesehen fand das Sommermärchen weit abseits «national befreiter Zonen» bzw. von «No-Go-Areas» statt. Zweifelsohne hatte die beinahe einstimmige Entscheidung der Nationalmannschaften gegen ein Quartier im Osten auch mit dem fremdenfeindlichen Ruf zu tun, der diesem seit den Nachwendejahren anhaftete. Bis heute hat das – zugegebenermaßen wenig differenzierte – Bild vom rassistischen Osten in der Welt Bestand. Das weiß jeder, der regelmäßig im Ausland unterwegs ist. Und bei den nationalen Fußballverbänden steht die Sicherheitsfrage in dem Kriterienkatalog für die Auswahl von Quartieren für internationale Turniere immer ziemlich weit oben. Ganz wesentlich für dieses Missverhältnis zwischen West und Ost war aber auch, dass Leipzig der einzige ostdeutsche von insgesamt zwölf WM-Spielorten war. Mit der Pressemitteilung des Afrika-Rates oder dem Interview von Ex-Regierungssprecher Uwe-Karsten Heye hatte das nichts zu tun, war doch die Quartierfrage schon vor diesen Äußerungen längst entschieden worden.

NPD-Funktionär Klaus Beier aus Reichenwalde hatte dann aber doch noch eine Idee, wie seine «nationale Bewegung», wie er sie nennt, eine ideologische Marke zu dem Turnier setzen könnte. Mit oder ohne dunkelhäutige Besucher im Osten. Als Bundesgeschäftsführer seiner Partei zeichnete er mitverantwortlich für den WM-Planer der NPD, gegen den der damalige deutsche Nationalspieler Patrick Owomoyela, dessen Vater aus Nigeria stammt, und der Deutsche Fußball-Bund (DFB) juristisch vorgingen: Die NPD hatte ihren WM-Planer mit dem Titel «Weiß – Nicht nur eine Trikotfarbe!» versehen. Auf der Vorderseite des Faltblattes war ein Trikot der deutschen Nationalmannschaft mit der Nummer 25 zu sehen, Owomoyelas Rückennummer im Nationalteam. Zwar wurden Klaus Beier, der NPD-Bundesvorsitzende Udo Voigt sowie dessen Stellvertreter Frank Schwerdt wegen Volksverhetzung vom Amtsgericht Tiergarten erstinstanzlich verurteilt. In einem Berufungsverfahren wurden alle drei aber später vom Landgericht Berlin freigesprochen: Mit der Begründung, dass diese Äußerungen von der Meinungsfreiheit gedeckt seien. Für den Vorwurf der Volksverhetzung fehle der «nötige Appellcharakter», hieß es in der Urteilsbegründung. Auch eine Beleidigung des dunkelhäutigen Fußballprofis Patrick Owomoyela konnte das Gericht nicht erkennen.[34] Überhaupt werden die Spitzenfunktionäre der rechtsextremen NPD nur selten dafür verklagt, dass sie für eine fremdenfeindliche Atmosphäre sorgen oder bereits vorhandene Ressentiments in der Bevölkerung zu verstärken suchen.

So eine Atmosphäre jedenfalls herrscht in Prenzlau, wo sich die vier wegen des Überfalls auf Neil D. Beschuldigten vor dem Amtsgericht verantworten müssen. Darunter ist auch der 23-jährige Marco Schönfeld, der an dem Freitagabend an der B109 mitgeschlagen und -getreten hat. In Handschellen wird er in den Verhandlungssaal geführt. Seine Arme sind mit Plastiktape abgeklebt, so wie es üblich ist, wenn ein Angeklagter mit verfassungsfeindlichen Symbolen tätowiert ist. Der mehrfach vorbestrafte Neonazi, in seiner Akte stehen Delikte wie gefährliche Körperverletzung, Diebstahl und Fahren ohne Fahrerlaubnis, trägt ein Hakenkreuz und die Aufforderung «Rotfront verrecke» auf seiner Haut. Auf den Zuschauerbänken sitzen auch seine Eltern und sein sechs Jahre jüngerer Bruder Marcel, der ihn – den älteren, den stärkeren, den entschlosseneren der beiden – regelrecht bewundert. Die zwei jungen Männer feixen miteinander, während des gesamten Prozesses. Marco Schönfeld ist ein mehrfach verurteilter Gewalttäter. Es hat den Anschein, als würde er diese Sache hier gar nicht so richtig ernst nehmen.

So jedenfalls hat es die damalige Opferberaterin Claudia Luzar empfunden. Die junge Politikwissenschaftlerin aus Berlin begleitet Neil D. zu jedem Prozesstag und nimmt neben den Eltern des Hauptangeklagten Platz. Noch kann sie nicht wissen, dass sie den Schönfelds und deren jüngerem Sohn, dem 17-jährigen Marcel, mit dem sie in diesen Herbsttagen immer wieder mal spricht, schon bald nach diesem Verfahren wieder begegnen wird.

Unter den Beobachtern und Besuchern solcher Prozesse gegen gewalttätige Rechtsextremisten macht sich oft schon nach dem ersten Verhandlungstag eine merkwürdig gespannte Vertrautheit bemerkbar. Die Leute kennen sich, wissen, wer auf wessen Seite steht, aber zu offenen Konflikten kommt es äußerst selten, eher schon außerhalb der Gerichtsgebäude im Umfeld einzelner Prozesse. So gesehen dienen deutsche Gerichtssäle gewissermaßen als befriedete Räume, die Neonazis allerdings auch zu besetzen versuchen. Einfach indem sie dort Präsenz zeigen, Freunde und Gleichgesinnte aus der Szene mobilisieren. In manchen Gegenden erstellen sie regelrechte Veranstaltungskalender für einschlägige Prozesse. Deshalb kommt es immer wieder vor, dass sie dann unter den Anwesenden im Gerichtssaal eine rechtsextreme Mehrheit organisieren. Auch dabei geht es um Deutungshoheit, darum dem Staat in dessen eigenem Haus die Stirn zu bieten, die Opfer weiter einzuschüchtern und die eigenen Leute, die Angeklagten, in ihrer Haltung zu bestärken.

Aber Claudia Luzar steht dabei immer an der Seite der Opfer. Von Anfang an war sie dabei, als sich der Verein «Opferperspektive» gründete, um der anhaltenden Welle rechtsextremistischer Gewalt zu begegnen, vor allem aber um den Menschen zu helfen, die ihr zum Opfer fallen. Luzar kam damals als Studentin aus der Universität. Sie wollte nicht nur akademisch über Rechtsextremismus reden. Sie wollte etwas tun, nicht gegen Neonazis, das war ihr zu kurz gegriffen. Sondern für deren Opfer. «Ich habe damals drei Todesfälle mitbetreut», erinnert sie sich an diese Zeit in Brandenburg. Nach diesem Satz ist erst mal kein Platz für weitere Fragen. Während in Prenzlau der Prozess wegen des Angriffs auf Neil D. läuft, liegt die Leiche eines dieser Toten in einer Jauchegrube. 13 Kilometer südlich von hier. Der alte, leer stehende Schweinestall einer Landwirtschaftlichen Produktionsgenossenschaft (LPG) birgt dort ein dunkles Geheimnis, von dem nur wenige Menschen wissen.

Zwei von ihnen sitzen mit Claudia Luzar im Gerichtssaal, als das Urteil wegen des Überfalls auf dem Neustädter Damm verkündet wird. Marco Schönfeld wird dafür zu drei Jahren Haft verurteilt. Die beiden anderen männlichen Angeklagten erhalten Jugendstrafen von einem Jahr und sechs Monaten auf Bewährung und einem Jahr und zwei Monaten ohne Bewährung. Das erst 16-jährige Skingirl wird zu einer zehnmonatigen Haftstrafe ohne Bewährung verurteilt. Wie üblich kam der Frau bei diesem rechtsextremen Angriff also eine Nebenrolle zu. Der Gewaltforscher Wilhelm Heitmeyer sieht «die weiblichen Jugendlichen bzw. Frauen» in diesem Kontext «in der nicht zu unterschätzenden Funktion als ‹bystander›».[35]

Die Verurteilten haben ihre Tat gestanden. Das Gericht stellt in seinem Urteil den eindeutig rassistischen Hintergrund des Angriffs heraus. Der Richter hatte die Angeklagten im Prozessverlauf betont nach ihrer nationalsozialistischen Einstellung und ihrem rassistischen Tatmotiv gefragt, an dem sie keine Zweifel gelassen hatten. Die Folge waren die relativ hohen Haftstrafen. Dass der politische Hintergrund dieses Angriffs so ausdrücklich von dem Richter thematisiert wurde, war in diesen Jahren noch recht ungewöhnlich. Das hatten die Berater der «Opferperspektive» anhand zahlreicher Prozesse in vielen Gerichtssälen in Brandenburg gelernt. Aber die Aussagen in diesem Prozess, vor allem die politischen Bekenntnisse der Angeklagten, sollten sich auch als eindeutiger Hinweis für die Motivlage jener Tat erweisen, über die ganz Deutschland bald entsetzt sein würde.

Neil D. zumindest war mit dem Urteil des Prenzlauer Amtsgerichts zufrieden. Aber es konnte ihm die Angst nicht nehmen. Über seine Gefühle sprach er anschließend mit seiner Opferberaterin: «Ich habe immer noch Schmerzen im Rücken, und meine Zähne sind auch noch nicht behandelt worden. Doch viel schlimmer sind für mich die psychischen Folgen. Ich gehe zwar zu einer Therapie, doch immer, wenn ich bei der Psychologin bin, überwältigen mich die Tränen. Nach dem Angriff habe ich mich verändert. Ich bin zum Eigenbrötler geworden. Früher war ich gerne mit Leuten zusammen, jetzt bin ich lieber alleine in meinem Zimmer. Wenn an meiner Zimmertür geklopft wird, habe ich Angst. Oft habe ich Albträume. Früher habe ich Gedichte und Kurzgeschichten geschrieben, heute nicht mehr. Meine Gedanken kreisen immer um den Angriff.»[36]

Über ein Jahr unterzieht sich Neil D. einer Psychotherapie, in dieser Zeit verlässt er nur selten sein Zimmer im Asylbewer-

berheim von Prenzlau, in dem fast immer die Vorhänge zugezogen sind. «Wie kann ich ein normales Leben führen, wenn
ich jeden Tag Angst habe, wieder angegriffen zu werden?»,
fragt er. Seinem Wunsch, Prenzlau und die Uckermark zu verlassen, geben die Behörden nicht statt. «Da steht so ein Koloss,
so ein Berg von einem Mann vor einem und redet immer nur
von Angst. Das war das Schlimmste. Denn seine körperlichen
Verletzungen waren ja schnell auskuriert, da gab es zu der Zeit
noch viel mehr viel schlimmere Fälle», sagt Luzar, die jetzt
innehält. «Na ja, und wenn die Sache mit Marinus nicht gewesen wäre, könnte ich mich nach all den Jahren wahrscheinlich
kaum noch an diesen Angriff in Prenzlau erinnern.»

In dem Prozess um die Tritte und Schläge gegen Neil D. saß
an jedem Verhandlungstag ein Mörder neben ihr auf der Zuschauerbank. Immer wieder hatte sie mit dem 17-jährigen Marcel Schönfeld, dem farblosen Bruder des selbstbewussten Angeklagten Marco Schönfeld, der sich als hartgesottener Typ mit
kahl geschorenem Kopf und trainierten Muskeln in Szene
setzte, über Alltägliches gesprochen. Unterdessen wurden die
Haare von Marcel Schönfeld von Verhandlungstag zu Verhandlungstag länger. So wie damals, als sein Bruder Marco eine
fast dreijährige Haftstrafe angetreten hatte, und er, Marcel, sich
plötzlich schutzlos und einsam fühlte und häufig nicht in die
Schule ging. Damals spürte er, wie er mit seiner rechten Kleidung immer mehr ins Abseits geriet, und legte die Springerstiefel ab. Auch die Haare ließ er wachsen.

Potzlow, 13. Juni 2002. Und dann kam Marco endlich wieder
raus in diesem Sommer 2002, in dem ein paar Tage später die
Gewalt entlang der Urlaubsroute eskaliert. Am Radwanderweg Berlin-Usedom, auf dem auch in diesem Jahr die Leute aus
der Hauptstadt auf ihren hochwertigen Trekkingrädern radeln,
an denen häufig rote Packtaschen aus Lkw-Plane hängen oder
Fahrradanhänger, in denen sie ihre kleinen Kinder bis an die
Ostsee schleppen. Das 600-Einwohner-Dorf Potzlow jedenfalls sieht sich als «guter Startpunkt für weitere Ausflüge in die
Gegend. Zum Beispiel zum Aussichtspunkt am Mittelpunkt
der Uckermark.»[37]

Aber in den frühen Morgenstunden des 13. Juli 2002, einem Samstag, ist Potzlow der Mittelpunkt der Gewalt. Im Morgengrauen kommt es hier zu einem Exzess, der es seiner außergewöhnlichen Brutalität wegen gar als Dokumentarfilm ins Kino und auf die Bühnen der Republik bringt, als «Lehrstück über Gewalt» in einer Theateradaption des erkenntnisreichen und berührenden Buches «Der Kick» des Filmemachers und Psychologen Andres Veiel, der sich darin auf 40 Interviews mit den Familien der an dem Verbrechen Beteiligten und anderen Dorfbewohnern stützt. Auch auf Gespräche mit zweien der drei Täter, den Brüdern Marco und Marcel Schönfeld.[38]

Vor zehn Tagen erst war Marco Schönfeld aus der Haft entlassen worden. Endlich waren die beiden Brüder wieder vereint. Möchte Marcel doch gerne so sein wie der großer Bruder. Wenn er mit Glatze und Springerstiefeln durch Prenzlau läuft, verwechseln ihn manche Leute mit Marco, das gefällt ihm.[39] Marco Schönfeld war ja schon vor dem Überfall auf Neil D. mehrfach straffällig geworden. Wenn es so etwas gibt, entspricht er dem Idealtypus eines rechtsextremen Gewalttäters, weil gleich mehrere der wissenschaftlich belegten Charakteristika für diese Tätergruppe auf ihn zutreffen. Sowohl in Bezug auf sein Alter – die meisten rechtsextremen Gewalttäter sind männlich und zwischen 16 und 26 Jahre alt –, seine niedrige Bildungsqualifikation, als auch seine Gerichtsakte: Ist er doch bereits sowohl mit politisch motivierten Straftaten als auch mit üblichen Eigentumsdelikten aufgefallen.[40] Und seine Taten hatten auf den jüngeren Bruder bereits abgefärbt. Als 19-Jähriger etwa stahl er ein Auto, und Marcel war mit dabei. Die Eltern der beiden waren enttäuscht, dass ihr Jüngerer, zu dem sie eine innige Beziehung haben, bei «so was» mitmachte. Ein paar Monate später dann tritt auch schon die rechtsextreme Gewalt ins Leben des Heranwachsenden. Unter dem Einfluss des älteren Bruders fährt Marcel Schönfeld nach Berlin – zu einer NPD-Demonstration am Alexanderplatz. Dabei sei es um «mehr Kindergeld für Deutsche» gegangen. Er nimmt einen Totschläger mit, für alle Fälle, denn «Berlin ist nicht ganz sauber. Die ganzen Punks, die ganzen Ausländer. Weil die Türken auf jeden gleich immer mit dem Messer losgehen. Die Punks auch.» Einer habe mit einem langen Messer auf ihn einstechen wollen. Er habe dann in Notwehr seinen Totschläger rausgeholt und zugeschlagen, «bis er umkippt». Er habe dann gesehen, «dass der mit dem Kopf auf dem Boden lag und dann Blut irgendwo rausgekommen ist. Dann war Ruhe. Hat er Pech gehabt denn.» Marcel kann unerkannt entkommen.[41]

Auch heute ist wieder so ein Tag, an dem die Gewalttätigkeit des Bruders Marco auf Marcel abfärbt. Es ist ein warmer Freitagabend in der Uckermark. Marcel Schönfeld hat einen Kumpel mit nach Hause gebracht, nach Potzlow. Gemeinsam mit Sebastian Fink besucht er unter der Woche ein Internat, in dem leistungsschwache Schüler auf den Berufsalltag vorbereitet werden. Sebastian und Marco werden sich an diesem Abend und in der anschließenden Nacht erst kennen lernen, in der sich die drei zu einer gewalttätigen Gruppe zusammenfinden. Aber zunächst leeren sie ein paar Flaschen Bier und hören Rechtsrock. Die Art von Musik, die für viele junge Leute der Einstieg in die rechtsextreme Szene ist. Dann ziehen die drei mit den Fahrrädern weiter, zu einem Bekannten in der Nachbarschaft. Dort angekommen, begrüßen sie eine kleine Runde aus Dorfbewohnern, die dort wie üblich zusammensitzt, mit dem Hitlergruß. Das kommt auf den Dörfern hier in der Gegend vor. Nun trinkt man gemeinschaftlich Bier. Später stößt der 16-jährige Sonderschüler Marinus Schöberl aus dem Nachbardorf dazu, ein Kumpel des jüngeren Schönfeld-Bruders. Marinus Schöberl bekennt sich nicht zur rechtsextremen Szene, auch äußerlich nicht: Der Junge hat blond gefärbte Haare und trägt die weite Hose der Hip-Hopper, einer Jugendkultur, die ihre Wurzeln in den schwarzen Ghettos der USA hat. Marco Schönfeld passt so ein Aufzug nicht, er verachtet ihn. Wie die meisten Mitglieder der hiesigen rechten Jugendszene. Verstehen sie sich doch in der Uckermark als die Norm, Hip-Hopper sind die anderen, die sich von dem völkischen Denken lösen, das hier unter Jugendlichen vielerorts vorherrscht. Liegt das Dorf Potzlow doch mitten in der «national befreiten Zone», in der keine Andersartigen geduldet werden, man ihnen häufig mit Gewalt begegnet. Deshalb gefällt Marco auch nicht, dass sein jüngerer Bruder gelegentlich Zeit mit Marinus verbringt. Aber hier trinken sie zusammen weiter, spielen Karten und hören wieder Rechtsrock. Nachdem sie zwei Kisten Bier ausgetrunken haben, holen sie Nachschub, auch eine Flasche Schnaps, und ziehen weiter, zu anderen Nachbarn im Dorf. Es ist jetzt nach Mitternacht. Und sie sitzen gemeinsam in einem Haus in Potzlow und trinken weiter.

Als aber das Gespräch auf Marcos Zeit im Gefängnis kommt, kippt die Stimmung. Marco, der oft aggressiv wird, wenn er Alkohol getrunken hat, fängt jetzt an, Marinus zu piesacken, zwingt diesen, Schnaps zu trinken, obwohl er nicht mehr trinken kann. Daraufhin schlägt ihm Marco mehrfach ins Gesicht, bis es geschwollen ist. Sebastian stößt Marinus zu Boden und lässt ihn liegen. Nach einer halben Stunde schlägt ihn Marco weiter, wirft Marinus vor, dass er mit seinen blond gefärbten Haaren bloß arisch aussehen und vertuschen wolle, dass er Jude sei. Weil dieser sich eben nicht zu diesem abstrusen «Vorwurf» bekennt, wird er weiter geschlagen. «Jude» ist für sie die Bezeichnung für einen Menschen, der keinen Respekt verdient. Jetzt schlägt auch Sebastian zu. Mit der Faust. Dann zerrt er das Opfer nach draußen, auf die Veranda, wo er auf den wehrlosen Marinus uriniert. Dazu macht er den Ausspruch, dass das «Juden doch schmecken würde»; so findet es später Eingang im Verhörprotokoll.[42] Dann schlägt auch Marcel zu, ins Gesicht und in den Magen. Die drei wechseln sich nun ab mit ihren Fausthieben auf Marinus. Während einer Pause schläft dieser schließlich ein; bis er geweckt wird, und seine drei Peiniger erneut auf ihn einprügeln.

Schließlich verlassen sie zu viert das Haus, Marco nimmt den misshandelten Marinus auf der Lenkstange seines Fahrrades mit zu dem leer stehenden Schweinestall der LPG außerhalb von Potzlow. Hier können Marco, Marcel und Sebastian ungestört weiter machen und schlagen immer wieder abwechselnd auf Marinus ein. Immer wieder in Gesicht und Magen, dabei scheuchen sie ihr Opfer durch den leeren, langgezogenen Stall. Bis Marcel plötzlich eine grausame Idee hat. Er zwingt Marinus, in die Betonkante eines alten Schweinetroges zu beißen. Dann hebt dieser den Kopf, und wieder setzt es Schläge von allen drei Tätern. Und wieder muss er kniend in die Kante des Futtertroges beißen.

So ähnlich hatte es Marcel in dem US-amerikanischen Spielfilm «American History X» (1998) gesehen, in dem sich zu Beginn des Filmes folgende Szene abspielt: Der Neonazi Derek Vinyard (Edward Norton) wird eines Nachts von seinem jüngeren Bruder Danny (Edward Furlong) aus dem Bett geholt, weil zwei Schwarze sich anschicken, sein Auto zu stehlen. Nur in weiße Unterhosen und Springerstiefel gekleidet, und mit einer Ruger94-Pistole bewaffnet, stürmt Derek vor die Haustür. Auf seiner linken Brust prangt ein großes Hakenkreuz-Tattoo. Ohne Vorwarnung erschießt er einen der beiden bewaffneten schwarzen Männer, der vor dem Haus Schmiere steht. Den zweiten, der sich an seinem Wagen zu schaffen macht, schießt er an, so dass dieser in der Nähe eines Bordsteins, am Straßenrand, niedersinkt. Mit am Kopf vorgehaltener Pistole zwingt er den Mann seinen Mund zu öffnen und auf die Bordsteinkante zu legen («Put your fucking mouth on the curve!»), so dass die Zahnreihen auf dem Eckstein klicken wie Porzellan. Unterdessen kommt Danny auf die beiden zu gerannt, ahnend, was sein älterer Bruder vorhat, und schreit: «Derek, Noooo!» Der lässt sich davon nicht abhalten und fordert sein am Boden liegendes Opfer auf: «Now, say good night!», während er mit dem nackten rechten Fuß im Springerstiefel steckend ausholt und mit Wucht auf dessen Genick tritt, dass es kracht. Er hat den Bordstein-Kick zum tödlichen Ende gebracht. Der Mann sackt leblos zusammen, Derek schickt ihm, noch immer die Ruger94 in der Hand, ein «Fucker!» hinterher und spuckt die Leiche an.

Noch immer kniet Marinus auf dem Boden vor dem Schweinetrog. Seine Zähne greifen den kalten Rand aus Beton. Nie wieder wird er etwas anderes schmecken. Denn schon springt Marcel mit voller Wucht – so wie er es im Film gesehen hat – auf seinen Hinterkopf. Anschließend erschlägt er den noch röchelnden Marinus mit einem Gasbetonstein. Zu dritt verscharren sie die Leiche in der Jauchegrube des Stalls. Inzwischen ist es schon hell geworden. Marco, Marcel und Sebastian radeln jetzt nach Hause, von wo sie am Vorabend aufgebrochen sind, und gehen schlafen.

Was an diesem frühen Samstagmorgen im Juli 2002 in dem Schweinestall von Potzlow passierte, ist Ende Oktober desselben Jahres noch ein Geheimnis. Als dann das Urteil im Verfahren gegen Marco Schönfeld wegen des Überfalls auf Neil D. in Prenzlau gesprochen wird, sitzt auch sein Bruder Marcel mit auf den Zuschauerplätzen im Amtsgericht Prenzlau. Auch die Opferberaterin Claudia Luzar ist an diesem Tag wieder in die Uckermark gefahren. Im Nachhinein glaubt sie, dass der Mord an Marinus ohne dieses Urteil gegen Marco Schönfeld, nach dem er sofort wieder inhaftiert wurde, niemals aufgeklärt worden wäre. Zumindest nicht in absehbarer Zeit.

Denn ein paar Tage nach diesem letzten Prozesstag brüstete sich einer der drei Peiniger von Marinus Schöberl in einem Jugendclub mit der Tat. Er hatte zuvor gewettet zu wissen, wo die Leiche von Marinus liege – um 20 Euro. Die Medien werden später berichten, dass er damit geprahlt habe. Bis zu diesem Zeitpunkt schwiegen auch die zwei Nachbarn über diese Nacht im Juli, in deren Haus die drei Täter Marinus über Stunden misshandelt hatten, bevor er im Schweinestall ermordet wurde. Sie waren bereits Zeugen des Hitlergrußes von Marco, Marcel und Sebastian, mit dem diese sich am Abend der geselligen Runde angeschlossen hatten. Dabei ist gerade die Gleichgültigkeit ein großer Verstärker für rechtsextreme Gewalt, wie es zu dieser Zeit von der Opferberaterin immer wieder in ganz Brandenburg beobachtet wurde: «Es gab halt kein Gegengewicht in den Dörfern. Ich glaube, das hat es auch ganz stark ausgemacht. Die Gewalt konnte erst eskalieren, indem die Leute die ganze Zeit über weggeguckt haben», sagt Claudia Luzar über die allgemeine Situation während ihrer Zeit als Opferberaterin in Brandenburg.

Zwei Jugendliche aus dem Club schaufelten die Leiche schließlich aus ihrem feuchten Grab, der Jauchegrube, frei. So wurden auch sie zu Opfern, weil sie den Anblick der Szene, die sich ihnen in dem alten LPG-Gebäude bot, nur schwer verkraften konnten.

Aber mehr noch als mit dem Bordstein-Kick zu prahlen, habe Marcel Schönfeld es einfach raus lassen müssen – das sei der eigentliche Grund dafür gewesen, warum er sich mit seinem Täterwissen in dem Jugendclub gebrüstet habe. Davon zumindest ist Claudia Luzar überzeugt. Auch mit den Eltern der Schönfeld-Brüder hat sie gesprochen, die fassungslos wegen der brutalen Gewalt waren, die von ihren Söhnen ausgegangen ist, und die sich immer wieder gefragt haben, wie sich Marco und Marcel zu solchen Gewalttätern haben entwickeln können. Die Opferberaterin ist bis heute überzeugt, dass der Mörder das dunkle Geheimnis selbst offenbart habe, weil er die Last der Schuld ohne den bewunderten Bruder Marco an seiner Seite nicht länger habe ertragen können. Marcel Schönfeld gab später noch zu Protokoll, dass er wissen wollte, wie es sei, einen Menschen umzubringen. Auch über den Film «American History X» sprach er und vermutete, dass der Regisseur wohl einen Film «gegen rechte Gewalt» im Sinn gehabt hätte.

Bald wurden also auch Marcel Schönfeld und Sebastian Fink verhaftet; Marco Schönfeld saß ja ohnehin schon im Gefängnis. Der Mord an Marinus Schöberl wurde schnell aufgeklärt. Der Prozess gegen die drei Täter begann bereits ein halbes Jahr später und lief über 23 Verhandlungstage. Fast auf den Tag genau ein Jahr nachdem das Urteil gegen Marco Schönfeld wegen des Überfalls auf Neil D. verkündet worden war, verurteilte das Landgericht Neuruppin die drei rechtsextremen Gewalttäter: Marcel Schönfeld wegen Mordes und gefährlicher Körperverletzung in Tateinheit mit Nötigung in zwei Fällen zu einer Jugendstrafe von acht Jahren und sechs Monaten. Marco Schönfeld – unter Einbeziehung der früher verhängten Strafe – wegen versuchten Mordes und gefährlicher Körperverletzung in Tateinheit mit Nötigung in vier Fällen zu einer Gesamtfreiheitsstrafe von 15 Jahren. Und Sebastian Fink erhielt wegen Körperverletzung in Tateinheit mit Nötigung in vier Fällen eine Jugendstrafe von zwei Jahren.

Gegen das Urteil legten sowohl die Verteidigung als auch die

Staatsanwaltschaft Revision ein. Daraufhin wurde das Urteil gegen Marcel Schönfeld bestätigt. Aber der Fall wurde an das Landgericht Neuruppin mit der Auflage zurückgewiesen, das Strafmaß für Sebastian Fink zu erhöhen. Dieser habe sich schließlich nicht nur der schweren Körperverletzung schuldig gemacht, sondern sei vielmehr wegen Körperverletzung mit Todesfolge zu verurteilen. Die Revision sah bei Fink eine Mitverantwortung am Tod von Marinus Schöberl, obwohl er an der Tötungshandlung selbst nicht unmittelbar beteiligt war. Indem Fink an den vorangegangenen Körperverletzungen mit zahlreichen Schlägen und Tritten mitgewirkt hatte, habe er an der «Gewaltspirale» mitgedreht, die in dem Tod des Jungen endete, so das Gericht.[43]

Marcel Schönfeld wurde nach sieben Jahren bereits frühzeitig aus der Justizvollzugsanstalt Wriezen im brandenburgischen Oderbruch entlassen. Die Verbüßung der Reststrafe wurde zur Bewährung ausgesetzt. Sebastian Fink wurde nach zwei Jahren Haft entlassen. Auch bei ihm wurde die Reststrafe zur Bewährung ausgesetzt. Sechs Jahre nachdem er Marinus Schöberl gemeinsam mit den beiden Schönfeld-Brüdern zu Tode gequält hatte, wurde er erneut zu einer Haftstrafe verurteilt: Wegen zweier Körperverletzungen – unter anderem gegen einen «linken» Besucher eines Rockkonzerts – und des Verwendens von Kennzeichen verfassungsfeindlicher Organisationen. Nach Verbüßung seiner ersten Haftstrafe war er in der rechtsextremen Szene seiner Heimatstadt aktiv, im uckermärkischen Templin. Marco Schönfeld sitzt immer noch in Haft.

Die «Opferperspektive» machte nach dem Mord an Marinus Schöberl darauf aufmerksam, dass Polizisten und Kommunalpolitiker in rechten Gewalttaten sehr häufig nur «jugendtypische Konflikte» sähen und die politische Motivation hinter der Gewalt nicht erkennen würden. «Beim Mord an Marinus war mir aber sofort klar, dass dies eine rechtsextreme Gewalttat war», sagt Claudia Luzar mit einigen Jahren Abstand: «Ich kannte ja die Täter, zumindest zwei von ihnen.» In diesem Fall sah es die Staatsanwaltschaft von Anfang an genauso. In dem Jahr, als Marinus Schöberl in Potzlow ermordet wurde, registrierte die Opferberatung in Brandenburg 140 Opfer rechter Gewalt. Davon seien fast die Hälfte männliche Jugendliche deutscher Staatsangehörigkeit gewesen. Allerdings gibt es zwischen den Zahlen der Opferberatungsstellen, die sich mittlerweile nach dem Brandenburger Vorbild auch in einigen anderen Bundesländern gebildet haben, und denen der Behörden große Unterschiede. Denn die Beratungsstellen bewerten Gewalt ausschließlich aus der Wahrnehmungsperspektive der Opfer, nicht aufgrund nachgewiesener strafrechtlicher Relevanz, wie es Polizei und Justiz tun.

Den Mord an Marinus Schöberl jedenfalls sahen einige Politiker als Zeichen «seelischer Verwahrlosung» und erkannten in Potzlow eine Gewalt am Werk, «die sich wahllos ihr Opfer suchte». Die Nichtigkeit des Anlasses und die Tatsache, dass es sich bei dem Opfer um einen «ganz normalen Jungen» gehandelt habe, schienen die These zu belegen. Dabei beobachteten die Opferberater eine ähnliche Motivlage wie im Fall Marinus Schöberl immer wieder in Brandenburg. «Oft haben die Angriffe nichtige Anlässe: An der Kleidung, der Haartracht oder dem bevorzugten Musikstil identifizieren die Täter ihre Opfer als Menschen, die sich der rechtsextremen Jugendkultur nicht unterordnen oder gar widersetzen», hieß es bei der «Opferperspektive», die den Fall Marinus Schöberl zum Anlass nahm, einen Blick auf die Situation in der gesamten Region zu werfen: «Die Banalisierung rechter Gewalt verkennt, dass es nicht um Jugendprobleme, sondern um die Kontrolle des öffentlichen Raums geht. Angetrieben von ihrer rechtsextremen Vorstellungswelt und dem Glauben an ihre Überlegenheit, versuchen die rechten Schläger, ‹national befreite Zonen› durchzusetzen, in denen für demokratisch und humanistisch orientierte Jugendkulturen kein Platz ist. Wenn es dann zu exzessiven Gewalttaten kommt, […] sind bereits Fakten geschaffen, die sich kurzfristig nicht mehr ändern lassen.»[44]

Guben, 12. Februar 1999. So geschehen in Guben, im südöstlichen Brandenburg, an der Grenze zu Polen, wo Claudia Luzar ihren ersten Todesfall betreute. Es war Winter, Mitte Februar, als sie früh morgens mit einem Kollegen im Regionalexpress quer durch Brandenburg nach Guben fuhr. Im nahen Cottbus gab es bereits ein paar Jugendliche, die sich selbst organisiert um die Opfer von Neonazis kümmerten. Weil es immer wieder passierte. Mitten in der Nacht hatte einer von ihnen ganz aufgeregt angerufen, weil ein paar Stunden zuvor der 28-jährige Asylbewerber Farid Guendoul aus Algerien gestorben war. An einem Freitagabend, dem 12. Februar 1999. Eine Gruppe rechter Jugendlicher zieht um die Häuser, auf der Suche nach einem schwarzhaarigen Migranten. Der soll ihren Kumpel, einem stadtbekannten Neonazi, vor der Diskothek «Danceclub» verletzt haben.

Tatsächlich hatten ein paar junge Rechtsextremisten eine Auseinandersetzung provoziert, dabei bekam der Neonazi schließlich einen Schlag ins Gesicht. Die Jugendlichen laden also Pflastersteine in ihre Autos und fahren los. Unterwegs sehen sie eine kleine Gruppe von drei jungen Männern, die sie wiedererkennen. Sie halten an, springen aus den Autos und bedrohen die erschrockenen Flüchtlinge. Die drei laufen wieder in Richtung Disko. Ihre Verfolger steigen in die Autos und schneiden ihnen den Weg ab. Farid Guendoul und Issaka K. rennen los in Richtung eines Häuserblocks, Khaled B. flieht in Richtung eines Parkplatzes. Auch die Angreifer teilen sich auf. Khaled B. wird auf dem Parkplatz zusammengeschlagen und getreten, er fällt mit dem Kopf gegen ein Auto, wird bewusstlos. Die Täter lassen von ihm ab. Unterdessen erreichen Farid Guendoul und Issaka K. die Eingangstür der Hugo-Jentzsch-Straße 14. Farid Guendoul tritt in Panik die gläserne Eingangstür des Plattenbauaufgangs ein. Die Scherben reißen seine rechte Knieschlagader auf. Farid Guendoul verblutet nach wenigen Minuten. Zwei Tage später sprühen Unbekannte am Tatort Hakenkreuze und rechte Parolen auf die Häuserwände.

Die Opferberater besuchen zunächst die beiden verschreckten Flüchtlinge Khaled B. und Issaka K. Die Gespräche gestalten sich schwierig, weil es keine Dolmetscher in Guben gibt und beide schwer traumatisiert sind. Die Berater erfahren, dass Farid Guendoul eine deutsche Freundin in der Stadt hatte, die schwanger ist. Die Familie Guendouls lebt noch in Algerien.

Dort hatten alle gehofft, dass Farid in Deutschland vielleicht studieren könnte, und hegten die Vorstellung von einem demokratischen Land, in dem das möglich sei. Die Familie schickt dann einen Bruder, den Claudia Luzar am Berliner Flughafen Tegel abholt. «Der kam mit Gebäck aus der Heimat – als Gastgeschenk.» Der Bruder bleibt einen Monat. Schon sein Visum ist ein Problem für die deutschen Behörden, aus deren Sicht Farid Guendoul bei einem tragischen Unfall ums Leben kam. Lange Zeit räumen sie ihm keinen Opferstatus ein. Schließlich musste seine Leiche noch nach Algerien überführt werden, was erst nach einem bürokratischen Kraftakt möglich ist. Und nach der Beantwortung ziemlich vieler Fragen. Selbst nach seinem Tod bleibt das Opfer ausgegrenzt. Während die Täter, die in Guben verwurzelt sind, die Schuld an dem gewaltsamen Ende von Farid Guendoul von sich weisen. Auch in der Stadt sagen viele Leute, dass es ein Unfall gewesen sei. Nur wenige beharren auf der Version der Hetzjagd. Auch diesen Prozess besucht Claudia Luzar: «Die elf Angeklagten haben das Gericht als solches überhaupt nicht ernst genommen. Sie sind zu spät gekommen und haben sich ständig lustig gemacht, sich laufend unterhalten. Diese Selbstgewissheit war schon gruselig.»

Eine Initiative von außerhalb stellt in Guben einen Gedenkstein für Farid Guendoul auf. Den Gubenern selbst ist die Sache eher unangenehm, auch den verantwortlichen Lokalpolitikern. Claudia Luzar gewinnt in der Zeit nach der Hetzjagd in vielen Gesprächen vor Ort den Eindruck, dass sich in der Stadt überhaupt nichts geändert hat. Dass es kein Bewusstsein für die Verwerflichkeit von Hass gegenüber Fremden gibt. Der Gedenkstein wird noch während des Prozesses mehrfach geschändet, auch einige der Angeklagten beteiligen sich daran, werden gar von der Polizei dabei erwischt. Zwischenzeitlich verschwindet der Stein gar.

Das Landgericht Cottbus verurteilt die elf Angeklagten schließlich nach sehr langer Verhandlung zu Jugendstrafen bis zu drei Jahren. Der Prozess zieht sich fast eineinhalb Jahre hin. Drei der Neonazis erhalten Haftstrafen von zwei Jahren, sechs werden zu Bewährungsstrafen verurteilt und zwei weitere Angeklagte lediglich verwarnt. Auf die Revisionsanträge der von der «Opferperspektive» engagierten Nebenkläger und einiger Angeklagter hin ändert der Bundesgerichtshof im Oktober 2002 die Schuldsprüche gegen die Hauptangeklagten auf versuchte Körperverletzung mit Todesfolge. Das Gericht stellt fest, dass alle aktiv an der Verfolgung beteiligten Angeklagten das gleiche Maß an Verantwortung tragen. Das Strafmaß wurde nicht geändert. Zu den Haupttätern gehört auch Alexander Bode, der wegen versuchter Körperverletzung mit Todesfolge verurteilt wird. Später sollte er einer der wichtigsten NPD-Funktionäre in Brandenburg werden, und sagte dann zu dem Tod von Farid Guendoul, dass es nie gut sei, wenn ein Mensch sterbe. «Aber ich persönlich habe nichts zu bereuen.»[45] Die Freundin von Farid Guendoul zog nach der Tat um und wurde ebenfalls von den Opferberatern betreut. Ihr gemeinsames Kind wächst in einer anderen Stadt auf. In Guben hätte es einen schweren Weg vor sich gehabt.

In den Jahren, als die Taten in Guben, Potzlow und Prenzlau verübt wurden, stießen die Opferberater in Brandenburg in den meisten Fällen auf eine Wand aus Ignoranz und Gleichgültigkeit: Dorf- und Stadtgesellschaften schotteten sich ab. Unter den Institutionen hätten einzig die Kirchen schon frühzeitig ein Bewusstsein für rechtsextreme Gewalt entwickelt. Aber die meisten Lokalpolitiker, Polizisten, Richter und Lehrer wiesen das Problem von sich oder erklärten sich für nicht zuständig. Auch deshalb ist die Gewalt heute noch da.

Wittstock an der Dosse, 4. Mai 2002. Es war kurz vor Beginn jenes Sommers 2002, in dem Marinus Schöberl starb, als auch Kajrat Batesov den Kampf um sein Leben verlor. Er starb an inneren Verletzungen. Drei Wochen lag der 24-jährige Russlanddeutsche im Koma, nachdem ihm, schon zusammengeschlagen auf dem Boden liegend, ein 17 Kilo schwerer Feldstein von einem jungen Mann auf die Brust fallen gelassen worden war. Nachts. An einem Samstag. In Wittstock an der Dosse, in der Prignitz im Nordwesten Brandenburgs, mitten in der riesigen Fläche zwischen Berlin und Hamburg am gleichnamigen Autobahndreieck der A24 gelegen. Vor einer Diskothek, in der er mit seinem Freund Maxim eher zufällig in eine Techno-Party geraten war, um ein bisschen zu tanzen und zu trinken. Um ein Uhr morgens hatte Kajrat eine SMS nach Hause geschickt: «Sind noch unterwegs.» Als die beiden Freunde schließlich die Disko wieder verließen, um ihre draußen abgestellten Fahrräder zu holen, wurden sie von einer größeren Gruppe Jugendlicher angepöbelt. So wird es Maxim später zu Protokoll geben. Er selbst bekam auf einmal einen Schlag von hinten. Kajrat wurde gestoßen und dann von mindestens fünf jungen Männern bewusstlos geschlagen und getreten. In dem Prozess wird einer von ihnen später aussagen, dass er «Bleib endlich liegen, Scheiß-Russe!» gerufen habe, während er mindestens zehnmal hart zutrat. Ein anderer soll, während er auf Kajrat Batesov saß und ihn mit beiden Fäusten traktierte, ausgerufen haben: «Ihr seid die, die unser Land ...» Das Gericht wird schließlich davon überzeugt sein, dass «die Tat auch darauf beruhte, dass es sich bei den Geschädigten um Fremde handelte», den Tätern bescheinigte die Richterin eine «diffuse Fremdenfeindlichkeit».[46]

Einer von ihnen ergriff den wuchtigen Feldstein im Beisein vieler Zeugen, die vor Gericht alle schweigen werden. Nur einer nicht. Der Revierförster, der neben der Disko wohnte. Im Licht einer Straßenlaterne sah er von seinem Schlafzimmerfenster aus voller Entsetzen, wie einer diesen «Riesenstein über den Kopf hob» und dann auf einen leblosen Menschen mit voller Wucht fallen ließ. Mindestens zehn andere Jugendliche hätten in unmittelbarer Nähe gestanden, sagte er. So hat es die «Berliner Zeitung» bei dem anschließenden Prozess im Saal des Landgerichts Neuruppin protokolliert. «In dem Moment, wo man einen solchen Stein auf einen Wehrlosen schmeißt, da will man vernichten, einen Menschen zertreten wie eine Ameise», kommentierte die Nebenklägerin Raissa Batesova die Zeugenaussage.[47]

Einige Stunden nach der nächtlichen Szene im Schattenriss vor dem Haus des Försters klingelte bei der «Opferperspektive» das Telefon. Claudia Luzar war geschockt. Aber überrascht war sie nicht. Sie kannte Wittstock, in dem damals noch rund 12 000 Menschen lebten, wo es aber auch immer weniger werden. Und sie kannte die Familie von Kajrat Batesov, der mit seiner Mutter Raissa, einer Krankenschwester, der Oma und seinem fünf Jahre jüngeren Bruder Murat erst im vergangenen November nach Deutschland gekommen war, dem Land ihrer Vorfahren. Auch die Tante und eine kleine Cousine waren mitgekommen. Gemeinsam wohnten sie in einem Wohnblock in Freyenstein, 14 Kilometer außerhalb des schrumpfenden Wittstock, das unverhofft zu neuen Bürgern kam. Aber die waren hier nicht willkommen. Weil sie Fremde waren. Nur deshalb endete nach einem halben Jahr die Zeit von Kajrat Batesov in Deutschland, und damit sein noch junges Leben.

Mit Raissa Batesova hatte Claudia Luzar im zurückliegenden Winter lange Gespräche geführt. Weil es immer wieder Ärger mit einigen Leuten gab, die sie, ihre Familie und die übrigen Russlanddeutschen nicht in der Gegend haben wollten. 400 von ihnen wurden kurzfristig hier angesiedelt, zum Unmut vieler angestammter Bewohner. Deshalb hatte sich ein schon bestehendes «Bündnis gegen rechts» vermittelnd an die Opferberater gewandt. Raissa Batesova war mit einem sehr idealisierten Bild hierher gekommen. In Kasachstan hatten sie sich nicht wohl gefühlt als Deutschstämmige. Nach dem Zusammenbruch der Sowjetunion war ihr Verlangen immer größer geworden, mit ihrer Familie nach Deutschland zu gehen, obwohl sie kaum die Sprache der Deutschen beherrschte. Sie sprach Russisch, aber Deutschland war für sie eine Verheißung, war Goethe, Schiller und das Grundgesetz.

Damals hätte sie sich überhaupt nicht vorstellen können, dass es hier Neonazis und Gewalt gibt. Bis sie in Brandenburg schließlich selber von Jugendlichen angegriffen und in den Schnee geschubst wurde. Immer wieder kam so etwas vor. Sie hätten sich wie in einem Gefängnis ohne Gitter gefühlt, hatte Raissa Batesova im Winter erzählt. Die Stimmung sei feindselig gewesen, und man hätte es deshalb vermieden, das Haus unnötig zu verlassen. Einige Male seien Kajrat und Murat zum Marktplatz in Freyenstein gegangen, aber seitdem Jugendliche ihnen Bierflaschen hinterher geworfen und sie als «russische Hunde» beschimpft hatten, mieden sie auch diesen Ort. Erst zwei Monate bevor die Familie Batesov nach Freyenstein kam, waren zwei junge russlanddeutsche Brüder – ebenfalls aus Kasachstan stammend – auf diesem Platz schwer verletzt worden. Ihre Familie zog daraufhin weg. Einen privaten Kontakt zu Einheimischen hatten die Batesovs nicht. Ständig wurde Murat im Bus beleidigt oder auf dem Fahrrad auf dem Weg nach Wittstock von Autofahrern gejagt. Aber zunächst unternahm niemand etwas gegen die starke rechtsextreme Szene und schon gar nicht gegen die allgemein verbreitete Fremdenfeindlichkeit. Zuletzt hatten vermummte Neonazis einen dunkelhäutigen Jugendlichen durch eine Plattenbausiedlung gehetzt, bis der von einem Balkon im zweiten Stock sprang. Und aus dem McDonald's an der Autobahn, der sich dort schon von weitem durch einen leuchtenden Werbemast als vertrauter Ort zu erkennen gibt, zumal für US-amerikanische Gäste, prügelten Neonazis acht von ihnen heraus. Wittstock galt schon längst als Hochburg der Neonazis, bei der Polizei und eben auch bei der «Opferperspektive.»

Als dort der Anruf aus Wittstock einging, lag Kajrat schon auf der Intensivstation. Aber zwischendurch erwachte er aus dem Koma. «Die Hoffnung war eigentlich das Schwierigste», erinnert sich Claudia Luzar. «Kajrat hat dann auch noch gezeichnet, und seine Mutter hat ganz viel in diese Zeichnungen reingedeutet.» Aber schließlich erlag Kajrat Batesov seinen schweren inneren Verletzungen.

In dem Prozess gegen die fünf Täter sprach der Staatsanwalt schließlich von einer «Mauer des Schweigens», von einem stillen Einverständnis zwischen den Tätern und der Mehrzahl der Zeugen. Am Ende wird ein 23-jähriger früherer Dachdeckerlehrling als Haupttäter zu zehn Jahren Haft verurteilt. Das Gericht sah es als erwiesen an, dass er den 17 Kilogramm schweren Stein auf Kajrat Batesov fallen gelassen hatte. Drei weitere junge Männer hatten ihn und Maxim zuvor durch Schläge und Tritte schwer verletzt. Sie erhielten Haftstrafen zwischen zweieinhalb und sieben Jahren. Einer von ihnen wurde zu einem Jahr auf Bewährung verurteilt. Er hatte versucht, eines der Opfer zu schlagen, vor allem aber die Mittäter nicht zurückgehalten.

In den Monaten nach dem Tod von Kajrat war es für die Mitarbeiter der Opferperspektive nicht ganz einfach, seinen jugendlichen Bruder Murat und dessen Freunde davon zu überzeugen, dass Gegengewalt nicht das geeignete Mittel sei, um den Tod von Kajrat zu sühnen. Das Verbrechen sorgte dennoch anschließend für Spannungen zwischen den Russlanddeutschen und den örtlichen Rechtsextremisten. Einige Polizisten sprachen gar von «Ausnahmezustand» und zeichneten in den Medien das Bild einer «Spirale der Gewalt».

Raissa Batesova richtete schließlich am letzten Prozesstag das Wort an die Angeklagten. Daran war ihr sehr gelegen. «Das Leben eines Menschen, der nicht Ihre Sprache spricht, ist Ihnen nichts wert,» sagte sie im Gerichtssaal. Im Laufe des Verfahrens sei ihr deutlich geworden, dass die Angeklagten weder Reue noch Schuld fühlten. Frau Batesova hatte zudem den Eindruck, dass sich «eine ganze Stadt mit diesen jungen Menschen solidarisch erklärt».[48] Mit großem Einsatz sorgte Kajrats Familie dafür, dass er nicht in Wittstock beerdigt wurde, sondern in einer kleinen Gemeinde in Baden-Württemberg, wo Freunde der Familie lebten. «Ihr größter Wunsch war dann, dass sie endlich rauskommen aus Wittstock. Endlich raus aus dem Osten», erinnert sich Claudia Luzar mit einem Kopfschütteln. Die Familie Batesov zog dann auch nach Baden-Württemberg, wo sie mit Kajrat wieder vereint war.

Das Brandenburger Landesamt für Verfassungsschutz formulierte in einer Analyse zu den Ursachen der rechtsextremen Gewalt, wie sie sich unter anderem beim Mord an Marinus Schöberl in der Uckermark dargestellt hatte, folgendes Fazit: «Vorurteile sind, so weisen es soziologische Untersuchungen aus, unter der brandenburgischen Bevölkerung durchaus in erheblichem Umfang anzutreffen. Sie manifestieren sich gerade auch in der Scheu vor und der Ablehnung von Fremdem und Fremden. Aber sie verdichten sich keineswegs zwangsläufig zu einer extremistischen Gesinnung oder zur Gewaltbereitschaft.»[49] Zwar liegt die Potsdamer Behörde mit ihrer Feststellung richtig, dass menschenfeindliche Einstellungen verbreitet sind, auch mit ihrem Verweis auf die fehlende Zwangsläufigkeit der daraus resultierenden Gewalt. Aber der Verfassungsschutz verkennt hier an entscheidender Stelle, dass die «Verdichtung» einer rechtsextremistischen Gesinnung und die damit einhergehende Gewaltbereitschaft ganz wesentlich auf den beschriebenen Einstellungen basieren. Problematisch ist hier auch die Gleichsetzung von Linksextremismus und Rechtsextremismus, die in der Analyse des Verfassungsschutzes in dem Begriff «extremistische Gesinnung» enthalten ist und die seiner Arbeit über Jahre zu Grunde lag. Denn die zwangsläufige Gewaltbereitschaft der rechtsextremen Akteure ist ein Alleinstellungsmerkmal des rechten Extremismus gegenüber dem linken. Diese Gleichsetzung, vor allem aber das Ausblenden der unmittelbaren Verbindung zu den Einstellungen in der Bevölkerung ist bis heute eine der Hauptursachen für die Verharmlosung und das Nicht-Erkennen rechtsextremer Gewalt durch die Sicherheitsbehörden. Es ist ein Systemfehler des Verfassungsschutzes. So führte die Gleichsetzung von Links- und Rechtsextremismus zwangsläufig dazu, dass die Besonderheiten des Rechtsextremismus – hier also die ihm immanente Gewalt – von staatlicher Seite zu wenig Beachtung fanden. Zu welcher fatalen Situation diese eingeschränkte Sichtweise führen kann, zeigt eindrucksvoll das Ermittlungsdebakel bei der Mordserie des NSU. Dabei hatte das Versagen der Sicherheitsbehörden ganz wesentlich seine Ursache in diesem strukturellen Wesenszug.

Die Gleichsetzung des linken mit dem rechten Extremismus ist vor allem in jenen Gegenden problematisch, wo der Staat schwach und die Rechtsextremisten stark sind. Denn dort zeigt sich der Linksextremismus nicht etwa aggressiv kämpferisch oder etwa in Form von linksautonomer Gewalt, sondern er agiert ausschließlich reaktiv. So wie in den ländlich geprägten «national befreiten Zonen» in Ostdeutschland, wo die menschenfeindlichen Einstellungen, die der rechtsextremen Gewalt zu Grunde liegen, in gehörigem Maße auch bei den Wählern und Akteuren der Partei «Die Linke» zu finden sind. So wie in Vorpommern. Einer ihrer dortigen langjährigen Bürgermeister, in dessen Stadt es eine starke rechtsextreme Szene gibt, antwortete auf die Frage des Autors nach dem Umgang mit den Rechtsextremisten in einem persönlich geführten Gespräch so: «Zu DDR-Zeiten hätte es das gar nicht gegeben, da hätten die gar nicht aufmucken können, da hätten wir sie in unsere Massenorganisationen eingeordnet, und dann wäre Ruhe gewesen. Aber Disziplin und Ordnung kennen die jungen Leute heute ja gar nicht mehr, deshalb sind wir machtlos.»

Das Gespräch mit diesem Bürgermeister fand 2010 statt, in der befreitesten aller bisher «national befreiten Zonen» in der Bundesrepublik. Dort wurden die Fremden und die sonstigen so genannten Andersartigen längst erfolgreich vertrieben. Es ist dies ein Teil der Region Vorpommern, in der sich der Rechtsextremismus etabliert hat und die Ausgrenzung so genannter schwacher Gruppen längst allgemein akzeptiert wird. Hier ist der Rechtsextremismus Normalität. Bezeichnenderweise meldete die Opferberatungsstelle «Lobbi» aus Mecklenburg-Vorpommern, man habe 2010 «im Bereich der körperlichen Gewalt das zweite Jahr in Folge einen Rückgang zu verzeichnen». Dagegen erfolgten die meisten rechtsextremen Angriffe als «zielgerichtete Sachbeschädigungen», wie etwa «eine regelrechte Anschlagsserie, die beispielsweise Büros von Landtagsabgeordneten betraf»; das Ziel waren hier Politiker der Linken und der SPD.[50] Denn sobald keine potenziellen Opfer mehr da sind, weil sie entweder direkt vertrieben worden sind, wie etwa alternative Jugendliche, oder eben indirekt, weil sie hier erst gar nicht auftauchen, so wie viele Migranten, richtet sich die rechtsextreme Gewalt vorrangig gegen zivilgesellschaftliche Einrichtungen oder gegen solche, die in der eigenen Zone das demokratische politische System vertreten. Über diese rechtsextreme Strategie gibt es in Deutschland bislang noch keine wissenschaftliche Untersuchung. Eindeutig richtet sie sich aber nun gegen die verbliebenen Reste des Staates, der sich aus einigen Teilen Mecklenburg-Vorpommerns bereits zurückgezogen hat. Dabei agieren die Neonazis aus einer Position der Stärke heraus. Denn während die staatliche Infrastruktur hier tatsächlich immer weiter abnimmt, die Zahl der Polizeibeamten ebenso reduziert wie Schulen geschlossen werden, steigt bei den Menschen, die hier noch leben, das Gefühl des Abgehängt-seins.

Fährt man auf der B109 mit dem Auto eine zügige Dreivier-telstunde von der Stelle in Prenzlau aus, an der der Totschläger Marco Schönfeld den Afrikaner Neil D. angegriffen hat, nach Norden, kommt man nach Ferdinandshof im Landkreis Vor-pommern-Greifswald. Vor der letzten Kreisgebietsreform, nach der die großen Landkreise in Mecklenburg-Vorpommern noch größer, aber dafür weniger wurden, lag Ferdinandshof im Uecker-Randow-Kreis. Die wichtigen Orte hier heißen Torge-low, Löcknitz, Eggesin, Ueckermünde oder Pasewalk, und kaum einer hat mehr als 10 000 Einwohner. Nach Pasewalk wurde der Gefreite Adolf Hitler im Jahr 1918 ins Lazarett ver-legt, nachdem er infolge einer Senfgasverletzung vorüberge-hend erblindet war. Hier erlebte er den Waffenstillstand und die Novemberereignisse. In seinem Buch «Mein Kampf» ver-breitete er anschließend die Legende, dass ihn hier die Nach-richt von der Revolution veranlasst habe, in die Politik zu ge-hen («Ich aber beschloß, Politiker zu werden»). Was auch immer diese Legende in der NS-Zeit bewirkte, heute stärkt sie jedenfalls die Heimatverbundenheit der zahlreichen Neonazis, die in dieser Gegend leben. Und auch sonst kommen die Leute hier gerne auf diese Begebenheit zu sprechen. Viele sind stolz darauf. Es gibt wohl keinen zweiten Landstrich in Deutsch-land, in dem Rechtsextremisten alles, was außerhalb ihres un-mittelbaren räumlichen Einflussbereichs liegt, so egal ist, wie den Neonazis, die sich hier unter dem Banner mit dem roten Vogel Greif in dem mächtigen Kameradschaftsbund «Freies Pommern» in ihrer «national befreiten Zone» sammeln.

Hier zieht sich der Radwanderweg Berlin–Usedom ebenso durch wie die Bahnstrecke mit dem Regionalexpress nach Stralsund, der parallel zur B109 zwischen den sich flink ver-mehrenden Windrädern unter einem weiten nordischen Him-mel zur Ostsee rauscht. In dieser Gegend gibt es Orte, in denen die NPD bei Landtagswahlen zur stärksten Partei wird. Dazu gehört auch die Gemeinde Wilhelmsburg, wo die Bewohner in der Zeit nach den Ausschreitungen in Rostock-Lichtenhagen gegen dieselben Asylbewerber vorgingen, die schon den dortigen Angriff hatten aushalten müssen. Mit einer Straßenblockade verhinderten Anwohner ihre Anreise. Sie sollten über ein Zwischenlager am Stadtrand von Rostock nun hier, mitten im Wald, kurz vor der polnischen Grenze, in einem ehemaligen Barackenlager für Angehörige der Roten Armee untergebracht werden. «Zurück Rostock! Zurück Rostock!», schrien aufgebrachte Dorfbewohner den ungebetenen Gästen entgegen, bis die Busse schließlich kehrt machten.

Es sollten die letzten Migranten bleiben, die in größerer Zahl in die Gegend kamen. Bis heute besteht in dem Dorf übrigens kein Zweifel daran, dass die Ansiedlung der Asylbewerber, die durch die Anwohner verhindert wurde, gewalttätige Aktionen gegen die Fremden nach sich gezogen hätte. Und es herrscht bis heute so etwas wie ein lokaler Konsens darüber, dass die Entscheidung, die anreisenden Asylbewerber noch vor ihrer Ankunft zu vertreiben, richtig war. In der gesamten Gegend wählen mehr als doppelt so viele Menschen die NPD wie im Landesdurchschnitt von Mecklenburg-Vorpommern. Und der ist schon hoch.

Würden die Gerichte es erlauben, dann wäre einer der NPD-Funktionäre schon längst Bürgermeister hier in Ferdinandshof, zwei Kilometer von Wilhelmsburg entfernt. Der NPD-Landtagsabgeordnete und örtliche Gemeinderat Tino Müller hatte sich zwar um den ehrenamtlichen Posten beworben. Aber die Wahlausschüsse lehnten den rechtsextremen Kandidaten ebenso ab wie das Verwaltungsgericht in Greifswald, vor dem Müller anschließend klagte: Die Richter befanden, dass Müller für das Bürgermeisteramt nicht geeignet sei, weil seine Partei Ziele verfolge, die mit der freiheitlich-demokratischen Grundordnung nicht zu vereinbaren seien. So kam es in Ferdinandshof also zu dem bemerkenswerten Zustand, dass der Kandidat einer zugelassenen Partei zwar im Landtag sitzen, nicht aber für das Ehrenamt in einer 3000-Seelen-Gemeinde kandidieren durfte. Dabei hätte Müller durchaus gewisse Chancen auf das Bürgermeisteramt gehabt. Die Ablehnung durch die demokratischen Institutionen allerdings führte hier, weit weg von

Greifswald und noch weiter weg von der Landeshauptstadt Schwerin, zu einer noch größeren Zustimmung für den Neonazi. Seitdem ist Tino Müller so etwas wie der Schattenbürgermeister von Ferdinandshof an der B109.

Und wie sich das auswirkt, bekommt der ordnungsgemäß gewählte Amtsinhaber, Gerold Seidler von der CDU, ein halbes Jahr nach dem Greifswalder Richterspruch zu spüren. Da steht er also mit ziemlich blasser Gesichtsfarbe am Straßenrand. Und erst als das rhythmische Trommeln der uniformierten Marschierer der Kameradschaft «Freies Pommern» hinter den roten Backsteinmauern in der Ortsmitte verklingt, findet er seine Stimme wieder. «Ich nehme es ihm sehr übel, dass er heute hier mit so einer großen Schar uniformierter Leute eine Drohkulisse aufbaut und Angst über unsere Gemeinde bringt.»[51] Vor einer Minute erst ist ein geschlossener Zug von 300 Neonazis, angeführt von Trommlern und Fahnenträgern, an einem Dutzend schweigender Gemeinderatsmitglieder vorbeigezogen, vorneweg Tino Müller mit akkuratem Seitenscheitel und einem blauen Hemd aus Baumwolle, wie es die Fischer am nahen Oderhaff seit Generationen tragen. Müller lebt mit seiner Familie zehn Fahrradminuten von hier entfernt im Nachbarort. Und in jedem Dorf der Umgebung lebt ein Schattenmann wie er, junge Männer, die hier auch ohne demokratische Wahl das Sagen haben. Gerold Seidler selbst leitet im Hauptberuf die Grundschule, wo er Müllers Sohn unterrichtet hat. Aber anders als diese Neonazis glaubt Seidler nicht an die Sippenhaft, sondern daran, dass Müllers Sohn schlicht ein Recht auf «Beschulung» habe, wie er es ausdrückt. «Auch einige von denen, die hier marschiert sind, sind durch meine Hände gegangen», sagt er. Drei Stunden lang haben Müller und seine Horde den Ort nun mit ihrer Forderung nach einer «Todesstrafe für Kinderschänder» überzogen. Sind durch die wichtigsten Straßen gezogen, haben die Menschen mit einen Lautsprecherwagen beschallt.

Bevor sie sich zur Abschlusskundgebung neben einem zentralen Kinderspielplatz im weiten Kreis aufstellten, hatten sie vor dem Haus eines einschlägig verurteilten Forensik-Patienten eine zehnminütige Mahnwache abgehalten. Auch hier wirbelten die Trommelstöcke. Das war der Höhepunkt einer Angstkampagne gegen den Mann, den die NPD an diesem herrlichen Spätsommertag 2010 ihrerseits für eigene Zwecke missbrauchte. Kurz zuvor hatte der Europäische Gerichtshof für Menschenrechte entschieden, dass die in Deutschland angewandte Praxis der nachträglichen Sicherungsverwahrung nicht rechtens sei. Deshalb mussten nun ehemalige Häftlinge frei gelassen werden, darunter viele Sexualstraftäter, von denen einige wiederum Kinder missbraucht hatten. So wie dieser Mann aus Ferdinandshof, den die Neonazis dauernd beim Namen nennen. Damit auch jeder Bescheid weiß. Der Betroffene hatte den Ort vorauseilend verlassen, schon vor der gespenstischen Demonstration war er seiner Vertreibung zuvorgekommen. Aus Angst. Aber Tino Müller schickte ihm noch einen entsprechenden Wunsch per Mikrofon hinterher. Dazu postierte er sich in einem großen Kreis seiner Kameraden inmitten einer Neubausiedlung auf einer Wiese neben einem Kinderspielplatz: «Für die Täter soll es kein Vergeben und Vergessen geben. Deshalb fordern wir Peter F. [Name geändert, O. S.] hier und heute auf, Ferdinandshof zu verlassen.» Applaus vom Kinderspielplatz, von umher stehenden Müttern mit Kinderwagen.

So also können auch verurteilte Verbrecher zu Opfern rechtsextremer Gewalt werden. Dieser Mob hier stellte schon längst das Gewaltmonopol des Staates infrage. Hier gelten ihre Regeln, und sie waren an diesem Tag nicht weit von einer Lynchjustiz entfernt. Hier in Mecklenburg-Vorpommern, in Brandenburg und in Sachsen-Anhalt wurden bereits Menschen, die Kinder missbraucht hatten, von Neonazis umgebracht. Und der Vorwand, das Opfer sei ein «Kinderschänder» gewesen, taucht in den Vernehmungsprotokollen rechtsextremer Gewalttäter häufig auf. Als moralische Rechtfertigung einer Gewalttat. Mit einem Schild «Hier wohnt der Kinderschänder» hatten die Neonazis in der Straße, in der der Haftentlassene wohnte, schon am Vortag auf ihn hingewiesen. Als sie abends das Schild anbrachten, postierten sich gleich einige Dutzend Neonazis davor. Als Mahnwache. Zu diesem Zeitpunkt wusste nicht einmal die Polizei, dass er aus der nahen Forensik in Uek-kermünde entlassen worden war. Aber auch in Ueckermünde gibt es einen Schattenmann: Marko Müller, den Bruder von Tino.

Überall in Deutschland werden seit der Straßburger Entscheidung einschlägig verurteilte Straftäter, die aus der Haft entlassen wurden, derartig in die Enge getrieben. Nutzen Neonazis die Angst der Menschen vor den Sexualstraftätern für ihre Zwecke. Etwa in dem Dorf Insel in der Altmark, im nördlichen Sachsen-Anhalt, wo sie lange Zeit den Protest gegen zwei mehrfache Vergewaltiger anheizten, die sich dort nach dem Straßburger Richterspruch niedergelassen hatten. Seither kommt es immer wieder zu Protestaktionen, an denen Neonazis hordenweise teilnehmen. Einen angemeldeten Aufmarsch der rechtsextremen NPD hat die Polizei allerdings verboten: Verwaltungsgericht und Oberverwaltungsgericht lehnten die Beschwerde der NPD gegen ein Verbot ab. Denn Ziel der Versammlung sei es, die in Insel geschaffene pogromartige Lage, die auf eine Vertreibung der ehemaligen Strafgefangenen gerichtet sei, aufrechtzuerhalten und zu stützen.

Im nordfriesischen Leck wäre die Lage fast eskaliert. So berichtet es die «Tageszeitung»: «Wir werden so lange weitermachen, bis dieses perverse Schwein für immer hinter Schloss und Riegel ist», erklärte der rechtsextreme «Freie Widerstand Südschleswig» auf seiner Internetseite. In Leck habe es schließlich eine Demonstration gegen einen freigelassenen verurteilten Sexualstraftäter gegeben: «Aus einer Gruppe von zunächst rund 50 Protestierenden hatten etliche versucht, gewaltsam in die Wohnung des Mannes einzudringen, was die Polizei verhinderte», berichtet die Zeitung. «Ein im Internet zu findendes Video zeigt die szenebekannte Husumerin Denice W.: ‹Wer sich an Kindern vergeht wie dieses Exemplar hier, hat die Stufe des Menschseins verlassen›, erklärt sie per Megaphon, um gleich darauf die Todesstrafe zu fordern. ‹Alle Mann los, los›, ruft W. plötzlich, woraufhin sich eine Gruppe in Bewegung setzt in Richtung des Hauses, in dem der Straftäter wohnt. Über 30 Polizisten waren nötig, um die Menge zu stoppen.»[52]

Wie hieß es noch in der ideologischen Anleitung zur Errichtung «national befreiter Zonen»? «Man muss so handeln, dass man in einem Meer der Sympathie schwimmt, dass die ‹normalen› Bewohner für uns ‹die Hand ins Feuer legen›.» Dieser Zustand war in Insel noch nicht ganz erreicht, gab es dort doch immer noch viele Leute, die sich auch mit den Haftentlassenen solidarisierten und das Treiben der Rechtsextremisten nicht guthießen. Und auch in Leck wurde den Rechtsextremisten nicht die volle Zustimmung der Ortsbewohner zuteil. In Ferdinandshof allerdings gab es außer dem hilflosen Bürgermeister und einer Handvoll wohlmeinender Gemeindevertreter niemanden, der den Neonazis widersprach. Im Gegenteil: Die Leute dort fühlten sich abgeholt. Der Aufmarsch wurde übrigens nur von einem halben Dutzend Polizisten in einfachen Uniformen und Mützen zurückhaltend begleitet. Auf Ärger waren sie erst gar nicht eingestellt, denn den gibt es selten, wenn die Zone erstmal befreit ist und die Neonazis für erschreckende Ruhe sorgen.

«Nur mit der Todesstrafe können wir sicher gehen, dass diese Bestien nie wieder durch einen Richterbeschluss auf die Menschheit losgelassen werden. Wer das Leben unserer Kinder zerstört, der hat das Recht auf das eigene Leben verwirkt», brüllte schließlich noch Marko Müller, der Bruder von Tino, ins Megaphon. «Nach unseren Informationen sollen sich drei weitere Straftäter aus der Forensik Ueckermünde hier im Amt Torgelow-Ferdinandshof aufhalten. Und das, ohne die Öffentlichkeit zu informieren.»[53] Empörung bei den Zuhörern.

Einige Menschen stehen in den Vorgärten und verfolgen den Aufmarsch der Neonazis wie einen Umzug zum Stadtjubiläum. Viele kennen sich. Gelegentlich wird gewinkt. «Mein Sohn ist ja auch mit dabei», sagt ein Mann, der auf dem kurz geschnittenen Rasen vor seinem Bungalow steht: «Es ist doch in Ordnung, wenn er für seine Sache einsteht und sich hier präsentiert.» Darüber will er gleich morgen «auf Arbeit» mit seinen Kollegen sprechen. «Von denen habe ich ja auch einige hier gesehen.»[54]

Die jungen Männer, die hier marschieren, bilden eine verschworene Gemeinschaft, die in den Dörfern tonangebend ist.

Sie tragen schwarze Zimmermannshosen zu den blauen Fischerhemden. In der NPD sind die wenigsten von ihnen. Landesweit hat die Partei weniger als 300 Mitglieder. Auch für den Neonazi Michael Andrejewski, NPD-Landtagsabgeordneter aus Anklam, der hier heute mit marschiert, ist die «NPD nur ein Instrument».[55] Mittel zum Zweck, um hier eine völkische Wertegemeinschaft aufzubauen.

Eine beliebige Umfrage unter 20 Menschen am Straßenrand ergibt: Niemand widerspricht den Neonazis. Im Gegenteil: Mit ihrer Forderung treffen sie den Volkszorn, den sie selbst entfacht haben. «Wir sind doch froh, dass die uns darüber aufklären, dass solche Schweine unter uns leben», sagt ein Mann auf der «Straße der Freundschaft», «alle anderen schweigen das doch tot».[56]

In anderen Teilen Deutschlands müssen Rechtsextremisten zu ihren Demonstrationen Marschierer mit Bussen herbeischaffen, um 300 Leute auf die Straße zu bringen. Dieser Mob aber kam von hier, einige in Autos mit örtlichen Kennzeichen, mit Fahrrädern, zu Fuß oder sogar mit dem Kinderwagen. Der entvölkerte Landkreis Uecker-Randow gilt als der ärmste Deutschlands. Die weite Gegend diesseits des Oderhaffs ist dabei reich an ursprünglicher Natur. Die Luft ist klar, die tiefen Wälder, in denen nachts die Hirsche röhren, stehen voller Pilze. Die Schriftstellerin Judith Zander beschreibt die Gegend in ihrem lebensnahen, atmosphärisch sehr dichten Heimatroman (*Dinge, die wir heute sagten*) als «das Zentrum des Nichts».[57] Sie selbst stammt aus einem der hiesigen Dörfer, das sie schließlich verließ. In ihrem Roman trifft sich übrigens auch eine rechte Jugendclique in einem leer stehenden LPG-Stall am Dorfrand.

Mit allen juristischen Mitteln versucht die Landesregierung inzwischen dagegen zu steuern, dass sich dieses Nichts mit dem völkischen Geist der Neonazis und deren eigener Ordnung füllt: Die Universität in Greifswald gab sich eine Hausordnung, die das Tragen einschlägig politisch belasteter Kleidung untersagt. Die Landesregierung erließ eine Art Radikalenerlass, dem zufolge sich Kita-Betreiber zum Grundgesetz bekennen müssen. Neonazis hatten in der Vergangenheit immer wieder versucht, mit eigenen Erzieherinnen in diese Branche einzudringen: Um auch dort das umfassende Konzept der befreiten Zone weiterzuverfolgen, das eine eigene soziale und ökonomische Infrastruktur vorsieht, eigene Läden und kameradschaftlich organisierte Handwerksbetriebe, von denen es hier bereits einige gibt. Tino Müller ist nicht der einzige Neonazi, dem die Kandidatur zu einem öffentlichen Amt per Gerichtsbeschluss untersagt wurde. Gerold Seidler jedenfalls wäre gerne gegen ihn bei der Bürgermeisterwahl angetreten. Das Kandidaturverbot sei doch bloß «Wasser auf die Mühlen der Bevölkerung, die es nicht gut findet, dass man Müller die Möglichkeit nimmt, Bürgermeister zu werden». Zwei Jahre später wurde es auch seinem Bruder, Marko Müller, in Ueckermünde untersagt, bei der Bürgermeisterwahl anzutreten. Seinem Einfluss hat das aber genauso wenig geschadet wie seinem Bruder zuvor in Ferdinandshof. Denn parallel zu der staatlichen Struktur, die in dieser Gegend immer weniger zu erkennen ist, bauen diese Männer ihre eigene auf. Ungestört von Andersdenkenden oder Zuwanderern, weil es sie hier nicht mehr gibt. Und wer hier groß wird, aber anders denkt als die meisten der hier lebenden Menschen, der geht weg. Nach Berlin oder Hamburg, vielleicht nach Greifswald. Denn dort, an der Küste, liegt die Grenze der «national befreiten Zone» in Vorpommern.

Terror im Westen – die gewaltbereiten «Autonomen Nationalisten»

Ein Bürgermeister von der NPD ist im Westen Deutschlands aus gegenwärtiger Sicht unmöglich. Dagegen muss niemand Klage einreichen. Ist die NPD doch längst zu einer Regionalpartei-Ost geschrumpft. Weder im südlichen Bayern hat sie Erfolg, wo die konservative CSU traditionell die Wähler am äußersten rechten Rand absorbiert und so der Demokratie erhält, noch in Baden-Württemberg, Rheinland-Pfalz oder Hessen, wo der CDU lange schon Ähnliches gelingt. Noch im Norden, in Schleswig-Holstein, oder in Niedersachsen, wo sich der parteiförmige Rechtsextremismus seit Jahren mit einigen wenigen Kommunalmandaten begnügen muss. Und die Wahlerfolge der rechtsradikalen Republikaner sind ein längst verblichenes Polit-Intermezzo aus der alten Bundesrepublik, das sich nur kurz mit in die neue Zeit retten konnte.

Einzig die Stadtstaaten Hamburg und Bremen und das kleine Saarland waren zwischenzeitlich anfällig für Wahlerfolge von Rechtsextremisten bzw. für Erfolge der nicht so weit von den Extremisten entfernten Rechtspopulisten. Brachte es doch die «Partei Rechtsstaatlicher Offensive» des langjährigen Richters Ronald Schill 2001 zum Koalitionspartner von CDU und FDP. Immerhin hatte sie fast ein Fünftel der abgegebenen Wählerstimmen im bürgerlich geprägten Hamburg sammeln können, so dass der skandalträchtige Rechtspopulist Schill zum Innensenator und Zweiten Bürgermeister unter dem liberalkonservativen Ole von Beust (CDU) wurde. Diese Wahl hatte gezeigt, dass es ein erhebliches Wählerpotenzial für Rechtspopulisten in Deutschland gibt, wenn bestimmte Rahmenbedingungen gegeben sind und ein gewisses Vertrauen in die Akteure der jeweiligen Partei vorhanden ist. Wenn auch nur kurzfristig. Das Personal sämtlicher rechter Parteien in Deutschland disqualifiziert sich aus Sicht der politischen Mitte seither aber durch zu radikale Positionen, die im Westen noch weniger verfangen als im Osten.

In die Bremische Bürgerschaft gelangte ein Abgeordneter der inzwischen aufgelösten rechtsextremen DVU einzig wegen einer Besonderheit im Landeswahlgesetz: Es genügte das Überspringen der 5-Prozent-Hürde in Bremerhaven, um in das Bremer Landesparlament einzuziehen. Und im kleinen Saarland verpasste die NPD bei der Landtagswahl 2004 mit einem Ergebnis von vier Prozent zwar knapp den Einzug in den Landtag, es war aber zugleich ihr bestes Ergebnis bei einer Landtagswahl im Westen der Republik seit Jahrzehnten.

Längst hatte es hier eine Verschiebung gegeben, weg vom parteiförmigen hin zum bewegungsförmigen Rechtsextremismus. Also zu Gunsten von Gruppen, die sich nicht am politischen System beteiligen wollen, etwa durch die Teilnahme an Wahlen. Sie organisieren sich abseits der Parteien und konzentrieren sich auf einen «Kampf um die Köpfe und Räume». Diese Entwicklung war insbesondere in Nordrhein-Westfalen fortgeschritten, wo die Wahlergebnisse der NPD seit Jahren im Promillebereich lagen. Auch die in Teilen rechtsextreme Wählerinitiative Pro NRW gelangte zu keiner landesweiten Bedeutung in dem Flächenstaat, obwohl sie zwischenzeitlich regional eng begrenzte Erfolge im Rheinland erzielt und die NPD in NRW als stärkste Kraft der extremen Rechten abgelöst hatte. Es lag wohl auch an diesen schlechten Wahlergebnissen im tiefen Westen der Bundesrepublik, dass die meisten Menschen hier lange Zeit der Meinung waren, Rechtsextremismus sei ein ostdeutsches Problem. Und schließlich betrifft die meisten Menschen auch die Gewalt des Rechtsextremismus nicht, weil sie eben nicht zu den gängigen Opfergruppen gehören, und diese – Migranten, Obdachlose oder alternative Jugendliche – wiederum wenig Einflussmöglichkeiten auf die Mehrheitsgesellschaft haben.

Es lag also nahe, den Rechtsextremismus ganz einfach im wilden Osten zu verorten, wo seine Protagonisten auch in den Parlamenten saßen, und von dem ein durch fremdenfeindliche Gewalttaten geprägtes Bild in den Köpfen präsent war. Darüber konnte man sich entsetzt zeigen und gleichzeitig beruhigt sein – wegen der eigenen Sicherheit. Wie bei dem Blick auf ein weit entferntes Erdbebengebiet oder auf die nukleare Katastrophe im japanischen Fukushima. So war es immer wieder zu vernehmen, sobald das Thema Rechtsextremismus aufkam, nicht nur in persönlichen Gesprächen, sondern auch bei zahllosen öffentlichen Diskussionen, Vortragsveranstaltungen und in einigen Medien. Das hatte allerdings zur Folge, dass man den eigenen Rechtsextremismus im Westen jahrelang verdrängte: Während man also mit dem Finger in östliche Richtung zeigte, konnte sich die heimische rechtsextreme Szene in NRW in Ruhe entwickeln. Das einwohnerstärkste Bundesland steht in dieser Hinsicht stellvertretend für die übrigen Flächenländer im Westen Deutschlands.

So hat sich hier von 2003 bis 2010 die Zahl der polizeilich registrierten rechten Gewalttaten etwa verdoppelt. In diesem Jahr zählte die Polizei landesweit 400 derartige Straftaten; die Dunkelziffer dürfte entsprechend groß gewesen sein. Darin sind sich die Fachleute einig. Damit war auch die Zahl der Opfer rechtsextremer Gewalt sprunghaft gestiegen. Die aber machten ihre Opferrolle nicht öffentlich zum Thema, aus Angst und mangelndem Vertrauen in den Staat. Wohl auch deshalb hatte sich bislang niemand professionell um die Opfer rechtsextremer Gewalt im Westen gekümmert. Etwa so, wie es in den östlichen Bundesländern seit Jahren üblich war, als Reaktion auf die Gewaltexzesse der 1990er Jahre nach der plötzlichen Auflösung des Gefühlsstaus unter den Bürgern der ehemaligen DDR.

Zwar gibt es auch in Westdeutschland, auch in NRW den «Weißen Ring», eine namhafte Hilfsorganisation für Kriminalitätsopfer und deren Familien, in der zum großen Teil ehemalige Polizeibeamte ehrenamtlich wirken, und es gibt Opferbeauftragte der Polizei in jedem einzelnen Polizeipräsidium. Aber diese kümmern sich zunächst ausschließlich um anerkannte Kriminalitätsopfer, agieren dabei zumeist aus der speziellen Polizeiperspektive – und haben kaum Erfahrung im Umgang mit Rechtsextremismus. Dieses Manko war an der Universität Bielefeld schließlich aufgefallen. Dort arbeitete inzwischen die Politikwissenschaftlerin Claudia Luzar in der Gewaltforschung, nachdem sie jahrelang als Opferberaterin in Brandenburg im Einsatz gewesen war. An einem anderen Ort, zu einer anderen Zeit.

Die Landesregierung in Düsseldorf sah das bisherige politische Versäumnis ein, und entschied sich 2011 schließlich zur Einrichtung einer Beratungsstelle für Opfer rechtsextremer Gewalt – in Dortmund. Und das nicht zufällig, hatte sich die größte Stadt im Ruhrgebiet in den vergangenen Jahren schließlich zu einer Neonazi-Hochburg entwickelt. Dort hatten die so genannten «Autonomen Nationalisten» eines ihrer Kraftzentren, eine stark angewachsene Gruppe von Rechtsextremisten der neuen Generation, die sich selbst als Teil des «Nationalen Widerstands» sehen. Ihre Mitglieder gehen auf Distanz zur NPD und deren parlamentarischer Strategie, die auf Anerkennung setzt. Die «Autonomen Nationalisten» setzen auf wilden Aktionismus und orientieren sich – wie ihr politischer Wegbegleiter und Ideengeber, der Hamburger Neonazi Christian Worch – an dem eingangs erwähnten Goethe-Zitat: «Der Worte sind genug gewechselt, laßt mich auch endlich Taten sehn!» (Faust I), aus dem der NSU sein Motto «Taten statt Worte» destilliert hatte.

Seit Jahren schon unterhielten sie vielfältige persönliche Kontakte zu anderen militanten Gruppen, etwa nach Thüringen, auch zu dem NSU-Unterstützer Ralf Wohlleben. Immer wieder hatten führende Protagonisten der radikalen Neonaziszene in den vergangenen Jahren ihre Sympathie für diese Strömung deutlich gemacht: Neben Worch und Wohlleben auch der Hamburger Kameradschaftsführer Thomas Wulff, der seit vielen Jahren mit dem gewalttätigen Dortmunder Neonazi Siegfried Borchardt, genannt «SS-Siggi», verbunden war. Thomas Wulff gehört zu den langjährig führenden Neonazis in Deutschland und rechnet sich selbst dem besonders radikalen Kameradschaftsflügel zu. Kurz gesagt stehen vor allem jene Rechtsextremisten dieser regionalen Gruppe nahe, die sich selbstbewusst als Nationalsozialisten bekennen. Mit deren Einverständnis stilisieren sich die «Autonomen Nationalisten» zu deren legitimen Nachfolgern. Des 2008 verstorbenen militanten Neonazi und mehrfach vorbestraften Friedhelm Busse etwa gedenken sie mit einem jährlich wiederkehrenden Dortmunder «Friedhelm-Busse-Gedenkmarsch», bei dem Männer 40 Kilometer und Frauen 30 Kilometer zurücklegen müssen und dessen Sieger jeweils mit Kleidungsstücken rechter Modemarken geehrt werden. Der gebürtige Bochumer Busse war Vorsitzender der autoritär-nationalistischen Kleinpartei «Freiheitliche Arbeiter Partei» (FAP) bis zu deren Verbot 1995.

Bei Busses Beerdigung in Passau hatte Thomas Wulff ihm eine Reichskriegsfahne in das noch geöffnete Grab auf den Sarg geworfen – dem letzten Wunsch des Verstorbenen entsprechend. «Es handelte sich um eine sogenannte Reichskriegsflagge aus den Jahren 1935 bis 1945 mit einem sehr großen Hakenkreuz in der Mitte», ließ sich der zuständige Staatsanwalt in der Presse zitieren, nachdem das Grab wieder geöffnet worden war. Ein Polizist hatte Wulff beobachtet, als dieser die Flagge auf den Sarg warf. Zu den führenden Köpfen der FAP zählten auch Michael Kühnen und der Hamburger Rechtsanwalt Jürgen Rieger, der bis zu seinem Tod stellvertretender Bundesvorsitzender der NPD war. Die FAP war in Dortmund und Umgebung besonders aktiv, auch weil Siegfried Borchardt zeitweise stellvertretender Bundesvorsitzender war. Die Partei war die bislang am offensten neonazistische Partei, die es in Deutschland nach 1945 jemals gegeben hat. Noch 2001 hatte Friedhelm Busse auf einer Kundgebung erklärt: «Wenn Deutschland judenfrei ist, brauchen wir kein Auschwitz mehr.»[58] Die Aktivisten dieser nationalsozialistischen Bewegung jedenfalls sind die Vorbilder der «Autonomen Nationalisten», die sich seit einigen Jahren im östlichen Ruhrgebiet festgesetzt haben und die auf einen Großteil der Szene in dem bevölkerungsreichsten Bundesland ausstrahlen und darüber hinaus.

Ihre Hochburg errichteten sie im Schatten einer trägen Zivilgesellschaft, die das Problem der rechtsextremen Gewalt lange Zeit nicht wahrnahm, wie auch die Polizei und die Justiz es nicht erkannten. Unterstützt wurden die «Autonomen Nationalisten» dabei von älteren bundesweit vernetzten gewalttätigen Neonazis. Auch mit Hilfe der befreundeten starken Thüringer Szene etablierte sich Dortmund nach 2005 allmählich zum wichtigsten europäischen Aufmarschgebiet dieser Bewegung, die sich zwischen dem Ärmelkanal, St. Petersburg und den konfliktträchtigen Stadtvierteln von Athen längst zu einer kontinental verbindenden Angelegenheit entwickelt hatte: Die «Internationale» des «Nationalen Widerstands» fand in NRW, mit seinen Grenzen zu Belgien und den Niederlanden, eine ihrer wichtigsten Bezugsregionen.

Und seit 2005 kamen sie einmal im Jahr zum so genannten «Antikriegstag» in Dortmund zusammen, einem Neonaziaufmarsch Anfang September. Dabei versuchten die «Autonomen Nationalisten» am Weltfriedenstag die deutsche Schuld am Zweiten Weltkrieg wegzudeuten und jungen rechtsextremen

Aktivisten gleichzeitig ein potenziell gewalttätiges Erlebnis zu bieten. Einzelne Mitglieder der Szene erwähnen im persönlichen Gespräch immer wieder den entschlossenen Aktionismus der «Autonomen Nationalisten», man sei schlicht «erlebnisorientierter» als andere. Dabei ist Erlebnis durchaus als Krawall zu verstehen. So gab es auch ein ehemaliges Mitglied dieser Gruppe zu Protokoll: «Diese Leute haben halt Bock, dass da was abgeht, dass es Krawall gibt, dass sie sich daran beteiligen können. Die sind halt erlebnisorientiert.»[59] In dem Buch «Autonome Nationalisten – Neonazismus in Bewegung» wird ihre Gewaltbereitschaft als besonderes Merkmal gleich in der Einleitung hervorgehoben: «Ein Anziehungspunkt der AN liegt in der gewalttätigen Attitüde der Selbstinszenierung begründet. Sogwirkung erzielte dabei das Versprechen von ‹Action›, Kampf, Gewalt und Angstverbreitung.»[60]

Ähnlich wie bei vielen unter den gewaltbereiten Fußballanhängern. Überhaupt erinnern die «Autonomen Nationalisten» in Kleidung und ihrem verschwörerischen Habitus an die Ultras in den Fußballstadien. Bei ihren Aufmärschen tragen sie schwarze Basecaps, Allwetterblousons mit Kapuze und häufig schwarze Sonnenbrillen, um auf den Foto- und Videoaufzeichnungen von Polizei, Presse und Antifa nicht erkannt zu werden. Auch von den Ultras fallen einige mancherorts ebenfalls durch spontane gruppendynamische Gewaltaktionen auf. Ihr internationales Beziehungsgeflecht ist in gewissen Teilen deckungsgleich mit dem dieser modernen Neonazis. Es reicht tief hinein in die «Internationale» des «Nationalen Widerstands». So ist es auch kein Zufall, dass deren Mitglieder längst Anschluss an einzelne sehr aktive Ultra-Gruppierungen bei einigen Traditionsvereinen gefunden haben, unter anderem bei Borussia Dortmund, 1860 München und Alemannia Aachen. Immer wieder kommt es aus ihren Reihen zu Angriffen auf gegnerische Fans, die aber von der Polizei kaum als politisch motiviert auszumachen sind. Einer der «Autonomen Nationalisten», der über die Anhängerschaft von Borussia Dortmund, vor allem über Auswärtsfahrten des Bundesligisten, in die rechtsextreme Szene der Stadt kam, nennt im persönlichen Gespräch die Zahl der aktiven «Autonomen Nationalisten», die ihren Stammplatz auf der Südtribüne im Dortmunder Stadion haben, auf der größten Stehplatztribüne Europas. «Das sind so 20 bis 30 Personen, die regelmäßig die Heimspiele [des BVB, O.S.] besuchen, und wenn man die Sympathisanten dazu zählt, kommt man so auf 60 Leute.» Der Mann ist im Herbst 2011 aus der rechtsextremen Szene ausgestiegen, und lebt noch immer in der Region. Aber seither war der überzeugte BVB-Anhänger nicht mehr im Stadion. Aus Angst vor seinen ehemaligen Kameraden, von denen er mit einem Stadionverbot belegt wurde: Erteilt also nicht vom Verein, sondern von den «Autonomen Nationalisten», die auch dort ihre eigenen Regeln mit Gewalt durchsetzen: Verräter haben keinen Platz auf der Tribüne, wo längst auch der Raumkampf der Neonazis tobt.

Schon lange vor dem Auffliegen des NSU sahen einige Staatsschützer der Polizei in der Bewegung der «Autonomen Nationalisten» die mögliche Keimzelle einer «Braunen Armee Fraktion», die sie als sehr gefährlich einstuften. Denn die «Autonomen Nationalisten» sind straff organisiert und können plötzlich losschlagen. Diese Neonazis im Gewand einer zeitgemäßen Jugendkultur sind wegen ihres daran angepassten Kleidungsstils für Außenstehende fast nie als Rechtsextremisten zu erkennen. Nur in Details geben sie auch äußerlich ein Bekenntnis zum Rechtsextremismus ab. Deshalb sind diese Neonazis, die sich – beispielsweise in Dortmund, München und Aachen – unter die Ultras mischen, dort für die Polizei kaum auszumachen. Trotz aufwändiger, moderner Kameratechnik in den Stadien. Weil sie nur dann auffallen, wenn sie sich als politische Aktivisten zu erkennen geben, also wenn sie auffallen wollen. Das allerdings passiert selten; es ist ein bewusster Teil ihrer Strategie, der ihre Erfahrungen mit der polizeilichen Bekämpfung des offensichtlichen Rechtsextremismus zu Grunde liegen.

Ihr taktisches Vorgehen, etwa bei gewalttätigen Demonstrationen, haben sie sich bei Linksautonomen abgeschaut. Die «Autonomen Nationalisten» wurden vom Innenministerium in Düsseldorf bereits 2008 auf Nachfrage für den Anstieg rechtsextremer Gewalttaten im Land maßgeblich mitverantwortlich gemacht, und niemand wusste, wo und wie sich ihre ideologische Wut in Zukunft in Gewalt entladen würde. Dabei hatte man sie ein Jahr zuvor an gleicher Stelle noch als «militante Randerscheinung» eingestuft. Immerhin war dem Bundesamt für Verfassungsschutz in Köln zur selben Zeit schon das radikale, ja revolutionäre Selbstverständnis der «Autonomen Nationalisten» bekannt. In einer Publikation zitierte die Behörde aus einer Internetquelle folgenden Demonstrationsaufruf:

«Der nationalrevolutionäre, schwarze Block unterscheidet sich nicht hauptsächlich durch sein Äußeres von den anderen Demonstrationsteilnehmern, sondern durch die revolutionären Inhalte und Aktionen (Blockaden, Besetzungen und Verweigerungen etc.): Wir glauben nicht daran, dass das kapitalistische System reformiert oder verbessert werden kann – das vorherrschende System IST der Fehler und muss durch eine neue, freie, gerechte und NATIONALE UND SOZIALE Gesellschaftsform ersetzt werden.»[61] (Versalien im Original.)

Das also ist die Zielsetzung der «Autonomen Nationalisten», die immer wieder deutlich machen, dass Gewalt auf ihrem Weg ein akzeptiertes Mittel zur Durchsetzung ihrer politischen Pläne ist. Längst galt Dortmund auch für andere Großstädte als beispielhaft, die seit einigen Jahren ein ähnliches Problem mit dieser urbanen Erscheinung rechtsextremer Gruppenbildung haben. In NRW bildeten sich außerdem die Hochburgen Wuppertal, Köln und Aachen heraus, auch in München, Ulm, Hannover und Karlsruhe setzte sich diese aggressive Variante des bewegungsförmigen Rechtsextremismus fest, die ihren geographischen Schwerpunkt eben nicht im dünn besiedelten Osten fand, sondern im größten deutschen Ballungszentrum, dem Ruhrgebiet. Dort führten sie – in wechselnden Allianzen mit traditionellen Neonazi-Kameradschaften – ihren Raumkampf mit dem Ziel einer rechtsextremen Deutungshoheit, wie sie idealerweise in den «national befreiten Zonen» Ostdeutschlands erlangt wurde. Wenngleich sehr viel kleinteiliger, bezogen auf bestimmte Straßen und Viertel, mitunter auch auf ganze Stadtteile wie etwa Bochum-Langendreer oder das benachbarte Dortmund-Dorstfeld, wo sich die Rechtsextremisten über

Jahre in einen Raumkampf mit der Stadtgesellschaft begaben. Unter dem Motto «Dorstfeld bleibt deutsch» forderten sie die Jugend auf: «Holt euch eure Stadt zurück». Vom Staat, vom Establishment, von denen, die – aus ihrer Sicht – zu Unrecht das Sagen haben. Dabei ging es zunächst darum, missliebige Gruppen zu verdrängen, um anschließend über eine lokale Wirkungsmacht zu verfügen. So wurden etwa die beiden erwähnten Stadtteile allmählich zu Angstzonen, vor allem für Migranten und Andersdenkende.

Zwar hatte der Bielefelder Gewaltforscher Wilhelm Heitmeyer – bezogen auf rechtsextreme Straftaten – schon für das Jahr 1996 festgestellt, dass in NRW «ca. 60% der Gewalttaten in Städten begangen werden, die mehr als 100 000 Einwohner haben»[62], aber er hatte auch resümiert, dass eine Erklärung dieses Phänomens noch ausstehe. Doch stieg die rechtsextreme Gewalt in NRW just ab dem Jahr rapide an, in dem sich die «Autonomen Nationalisten» hier als Gruppe bildeten, nämlich 2003. Zuvor hatte es einen intensiven Austausch zwischen einzelnen Neonazis aus dem Ruhrgebiet, insbesondere aus Dortmund, und Neonazis der – inzwischen verbotenen – militanten Kameradschaft «Berliner-Alternative-Süd-Ost» (BASO) gegeben, die das Konzept der «Autonomen Nationalisten» ursprünglich entwickelt hatte. In dieser neuen Erscheinungsform knüpften die Dortmunder Neonazis schließlich nahtlos an die Gewaltstrategie der Generation um Siegfried Borchardt an, die sich schon früh gewaltsam gegen die «Überfremdung» der Stadt gewandt hatte. Dessen Leute jagten Ausländer durch das Viertel am Borsigplatz in Dortmund und überfielen Punks in Bonn.[63] Borchardt wurde deshalb wegen schweren Landfriedensbruchs und gefährlicher Körperverletzung zu einer Freiheitsstrafe von zwei Jahren und sechs Monaten verurteilt.[64] Überhaupt hat es den Anschein, als lebten auch die meisten Rechtsextremisten in NRW in Großstädten. In Dortmund, Wuppertal, Duisburg und Hamm haben sich viele Neonazis seit Jahren schon in eigenen politisierten Wohngemeinschaften zusammengefunden, die immer wieder Ausgangspunkt von gewalttätigen Aktionen sind. Wenn sich also beim Blick nach

Ostdeutschland feststellen lässt, dass die dortige Gewalt vor allem an kleineren Orten und in Kleinstädten vorkommt und dass dies wegen der dortigen Siedlungsstruktur ein gewissermaßen vorgeprägtes Ergebnis ist, dann liegt für NRW der Umkehrschluss nahe. Die Gewalt konzentriert sich auf Großstädte, weil dort die meisten Menschen – auch Migranten, Andersdenkende und Neonazis – in Großstädten leben, wo alleine das Ballungszentrum Ruhrgebiet über fünf Millionen Menschen zählt.

Und dann ist da noch die bereits mehrfach zitierte Liste mit den Todesopfern rechtsextremer Gewalt, die für NRW 25 Todesfälle ausweist – die meisten davon waren Migranten. Damit liegt NRW bei der absoluten Zahl der Todesopfer rechtsextremer Gewalt knapp hinter Brandenburg. Fünf Menschen kamen allein bei Verbrechen ums Leben, die in Dortmund ihren Anfang nahmen. Mehr als in ostdeutschen Großstädten wie Dresden, Rostock, Magdeburg, Erfurt oder Potsdam. Längst ist die ehemalige Kohle- und Stahlstadt, die einstige «Herzkammer der deutschen Sozialdemokratie» (Herbert Wehner), ein Epizentrum rechtsextremer Gewalt. Die Stadt liefert immer häufiger den medial geführten Gegenbeweis für die Annahme, dass Rechtsextremismus ein ostdeutsches Problem sei. Unter außen stehenden Beobachtern firmiert sie zwischenzeitlich als «Browntown».

So war der Saal hinter dem Nordausgang des Dortmunder Hauptbahnhofs auch gut gefüllt, in den Claudia Luzar an einen trüben Vormittag im November 2011 blickte. Erst im Oktober hatte die erste Beratungsstelle für Opfer rechtsextremer Gewalt in Westdeutschland, «Back Up», ihre Arbeit aufgenommen. Heute würde sie hier auf einer Pressekonferenz öffentlich vorgestellt werden. Vor einer Schar von Journalisten, die in einer Gruppenstärke angerückt waren wie sonst nur beim örtlichen Fußballbundesligisten. Denn dieser Termin hier war in einen unvorhersehbar aktuellen Zusammenhang geraten: Zwei Wochen zuvor, am 4. November 2011, an einem klaren Freitagmittag, hatte mitten in der ruhigen Bungalowsiedlung «Am Schafrain» im nördlichen Eisenacher Stadtteil Stregda ein neues weißes Wohnmobil gebrannt. Eine Rauchsäule stand über dem

Dach, Flammen züngelten durch den bauchigen Alkoven über dem Führerhaus des Fiat Ducato. Drinnen lagen die beiden Leichen der Bankräuber Uwe Mundlos und Uwe Böhnhardt, die an diesem Vormittag die Filiale der Wartburg-Sparkasse am Nordplatz überfallen und dabei 71 915 Euro erbeutet hatten.

Nachdem der Caravan im Zuge einer Ringfahndung von einer Polizeistreife entdeckt worden war, erschossen sich die beiden Terroristen darin selbst. Ein Rentner hatte die Polizei gerufen, als er nach dem Banküberfall auf dem Parkplatz eines Baumarktes beobachtet hatte, wie zwei Männer ihre Fahrräder in dieses Wohnmobil einluden und davon fuhren. Bis zu ihrem Tod lebten die beiden 13 Jahre lang im Untergrund. Es war mindestens ihr vierzehnter Banküberfall, allesamt im Osten Deutschlands verübt. Mit der Beute von rund 600 000 Euro finanzierten sie das Leben in der Illegalität.

Als sich die beiden Polizisten aus dem alarmierten Streifenwagen mit gezogenen Waffen dem zwischenzeitlich in einer Seitenstraße abgestellten Wohnmobil nähern, fallen Schüsse, und das Fahrzeug geht in Flammen auf. Seit dieser Mittagsstunde entwickelt sich zunächst erst ganz allmählich, aber mit zunehmendem Wissen immer heftiger eine Diskussion über Terror und rechtsextreme Gewalt in Deutschland. Denn an diesem Freitag flog die Zwickauer Terrorzelle auf. Seit den Nachwendejahren, als die Demokratie in Flammen stand, und dem Anschlag auf das Oktoberfest in München vor 31 Jahren wurde die Gesellschaft erstmals wieder mit tödlichen rechtsextremen Exzessen konfrontiert. Aber während es zur Zeit des Anschlags von 1980 noch kein Privatfernsehen gegeben hatte, das wiederum Anfang der 1990er Jahre für eine erhebliche Zunahme der Berichterstattung aus Rostock-Lichtenhagen oder Solingen sorgte, beschleunigten sich die Nachrichten und Gerüchte rund um die Zwickauer Zelle in bislang nicht gekannter Weise über das Internet und die sozialen Medien.

In der Verkleidung des Caravans fand die Polizei eine Vielzahl von Schusswaffen: eine Česká-Pistole, eine Pumpgun Winchester 1300 Defender, zwei 9-Millimeter-Pistolen Heckler & Koch P 2000, eine amerikanische 12-Millimeter-Flinte Typ Mosberg Maverick 88, einen tschechischen Alfa-Proj-Trommelrevolver, einen Melcher-Revolver, eine kroatische Maschinenpistole Pleter 91, einen Revolver SRS, eine Pistole Erma EGP88 sowie eine Handgranate. Innerhalb weniger Tage stand fest, dass die beiden Männer aus dem Wohnmobil für eine Mordserie verantwortlich waren, die in den vergangenen Jahren mindestens zehn Menschen das Leben gekostet hatte: neun migrantischen Kleinunternehmern, acht Türken, einem Griechen, sowie einer jungen Polizistin. Während die Terroristen sich jahrelang über Banküberfälle wie diesem hier in Eisenach finanziert hatten, die sie ausschließlich in der Region Sachsen/Thüringen, also in ihrer Heimatregion, verübt hatten, suchten sie ihre Opfer ausschließlich im Westen Deutschlands.

Dortmund, 4. April 2006/Kassel, 6. April 2006. Auch in Dortmund hatten sie getötet: Nur einige hundert Meter von dem Raum entfernt, in dem sich nun die Beratungsstelle für Opfer rechtsextremer Gewalt öffentlich präsentierte, waren fünf Jahre zuvor die Schüsse auf den türkischstämmigen 39-jährigen Familienvater Mehmet Kubaşık gefallen. Geboren war er in Pazarcik, in der südöstlichen Türkei, etwas oberhalb der syrischen Grenze bei Aleppo. Gestorben ist er hinter der kleinen Ladentheke in seinem Kiosk in der Mallinckrodtstraße am 4. April 2006, wenige Meter von der Adresse entfernt, unter der Siegfried Borchardt bis heute wohnt. Der herbeigerufene Notarzt stellt um 13.10 Uhr seinen Tod fest. Der ermittelnde Staatsanwalt wird anschließend von einer «Hinrichtung» sprechen. Mehmet Kubaşık ist das fünfte Todesopfer der Zwickauer Zelle. Aber bis zu dieser Erkenntnis wird seine Familie über fünf Jahre lang im quälenden Zustand der Ungewissheit leben müssen. Bis in diesen November 2011, in dem die Zwickauer Zelle auffliegt und auch das Motiv für den bislang unaufgeklärten Mord an Mehmet Kubaşık durch die berühmt gewordene Bekenner-CD eindeutig wird: Fremdenhass!

Hier in der Nordstadt, wo jeder Zweite nicht-deutscher Herkunft ist, wechseln die Inhaber der kleinen Geschäfte, der Kioske, Handyläden, Wettbüros und Internetcafés auch deshalb so häufig, weil es zu viele sind für zu wenig zahlungskräftige Kunden. Da entscheidet vor allem die Lage. Aber auf der Mallinckrodtstraße, der viel befahrenen Ost-West-Achse durch die Nordstadt, die raus zum Hafen am Dortmund-Ems-Kanal führt, ist die Konkurrenz einfach zu groß. Überhaupt leidet das Ruhrgebiet seit Jahren an einem Kiosksterben, obwohl die «Büdchen», die Trinkhallen, zum regionalen Kulturgut gehören. Aber die ausgedehnten Öffnungszeiten der Discounter und die gut bestückten Tankstellen bedrohen die Tradition. Was bleibt, ist eine siechende Branche, die vielen Migranten ohne anerkannten Bildungsabschluss eine Existenz am Rand der Gesellschaft ermöglicht. Unter hohem zeitlichen Einsatz der Familienmitglieder. Auch die Trinkhalle von Mehmet Kubaşık, der längt deutscher Staatsbürger war, lief schlecht. Er wollte sie am liebsten aufgeben. Die Tage in dem kleinen Verkaufsraum waren lang und zäh, aber am Ende blieb nicht viel Geld für die fünfköpfige Familie übrig. Und dann war da noch der Schlaganfall, der Mehmet Kubaşık zuletzt heimgesucht hatte. Es war keine leichte Zeit. Den Morgen hatte Elif, die Ehefrau von Mehmet Kubaşık, im Laden verbracht. Erst um kurz vor halb elf Uhr löste ihr Mann sie ab und verabschiedete sich noch flüchtig. Es sollte ein Abschied für immer sein.

Denn dann kommen Uwe Mundlos und Uwe Böhnhardt an einem Freitagmittag in den leeren Verkaufsraum, in dem nur der Inhaber hinter dem kleinen Ladentisch steht. Die vier Schüsse aus der tschechischen Selbstladepistole mit aufgesetztem Schalldämpfer, Marke Česká, Modell CZ 83, Kaliber 7,65 mm Browning, fallen ohne Vorwarnung. Zweimal wird Mehmet Kubaşık getroffen. Einmal durch das Auge, die Kugel zerfetzt sein Gehirn. Eine andere zerschmettert die rechte Schläfe. Die Täter flüchten unerkannt. Zurück nach Zwickau in Sachsen. Der direkte Weg führt über die A44, die unmittelbar ins 160 Kilometer entfernte Kassel führt. Dort erschießen sie zwei Tage später den 21-jährigen Halit Yozgat in seinem Internetcafé. Es liegt an der Holländischen Straße, einer viel befahrenen Ausfallstraße, die im Kasseler Norden die gleichen Charakteristika aufweist wie die Mallinckrodtstraße in Dortmund. Zwei Monate später protestieren 200 Menschen dort in der Nordstadt gegen den «Polizeiskandal», den sie in der unaufgeklärten Mordserie erkennen. Sie ziehen von der Trinkhalle an der Mallinckrodtstraße, in der Mehmet Kubaşık erschossen wurde, bis zum Hauptbahnhof. Auch seine Witwe Elif ist mit dabei und die Mutter von Halit Yozgat, dem Toten aus Kassel. Die beiden Frauen gehen eingehakt. Die Demonstranten haben ihr Anliegen auf Schilder geschrieben: «Stoppt die Mörder», steht auf Deutsch und auf Türkisch unter dem Bild von Elifs Ehemann, «9. Opfer – Wir wollen kein 10. Opfer» und «Wo ist die Polizei?»[65]

Heilbronn, 25. April 2007. Das zehnte Opfer der Mörder von Mehmet Kubaşık und Halit Yozgat ist die 22-jährige Bereitschaftspolizistin Michele Kiesewetter. Sie wird 2007 in einem BMW-Streifenwagen sitzend am Rande der Theresienwiese in Heilbronn erschossen. Der Kollege auf dem Sitz neben ihr überlebt den Anschlag schwer verletzt. Er wird wochenlang im Koma liegen. Michele Kiesewetter stirbt sofort durch einen Kopfschuss aus einer 9-Millimeter-Pistole. Die Täter zerren nach den Schüssen die Körper der beiden Polizisten aus dem Streifenwagen und rauben die beiden Dienstpistolen sowie Handschellen und Taschenlampen.

Die Autoren des Buches «Die Zelle», das die Radikalisierung der drei Neonazis Beate Zschäpe, Uwe Mundlos und Uwe Böhnhardt zu mordenden Rechtsterroristen beispielhaft nachzeichnet, zitieren dazu den Ermittlungsbericht des Landeskriminalamtes (LKA) Baden-Württemberg von 2010. Demnach seien «Lampe, Handschellen und die beiden Polizeiwaffen Heckler & Koch P 2000» für die Täter «Insignien der polizeilichen Macht». Damit hätten die Angreifer ihre Macht demonstriert, «eigene Überlegenheitsbedürfnisse» befriedigt oder «erfahrene Unterlegenheit gegenüber der Polizei» kompensiert. Die Dienstwaffe von Michele Kiesewetter wird nach dem Selbstmord von Uwe Mundlos und Uwe Böhnhardt in dem abgebrannten Wohnmobil in Eisenach gefunden. In dem Buch heißt es weiter: «Die Ermittler sehen das Motiv für den Angriff im ‹grundsätzlichen Ressentiment gegen die Polizei als Institution›.»[66] Auch die Generalbundesanwaltschaft gehe davon aus, dass das Trio mit dem Mord in Heilbronn den angeblich ohnmächtigen Staat und seine Repräsentanten habe treffen wollen.

Diese Erkenntnis wird es gewesen sein, die den Landesinnenminister von NRW, Ralf Jäger (SPD), Ende 2011 bewog, öffentlich – in einer Aktuellen Stunde im Düsseldorfer Landtag – die Frage nach einem möglichen Zusammenhang zwischen den NSU-Morden und dem dreifachen Polizistenmord von Dortmund zu stellen. Der Fall lag nun über elf Jahre zurück. Außer den Opfern hatte er außerdem einen ewigen Verdacht hinterlassen. Schließlich konnte das Motiv des Täters nie zweifelsfrei geklärt werden.

Dortmund, 14. Juni 2000. An einem Montagmorgen um 9.49 Uhr, einem sehr warmen Frühsommertag im beschaulichen Stadtteil Brackel, fallen fünf Schüsse aus einer 9-Milimeter-Pistole. Alle fünf Kugeln treffen. Ein paar Meter vom S-Bahnübergang im «Unteren Graffweg» entfernt, mitten in einem Wohngebiet, wird der 35-jährige Polizeikommissar Thomas Goretzky erschossen. Ihn erwischen vier Projektile, eines im Kopf. Der Vater zweier Kinder stirbt sofort, seine 25-jährige Kollegin Nicole Hartmann wird durch einen Schuss ins Bein verletzt. Auch sie war aus dem Streifenwagen gestiegen. Die beiden Beamten hatten den Täter, den 31-jährigen Michael Berger, in seinem dunkelgrauen 3er BMW nach einer Verfolgungsfahrt zum Anhalten gebracht. Der Neonazi war deutlich zu schnell gefahren, nicht angeschnallt und hatte auf das Haltezeichen der Streifenwagenbesatzung nicht reagiert. Nachdem sie den BMW stellen können, steigt Thomas Goretzky aus dem Streifenwagen aus, um auf den parkenden BMW zuzugehen. Dessen Fahrer ist ein Waffennarr und ehemaliges Mitglied der in Dortmund zu dieser Zeit stark vertretenen rechtsextremen DVU. In seinem Bekanntenkreis brüstet er sich mit einer Freundschaft zu dem gewalttätigen Siegfried Borchardt, der in der regionalen Neonaziszene eine Kultfigur ist. Berger schmückt sich mit NS-Symbolik, beispielsweise mit einem Hakenkreuz auf dem Fingerring. Auf seinem Auto klebt ein Aufkleber der neonazistischen Rockband «Landser», die einige Jahre später vom Bundesgerichtshof zu einer kriminellen Vereinigung erklärt werden wird. Viele Liedtexte dieser Band sind volksverhetzend und fordern unverhohlen zur Gewalt gegen die klassischen rechtsextremen Opfergruppen auf, sogar zum Töten. Auch das Interesse für diese Art von Musik teilen viele Gewalttäter aus der Szene. Das fällt in vielen Fällen auf, und kommt auch bei entsprechenden Gerichtsprozessen zur Sprache. Inwieweit diese musikalische Gewaltstimulanz tatsächlich Tatentschlüsse beschleunigt, darüber kann bislang keine eindeutige Aussage getroffen werden.

Später finden Kollegen von Thomas Goretzky in Bergers Wohnung im Stadtteil Körne ein regelrechtes Waffenarsenal: zwei Pistolen, drei Revolver, eine Splitterhandgranate, Munition und Kampfmesser. Während seiner Bundeswehrzeit als Panzergrenadier wurde der Neonazi mit der «goldenen Schützenschnur» dekoriert, die ihn als ausgezeichneten Schützen ausweist. Eine Lizenz zum Führen einer Waffe besitzt Michael Berger nicht.

In diesem Augenblick, als Polizeikommissar Goretzky auf das am Fahrbahnrand abgestellte Auto zugeht, sieht er die Pistole des Fahrers nicht. Plötzlich schießt Michael Berger auf den Polizisten, viermal – ohne jegliche Vorwarnung. Das Magazin seiner Pistole war mit neun Kugeln geladen. Die fünfte trifft die Beifahrerin Nicole Hartmann. Dann gibt er wieder Gas – und rast davon.

Die angeschossene Polizistin setzt einen Notruf ab. Nur 150 Meter vom Tatort entfernt liegt eine Feuerwache; bis dorthin waren die Schüsse deutlich zu hören. Eine Ringfahndung nach dem BMW mit Dortmunder Kennzeichen wird ausgelöst. Der flüchtige Täter wohnt allein, in einem Stadtteil nicht weit vom Tatort; er kennt die Gegend. Wegen einer Depression war er bis vor wenigen Tagen noch in psychiatrischer Behandlung in einer örtlichen Klinik. Berger, ein schlanker, hoch gewachsener Mann mit kurzgeschnittenen dunklen Haaren, gilt als wankelmütig, impulsiv und in Stresssituationen zu Gewalt neigend. So beschreiben ihn Bekannte und eine Ex-Freundin in verschiedenen Interviews nach der Tat. Nach deren Aussagen hatte er

immer wieder ähnliche Gewaltszenarien wie dieses hier angekündigt, das er vor seiner Flucht in die Tat umsetzte.

Michael Berger besitzt auch keine Fahrerlaubnis, als er von
den beiden Streifenwagenpolizisten angehalten wird. Zuletzt
hat er als Autoverkäufer und Vertreter für Feuerlöscher gearbeitet. Seit einem Vierteljahr ist er nun schon ein arbeitsloser
gelernter Automechaniker. Der Neonazi ist mehrfach vorbestraft, wegen Ladendiebstahls, Körperverletzung und Unfall-
flucht. Viermal wurde der notorische Raser schon beim Fahren
ohne Fahrerlaubnis von der Polizei gestellt. Erst im April wurde
er dafür vom Amtsgericht Lünen zu drei Monaten Haft auf Bewährung verurteilt. Jetzt aber fährt er weiter in nordwestlicher
Richtung durch die Stadt, überquert schließlich die Stadtgrenze
und begegnet 21 Kilometer von dem Ort entfernt, an dem er auf
die beiden Polizisten geschossen hat, einem weiteren Streifenwagen. Genau vier Minuten zuvor hat in Brackel ein herbeige-
eilter Notarzt den Tod von Thomas Goretzky festgestellt.

An einer Ampelkreuzung in Waltrop sitzen die beiden Polizisten Matthias Larisch von Woitowitz (35) und die aus Dortmund stammende Yvonne Hachtkemper (34) in ihrem Opel-
Streifenwagen am Straßenrand, um den Verkehr zu beobachten.
Sie sind Teil der zuvor ausgelösten Ringfahndung. Die Ehefrau
von Larisch von Woitowitz ist im vierten Monat schwanger,
seine Kollegin Hachtkemper ist gerade erst aus dem Erzie-
hungsurlaub in den Dienst zurückgekehrt. Sie kommt aus einer
Polizistenfamilie, Ehemann und Vater tragen beide die grüne
Uniform mit dem Landeswappen auf dem Oberarm, das den
fließenden Rhein, das Westfalenpferd und die Lippische Rose
zeigt. Der dunkelgraue BMW hält schließlich direkt neben
ihnen, obwohl die Ampel in seiner Fahrtrichtung auf Grün
zeigt. Michael Berger schießt wieder völlig unvermittelt dreimal aus seinem geöffneten Seitenfenster in den Streifenwagen.
Ohne Vorwarnung zerstört er innerhalb von Sekunden zwei
weitere Familien. Beide Beamte sterben durch Kopfschuss.
Dann fährt Michael Berger weiter.

Er hat jetzt noch eine Kugel in seinem Magazin. Derselbe
Staatsanwalt, der sechs Jahre später den Mord an Mehmet

Kubaşık als «Hinrichtung» bezeichnet, erkannte eine ähnlich kaltblütige Täterhandlung auch in diesen Schüssen in Waltrop: «Er hat extra angehalten, um die tödlichen Schüsse abzugeben.»[67] Erst am Abend wird Michael Berger gefunden, in seinem dunkelgrauen BMW, rund elf Kilometer nördlich von der Kreuzung, an der Yvonne Hachtkemper und Matthias Larisch von Woitowitz sterben mussten. Er hatte seinen Wagen noch bis nach Olfen ins südliche Münsterland gesteuert. Dort schoss er sich schließlich selbst in den Kopf. Es war die neunte und letzte Kugel aus dem Magazin seiner Pistole. Die Polizei findet in dem dunkelgrauen BMW außer der Tatwaffe noch einen Kleinkaliberrevolver, eine Gaspistole, ein langes Messer, einen Totschläger sowie Neun-Millimeter-Munition. Seither besteht der immer noch ungeklärte Verdacht, dass Michael Berger möglicherweise einen terroristischen Anschlag geplant hatte, als er in die Polizeikontrolle geriet. Dem ZDF gab ein ehemaliger Weggefährte von Michael Berger und Aussteiger aus der rechtsextremen Szene Einblick in die mutmaßliche Gedankenwelt des Mörders: «Er fand sich mit diesem System nicht mehr zurecht. Er meinte wohl, dass dieses System nicht zu ändern wäre – außer mit Gewalt.»[68]

Am Tag nach den tödlichen Schüssen hängen im ganzen Land die Fahnen auf Halbmast, und sämtliche Polizeiwagen fahren mit Trauerflor. Fünf Tage nach den Morden, wieder ist es ein sonniger Tag, versammeln sich rund 7000 Polizisten und andere Menschen, die sich solidarisch zeigen, zu einem Schweigemarsch durch die Dortmunder Innenstadt. Anschließend kommen sie zu einer Kundgebung zusammen – auf dem zentralen Friedensplatz vor dem Rathaus. Eine Welle der Anteilnahme erreicht in diesen Tagen die hiesige Polizei. Menschen schicken Tausende von Briefen, E-Mails und Postkarten an das Polizeipräsidium. Auf der Trauerfeier für die drei getöteten Polizisten spricht der damalige Ministerpräsident von Nordrhein-Westfalen, Wolfgang Clement (SPD). Die Reaktionen auf den Tod der drei Polizisten machen eines ganz deutlich: Dass diese drei Opfer nicht am Rand der Gesellschaft standen, sondern aus deren Mitte kamen.

Schon zwei Tage nach der Tat wurde die Trauerstätte für die Toten verwüstet und mit einem Graffito beschmiert: «Scheiß Bullen! Krepieren sollen sie alle!» Später werden dann in der Stadt noch Aufkleber der fußballaffinen Kameradschaft Dortmund verteilt, dem politischen Umfeld von Siegfried Borchardt: «Berger war ein Freund von uns. 3:1 für Deutschland.»

Zu dieser Zeit wird in Deutschland längst eine heftige Debatte über die Schutzlosigkeit von Polizisten im Dienst geführt. Zwei Jahre später werden – als Folge der Dortmunder Polizistenmorde – 10 000 Polizisten in NRW mit kugelsicheren Westen ausgerüstet. Yvonne Hachtkemper, Matthias Larisch von Woitowitz und Thomas Goretzky hätten auch mit schussicherer Weste nicht überlebt, weil alle drei durch einen gezielten Kopfschuss starben. Elf Jahre später, am 4. April 2011 – also noch mehr als ein halbes Jahr vor dem Auffliegen der Zwickauer Zelle, die den Fall wieder ins Bewusstsein der Ermittler bringt – stellt Anna Conrads, Abgeordnete der Partei «Die Linke» im Landtag von NRW, eine kleine Anfrage an die Landesregierung, die der Innenminister einige Tage später beantwortet:[69] «Aus welchen Gründen genau wird die Erschießung der drei Polizeibeamten in Dortmund im Jahr 2000 durch den Neofaschisten/Rechtsextremisten Michael Berger nicht in den Statistiken über sogenannte «Politisch motivierte Kriminalität» geführt?», wollte die Abgeordnete wissen. Die Antwort des Innenministers lautete: «Nach dem Ergebnis der umfangreichen Ermittlungen war Motiv der Tat sehr wahrscheinlich Verdeckungsabsicht, da der Genannte – obwohl mehrfach einschlägig vorbestraft – den PKW ohne Fahrerlaubnis geführt hatte und sich außerdem in seinem Wagen und in seiner Wohnung mehrere Schusswaffen befanden, für deren Besitz er keine Erlaubnis hatte. Anhaltspunkte für eine politische Tatmotivation im Sinne der Definition ‹Politisch motivierte Kriminalität› lagen nicht vor. Vermutungen in den Medien über einen Zusammenhang zwischen der Tat und Hinweisen auf Aktivitäten des Genannten in der ‹rechten Szene› ließen sich nicht verifizieren. Das Verfahren wurde aufgrund des Todes des B. [Michael Berger, O. S.] eingestellt. Hinweise auf eine Beteiligung Dritter an den Tötungsdelikten gab es nicht.»

Am zehnten Jahrestag des dreifachen Polizistenmordes, am 14. Juni 2010, wird in der Landespolizeischule in Selm-Bork, im südlichen Münsterland, nicht sehr weit von den beiden Tatorten entfernt, der Grundstein für ein zentrales Denkmal für im Dienst ermordete Polizisten gelegt: Aber bis heute sind die Dortmunder Polizistenmorde politisch nicht als rechtsextreme Gewalttat anerkannt, weil es aus der Behördenperspektive nicht gelingt, diesen Zusammenhang herzustellen. Auch die «Nationale und sozialistische Kameradschaft Hamm» erinnert an die Ereignisse des 14. Juni 2000. Steht sie doch in enger personeller Verbindung zu der rechtsextremen Szene in Dortmund. Auf einer einschlägigen Internetseite ist neben einem Foto von Michael Berger und der Überschrift: «Zum 10. Todestag: Berger war ein Freund von uns!» noch folgender Satz zu lesen: «Vor zehn Jahren starb unser Kamerad Michael Berger, wahrscheinlich durch eine aus Rache abgefeuerte Polizeikugel, in seinem Auto im münsterländischen Olfen.»[70] Wie üblich bei rechtsextremen Gewalttaten mit einer großen Medienwirkung versuchten Neonazis auch in diesem Fall die Geschichte umzudeuten, also den Täter zum Opfer zu stilisieren.

Am «Unteren Graffweg», wo die Amokfahrt des rechtsextremen Mörders Michael Berger ihren Anfang nahm, steht seit Jahren schon ein schlanker Findling mit einer kleinen Gedenktafel hinter einer kniehohen Mauer am Gehweg. An genau der Stelle, an der der erste von drei Polizisten an einem warmen Junitag starb.

Zum Gedenken an
Polizeikommissar
Thomas Goretzky
der am 14.6.2000
in Ausübung seines
Dienstes erschossen
wurde

Zwischen den Morden an den drei Polizisten Yvonne Hacht-kemper, Matthias Larisch von Woitowitz und Thomas Go-retzky und dem an Kioskbesitzer Mehmet Kubaşık wurde noch Thomas Schulz, Mitglied der örtlichen Punkszene, durch die Hand eines Neonazis getötet. Bei allen fünf Opfern konnte die Justiz jahrelang keinen Zusammenhang zu dem geschlosse-nen rechtsextremen Weltbild ihrer Täter herstellen. Demzu-folge hatte Dortmund auch kein Problem mit Rechtsextremis-mus. Keine Gewalt, keine Wahlerfolge, kein Problem. So einfach war die Arithmetik einer Stadtgesellschaft, die lange Zeit weggeschaut hatte. Und der Täter, der Thomas Schulz um-gebracht hatte, lebte immer noch mitten in ihr. Insofern ist die Stadt im Ruhrgebiet nur ein Beispiel für viele andere Orte in Westdeutschland, in denen man das Problem mit der rechtsex-tremen Gewalt lange Zeit nicht erkennen wollte. Wie etwa in Niedersachsen, wo seit der Wiedervereinigung acht Menschen durch rechtsextreme Gewalt gestorben sind; oder in Baden-Württemberg, wo es bislang mindestens sieben Todsopfer ge-geben hat. Neben Nordrhein-Westfalen liegt ein Schwerpunkt der rechtsextremen Gewalt in Westdeutschland aber insbeson-dere in Bayern. Dort, in Nürnberg und in München, wo es je-weils eine veritable rechtsextreme Szene gibt, haben die Rechtsterroristen des NSU mindestens fünf Menschen erschos-sen. Insgesamt starben seit der Wende 14 Opfer rechtsextremer Gewalt in Bayern. In München hat der ehemalige Anführer der rechtsextremen «Kameradschaft Süd», Martin Wiese, 2003 ei-nen Anschlag auf das Jüdische Zentrum vorbereitet.[71] Gemein-sam mit Komplizen plante er bei dessen Grundsteinlegung am 9. November, dem Jahrestag der Pogromnacht von 1938, einen Sprengstoffanschlag. Dabei sollen sie den Tod von Menschen in Kauf genommen haben. «Ziel der Gruppe war die Beseitigung der freiheitlich-demokratischen Grundordnung zugunsten der Einführung einer Staatsordnung nationalsozialistischer Prä-gung», sagte der Richter bei der Verurteilung von Martin Wiese zu sieben Jahren Haft.[72] Immerhin konnte die Polizei hier eine politisch motivierte Bluttat verhindern.

Die Gewaltkarriere eines Skinheads

Dortmund, 28. März 2005. Seit diesem frühen Abend am Ostermontag genügt die Erwähnung seines Namens, um bei den Menschen in dieser Stadt ein Unbehagen auszulösen. Bei vielen ist es pure Angst. Vor einem Mann, dessen Hass keine Grenze kennt und sogar den Tod seines Opfers überdauert. Es ist kurz vor 19 Uhr als der 17-jährige Sven Kahlin in der am stärksten benutzten Dortmunder U-Bahn-Station «Kampstraße» auf eine Gruppe von etwa 20 Punks trifft. Gemeinsam mit seiner Freundin fährt Kahlin auf der Rolltreppe rechts den Weg zum Bahnsteig hinab. Der bunte Haufen Punks fährt die linke Rolltreppe nach oben. Sie sind unterwegs zu einem Konzert. Sven Kahlin und die Punks sind durch breite Treppenstufen getrennt. Eigentlich wollte Kahlin noch schnell eine rauchen, sah auf der digitalen Anzeigetafel in der Zwischenebene dieser Umsteigestation aber, dass die Bahn, die seine Freundin und ihn zu ihm nach Hause bringen sollte, schon in zwei Minuten einfährt. Also keine Kippe.

Es war ein anstrengender Tag für ihn. Er hatte schon mittags angefangen zu trinken. Zwei Stunden nach dem Aufstehen hatte er bereits eine Flasche Apfelkorn und drei Flaschen Bier intus. Sven Kahlin trank oft und viel. Alkohol gehörte in der Szene dazu. So beschreiben es auch die beiden Autoren Klaus Farin und Eberhard Seidel in ihrem Buch «Skinheads», dem deutschen Standardwerk über diese Ausprägung der Jugendkultur: «Exzessiver Alkoholkonsum und ein ausgeprägter archaischer Männlichkeitskult sind wesentliche Bestandteile dieser Subkultur der Skinheads und fördern gewalttätiges Verhalten. In der rechtsradikalen Variante dieser Subkultur richtet sich die Gewalt gegen deren spezifische Feindbilder: Migranten, Linke, Homosexuelle, Obdachlose etc.»[73] Seine Freundin ärgerte sich darüber, dass sich Sven Kahlin ständig betrank, seine Gesinnung hingegen war ihr egal. Bei den Aufmärschen, die Sven immer wieder besuchte, war Alkohol verboten. Dort herrschte Disziplin, die die Organisatoren mit eigenen Ordnern unter ihren Leuten durchsetzten. Auch Zigaretten sind bei den Demonstrationen der Neonazis verpönt. Meistens darf er nicht einmal seine Bomberjacke tragen. Die Regeln sind strikt und werden vor jedem Aufmarsch im Internet veröffentlicht. Bevor sich ein Demonstrationszug in Bewegung setzt, werden sie noch einmal öffentlich von dem Anmelder des Aufmarschs verlesen.

Aber heute war kein Aufmarsch. Sven Kahlin konnte sich zeigen wie immer, in Bomberjacke und mit Springerstiefeln, die er mit weißen Schnürsenkeln verzurrt hatte. Jeder sollte sehen, wie er denkt. Über Ausländer, über Linke, über Deutschland. «Die Subkultur der Skinheads ist durch eine nicht versteckte Gewaltbereitschaft geprägt», heißt es bei Farin und Seidel, «hierbei wird Gewalt aber weniger ideologisch begründet, sondern als Teil ihres Lebensstils erklärt.»[74] Schon immer provozierte Sven Kahlin gerne, auch in der Schule, auf der Straße, überall. Kreuz und quer war er heute durch die Stadt gefahren, mit Bus und Bahn, hatte dabei stets eine Flasche Bier in der Jackentasche stecken: neben dem Wurfmesser mit dem metallenen gelöcherten Griff und der zweischneidigen Klinge. Noch steckte es in einer Hülle aus schwarzem Nylon. Das Metall der Klinge konnte dem Glas der Flasche also nicht schaden.

Wie die meisten Mitglieder seiner Neonazikameradschaft «Skinhead-Front Dorstfeld» ist auch Sven Kahlin Anhänger von Borussia Dortmund. Die Gruppe unterhält enge freundschaftliche Kontakte zum traditionsreichen neonazistischen Hooligan-Fanclub «Borussenfront» des alternden Siegfried Borchardt, an dessen Kultur der Gewalt aus den 1980er Jahren die junge Generation anknüpft. «SS-Siggi» und seine rechten Schläger führten bereits damals einen gewalttätigen Raumkampf: Im Laufe der Jahre stand Borchardt immer wieder wegen szenetypischer Straftaten vor Gericht. Gleichzeitig signalisierten Truppen wie die Nazi-Fußballgang «Borussenfront» den gelungenen Schulterschluss zwischen Subkultur und Naziparteien.[75] Während Siegfried Borchardt auf eine jahrzehntelange Gewaltkarriere zurückblickt, hat die von Sven Kahlin gerade erst begonnen. Wegen der Osterfeiertage hatte der

BVB spielfrei. Aber irgendein Verein spielt im Ruhrgebiet immer. Mittags hatte ihn ein Kumpel angerufen, mit ein paar anderen besuchten sie daraufhin einen Amateurkick. Seine Freundin kam mit. Er trank weiter. Als er auf der Rolltreppe der U-Bahnstation «Kampstraße» stand, war er schließlich bei 1,7 Promille.

Sven Kahlin ist als Sohn einer allein erziehenden Mutter aufgewachsen. In Gesprächen mit Rechtsextremisten, gewalttätigen Neonazis und Aussteigern aus der Szene ist dieses biografische Merkmal auffallend oft zu hören. Ebenso häufig taucht ein Großvater in ihren Erzählungen auf, der eine zentrale Rolle in ihrer Kindheit und Jugend gespielt habe. So war es bei Sven Kahlin auch. Zeitweilig war sein Opa an die Stelle des verschwundenen Vaters getreten, die nachfolgende Partner seiner Mutter nicht auszufüllen vermochten. Als 12-Jähriger wurde er wegen eines gestörten Sozialverhaltens in eine Kinderklinik eingewiesen. Einen Großteil seiner Kindheit verbringt er aber auf dem Ponyhof seiner Großeltern, etwas außerhalb der Stadt, wo er später auch seine Freundin kennenlernt. Die Gesamtschule muss er wegen «massiver Verhaltensauffälligkeiten» mit Beginn der 7. Klasse verlassen. Sven kommt dann auf eine Schule für Erziehungshilfe mit fast ausschließlich Schülern ausländischer Herkunft. Schon früh schließt Sven sich einer Gruppe Jugendlicher der rechten Szene an, bekennt sich auch äußerlich. Er trägt jetzt Springerstiefel und T-Shirts mit ausländerfeindlichen Aufdrucken, später lässt er sich das Wort «Skinhead» in Frakturschrift auf die Schultern tätowieren. Sven fällt durch «Aggressionspotential und problematisches Konfliktverhalten» auf, heißt es in dem Urteil, das vom Landgericht Dortmund über die Vorkommnisse an diesem Ostermontag gefällt werden wird.[76] Auch sein fünf Jahre jüngerer Bruder Jan politisiert sich später und findet Anschluss an die rechtsextreme Szene im Ruhrgebiet, für die Sven Kahlin zum Helden wird. Jan bekommt deshalb viel Zuspruch und orientiert sich an Sven.

Die beiden Kahlin-Brüder, Sven und Jan, entwickeln also eine ähnliche Beziehung zueinander wie Marco und Marcel

Schönfeld aus Potzlow in Brandenburg, bei denen sich auch der jüngere am rechtsextremen Verhalten des älteren orientiert hat. Und wie die Schönfeld-Brüder werden auch Sven und Jan Kahlin zu einem späteren Zeitpunkt gemeinsam als Angeklagte vor Gericht stehen. Diese Art von Bruderbeziehung in der rechtsextremen Szene typisch zu nennen, dafür fehlt bislang der wissenschaftliche Beleg. Aber es gibt eine Reihe ähnlicher Beispiele, so dass eine nähere Betrachtung der familiären Verhältnisse rechtsextremer Gewalttäter einer Typologie zu noch mehr Konturen verhelfen könnte. Zumal wenn der Verdacht besteht, dass sich hinter dem Gewalttäter schon der nächste zu einem solchen entwickeln könnte.

Es ist jetzt laut hier in der U-Bahn-Station unter der Stadt. Rufe und Gejohle hallen wider zwischen der grünen Wandverkleidung aus Plastik und den nüchternen Bodenfliesen der Umsteigestation. Von den gegenläufigen Rolltreppen aus beschimpfen sich die Punks und der kräftige junge Mann in der Bomberjacke. Wer hier was sagt, kann das Gericht am Ende nicht mehr feststellen. Aber der junge Sven Kahlin ist als Gewalttäter schon aufgefallen. Erst drei Wochen zuvor wurde er zu einer Woche Jugendarrest wegen Körperverletzung in zwei Fällen verurteilt. Und immer wieder nimmt er an rechtsextremen Aufmärschen teil, ist gut in die lokale Neonaziszene integriert. Gemeinsam mit zwei anderen Neonazis hatte er im Vorjahr in einem Zugabteil einen Punk bedroht und ihn schließlich angegriffen, als dieser den Zug verlassen wollte. So stellte es das Dortmunder Amtsgericht in seinem Urteil fest.[77] «Als er mit dem Rücken zu dem Angeklagten und dessen Begleitern stand, kam der Angeklagte von hinten angerannt und trat gegen den Oberschenkel des Zeugen. Darüber hinaus schlug er mehrfach mit der Faust gegen den Arm, den Rücken und den Hinterkopf des Geschädigten. Der Geschädigte erlitt hierdurch eine Platzwunde und eine Gehirnerschütterung.»[78] Eine Entschuldigung bei dem Geschädigten lehnte Sven Kahlin mit der Begründung ab, dieser habe ihn zuerst provoziert und beleidigt. So begann seine Gewaltkarriere, die sich jetzt fortsetzen sollte.

Wieder gegen einen Punk. Sven Kahlin fordert die Gruppe – darunter einige Frauen – auf, zu ihm herunterzukommen, in Richtung Bahnsteig. Aber nur der 31-jährige Familienvater Thomas Schulz folgt seiner Aufforderung. Während seine Begleiter oben angelangt weiter ziehen, will er Kahlin auf dem Bahnsteig zur Rede stellen. Der Mann mit den dunkelbraunen schulterlangen Haaren und dem Kinnbart ist angetrunken. Er trägt eine Tarnhose, sein Nietengürtel klappert, er hat gekifft. Als er Kahlin anspricht, sagt der, dass Schulz die Klappe halten solle. Kahlins Freundin fordert ihn auf, von dem Streit abzulassen. Sie zieht ihn in Richtung Gleise, wo die Bahn jeden Moment einfahren wird, und sagt, dass er alleine nach Hause fahren könne, wenn er nicht aufhöre. Jetzt ergreift Sven Kahlin das Wurfmesser in der Jackentasche. Er hält es dann in der rechten Hand, aufrecht in der Faust an der hinteren Unterarmseite seines gestreckten Armes. Thomas Schulz sieht das Messer nicht. In dem Augenblick, als die Bahn unter kreischendem Getöse einfährt, redet Thomas Schulz, den seine Freunde «Schmuddel» nennen, immer noch auf Kahlin ein.

Es ist 19.03 Uhr, als der Neonazi ausholt. Mit Wucht rammt er das Messer in Schmuddels Brust. Die Klinge durchdringt die Brustwand zwischen der zweiten und dritten Rippe, das Brustbein und schließlich beide Herzkammern. Sven Kahlin zieht die Klinge mit Kraft aus dem Körper des Punks, der auf dem Bahnsteig zusammensackt. Der Neonazi springt in die wartende U-Bahn, das blutverschmierte Messer in der Hand. Seine Freundin folgt ihm. Draußen auf dem Bahngleis kümmern sich mehrere Passanten um sein Opfer. Eine Arzthelferin, die aus der eingefahrenen Bahn gestiegen ist, kann gerade noch den herabsackenden Kopf von Schmuddel mit ihren Händen abfangen. Thomas Schulz atmet schwer, er gurgelt. Die Frau hält seine linke Hand und sieht jetzt die blutende Wunde in seiner Brust. Auch die Fahrerin der U-Bahn ist ausgestiegen, zwischendurch hat sie einen Notruf abgesetzt.

Als Sven Kahlin merkt, dass die Bahn nicht weiterfährt, läuft er gemeinsam mit seiner Freundin auf den Bahnsteig zurück. Sie nehmen den gläsernen Aufzug nach oben und rennen in

Richtung Hauptbahnhof. Es wäre die nächste Station gewesen. Einige Passanten verfolgen das Pärchen, holen die beiden aber nicht ein. Unterwegs wirft Sven Kahlin das Messer weg. Im Bahnhof angelangt, werden die beiden schließlich von der Polizei gestellt. Unterdessen liegt Schmuddel schwer verletzt auf dem Bahnsteig der Haltestelle «Kampstraße». Eine Notoperation hilft ihm nicht mehr. Thomas «Schmuddel» Schulz stirbt noch am selben Abend im Krankenhaus. Nur ein paar Tage später schickt ihm die örtliche rechtsextreme Szene – ähnlich wie den drei Polizisten – einen Nachruf hinterher, der diesmal allerdings eine eindeutige Drohung ist. Auf Plakaten in der Stadt ist zu lesen: «Wer sich der Bewegung in den Weg stellt, muss mit den Konsequenzen leben.» Tatsächlich formiert sich von nun an eine äußerst gewaltbereite so genannte «Anti-Antifa» in Dortmund, die systematisch politische Gegner ins Visier nimmt und sie mit Psychoterror und Gewalt überzieht.

Das Landgericht Dortmund verurteilt Sven Kahlin acht Monate nach der Tat wegen Totschlags zu einer Jugendstrafe von sieben Jahren. In dem Urteil wird auch das Ergebnis der Obduktion erwähnt, die an der Leiche von Thomas Schulz vorgenommen wurde. Demnach war der Stichkanal 15 bis 16 Zentimeter lang. Die Klinge des Wurfmessers misst 15 Zentimeter. Das Gericht widerlegt die Behauptung von Sven Kahlin, er habe sich nur gegen sein Opfer gewehrt, also in Notwehr gehandelt. Eine Bedrohung habe es nicht gegeben, Thomas Schulz sei «in der konkreten Tatsituation arglos und damit wehrlos diesem Überraschungsangriff ausgesetzt»[79] gewesen. Einen rechtsextremen Hintergrund der Tat kann das Gericht allerdings nicht erkennen.

Das stellte auch die Landesregierung Nordrhein-Westfalen in ihrer Antwort auf die «Kleine Anfrage» der Landtagsabgeordneten Anna Conrads (Die Linke) einige Jahre später fest, die nicht nur die drei Polizistenmorde thematisierte, sondern auch den tödlichen Angriff auf Thomas Schulz. Alle vier Fälle waren nicht in der PMK-rechts Statistik erfasst. «Nach Bewertung des Gerichts beging Sven K. die Tat letztlich spontan und in Aufwallung von Wut und Verärgerung. Eine politische Motivation für die Tat stellte das Gericht im Ergebnis gerade nicht fest», hieß es in der Antwort auf die Anfrage.[80]

Unterdessen hielt Sven Kahlin aus der Haft heraus jahrelang Kontakt zur rechtsextremen Szene, ließ über einschlägige Internetseiten Grüße verschicken und bat seinerseits um Post. Wie viele andere inhaftierte rechtsextreme Gewalttäter auch, wurde er von der «Hilfsorganisation für nationale politische Gefangene und deren Angehörige» (HNG) durch Briefe betreut. Auf einem Neonaziaufmarsch im ostwestfälischen Herford, mit dem Rechtsextremisten für die «Freiheit von allen nationalen politischen Gefangenen» demonstrierten, wurde ein Grußwort von Sven Kahlin vorgelesen, das sich zwischenzeitlich auf einer Website des «Nationalen Widerstands» Dortmund befand (Fehler im Original):

Seid alle aufrecht gegrüßt,
leider habe ich seit längerem nicht die Möglichkeit, mit Euch auf die Straße zu gehen, denn ich befinde mich ja nun seit genau vier Jahren in BRD-Haft.
In den letzten Jahren hat man zwar mit etlichen Schikanen versucht, mir die Haftzeit zu erschweren, vom Verschwinden meiner Post bis zur plötzlichen Verlegung mit absolut schwachsinnigen Begründungen war eigentlich fast alles dabei. Doch diese Aktionen der Verzweiflung eines todkranken Systems – vergleichbar mit einer sterbenden Ratte, die nochmal um sich beißt – haben nicht die gewünschte Wirkung der Umerziehung. Vielmehr zeigen sie nur, daß wir auf dem richtigen Weg sind, da können auch die Kindergarten-Revoluzzer der Antifa schreien wie sie wollen. Ihre armseligen Veranstaltungen können die nationale Bewegung nicht stoppen.
Fakt ist: Dortmund ist und bleibt unsere Stadt!
Ich danke allen Kameradinnen und Kameraden, die sich versammelt haben, um Stellung zu beziehen. Ihr gebt uns die Kraft, in der Haft nicht zu verzweifeln.
Besonderen Dank an die Kameraden, die es mir ermöglicht haben, trotz der Haft mich heute hier zu Wort zu melden! Grüße

an die Kameraden, mit denen ich in Kontakt stehe, die Skin-
head-Front Dortmund-Dorstfeld und alle Anwesenden.
Mit dem besten Gruß,
Sven Kahlin[81]

Die HNG unterstützte zu dieser Zeit noch rechtsextreme verurteilte Straftäter in Haft, und das bereits seit 1979. Sie galt bis
zu ihrem Verbot im Jahr 2011 als die größte neonazistische Organisation in Deutschland, mit Sitz in Frankfurt/Main und
rund 600 Mitgliedern. Darunter viele bekannte rechtsextreme
Gewalttäter, wie der Münchener Neonazi Martin Wiese, der
zeitweilig zur gleichen Zeit in Haft saß wie Sven Kahlin. Zur
HNG gehörten außerdem prominente Holocaustleugner, einige
der in den 1980er Jahren verurteilten Rechtsterroristen, wie
etwa Manfred Roeder, außerdem Christian Worch, Friedhelm
Busse und auch der Kriegsverbrecher Erich Priebke, der 1944
als SS-Führer an einem als Vergeltungsmaßnahme verübten
Massaker in Italien beteiligt war. Auch der Dortmunder Nazi-
hooligan Siegfried Borchardt tauchte in der Mitgliederliste auf.
In der sehr zerstrittenen rechtsextremen Szene funktionierte
die HNG laut Verfassungsschutz als eine Art «Klammer», die
sämtliche Fraktionen miteinander verband. In einer Monats-
schrift wurde eine ständig aktualisierte Liste der betreuten
Häftlinge veröffentlicht. Die Kontaktpflege zu den Inhaftierten diente vor allem ihrer ideologischen Selbstvergewisserung,
sie sollten sich fortwährend der rechtsextremen Szene zugehörig fühlen. Außerdem versuchte die HNG über eingeschleus-
tes Propagandamaterial auch weitere Anhänger für die rechtsextreme Szene in den Gefängnissen zu rekrutieren.
   Ein Aussteiger und ehemaliger Häftling erzählte in einem
Interview mit der antifaschistischen Fachzeitschrift «Der
Rechte Rand», wie die HNG zu ihm in der JVA Kontakt aufgenommen hatte: Er habe zunächst Post von der Vorsitzenden,
Ursula Müller, erhalten. «Sie fragte mich, ob ich gerne weitere
Briefkontakte hätte. Sie könnten mich in jene, in den HNG-
Nachrichten veröffentlichte Gefangenenliste aufnehmen. Doch
dafür musste ich ihr mein Urteil schicken, anhand dessen sie

sehen konnte, dass ich nicht wegen Delikten einsaß, bei denen die HNG einen nicht unterstützt, wie zum Beispiel Sexualdelikte. Das Urteil einzuschicken ist eine echte Hürde. Da steht alles drin, was du getan hast, samt deinem Strafregisterauszug.»[82] Bis kurz vor dem Verbot leitete die 1933 geborene Ursula – genannt Ursel – Müller die HNG. Wegen ihrer tiefen Kenntnisse zahlreicher Biografien ist sie eine in der Szene hoch geachtete Person. Gemeinsam mit ihrem Ehemann Curt, einem mehrfach vorbestraften Neonazi, unterhält sie eine Gärtnerei in Mainz, auf deren Grundstück es immer wieder zu Treffen einflussreicher Neonazis kommt.

Der Aussteiger erinnert sich an die Wirkung dieser Briefkontakte: «Eigentlich haben diese Briefe immer wieder das Feuer in einem entfacht», sagt er. Zudem fühlte er sich in seiner Einstellung bestärkt: «Irgendwie hatte man auch eine gewisse Macht gegenüber der Anstaltsleitung, weil man wusste, dass draußen Leute sind, die einen unterstützen. Und wenn man mit der einmal Ärger hatte, dann haben sich Ursula Müller und die HNG auch eingeschaltet.» Die Aufnahme in die Liste der HNG-Nachrichten sei «so etwas wie eine Anerkennung» gewesen. Man sei halt kein Straftäter wie die anderen gewesen, sondern «politischer Aktivist».[83]

Auch der ehemalige Häftling in thüringischen Gefängnissen, Patrick Wieschke, berichtet im persönlichen Gespräch über seinen Kontakt zu Ursula Müller. Der Neonazi Wieschke stammt aus Eisenach, wo er in den 1990er Jahren im «Thüringer Heimatschutz» (THS) aktiv war, dem Kameradschaftsverbund, aus dem Beate Zschäpe, Uwe Mundlos und Uwe Böhnhardt den Weg in den Untergrund nahmen. Patrick Wieschke wurde wegen seiner Beteiligung an einem versuchten Sprengstoffanschlag auf einen Dönerladen verurteilt, der unmittelbar neben der Filiale der Wartburg-Sparkasse steht, die elf Jahre später von den NSU-Terroristen überfallen werden wird. Und dann waren da noch Körperverletzungen. Wieschke saß insgesamt dreieinhalb Jahre in Haft und erzählt mit einem gewissen Stolz, dass er während dieser Zeit sämtliche Justizvollzugsanstalten in Thüringen durchlaufen habe. Und dass man ihn bereits angekündigt habe, egal wo er hinkam. Daran hatte wohl auch die HNG ihren Anteil, zumal in den Justizvollzugsanstalten in Thüringen zahlreiche Rechtsextremisten einsaßen. «Die Gefängnisse hier waren voll mit rechten Straftätern. In Untermaßfeld beispielsweise waren das die, die regiert haben. Dort gab es eine riesenlange Tafel im Speisesaal, nur mit Rechten. Das war der Cheftisch. Da saßen 30, 40 Leute mit einem Schlag», erinnert sich Wieschke und beginnt aufzuzählen: Er erwähnt die beiden Rechtsrockbands «Volksverhetzer» und «SKD-Gotha» (benannt nach dem «Sonderkommando Dirlewanger» von Oskar Dirlewanger, der während des Zweiten Weltkriegs eine Sondereinheit der Waffen-SS führte, die für zahlreiche Kriegsverbrechen verantwortlich war), von denen einzelne Mitglieder dort inhaftiert waren.[84] In den Texten von «Volksverhetzer» heißt es beispielsweise: «Du hast so ein buntes Schwein vor dir liegen, hilflos und am Boden, du willst ihn nur noch töten.»[85] Auch wird in ihren Texten zur Gewalt gegen Richter aufgerufen, die rechte Jugendliche verurteilt haben. Der Bundesgeschäftsführer der NPD, Frank Schwerdt, war 1998 als Verleger einer CD der Band «Volksverhetzer» zu einer sechsmonatigen Gefängnisstrafe verurteilt worden. Wegen Volksverhetzung. Diese Texte hätten eben dem damaligen Geist im Skinheadmilieu entsprochen, sagte Schwerdt Jahre später lapidar in einem ARD-Interview zu der Musik auf dieser CD.

Patrick Wieschke jedenfalls hat die Haftzeit noch stärker an die Szene gebunden, auch über die HNG: «Überall haben sie gesagt, ‹wir haben noch nie einen Gefangenen erlebt, der so viel Post bekommen hat›. Ich habe wirklich Briefmarken gebraucht, endlos, da hatte ich immer großen Bedarf. Alle zwei, drei Monate habe ich mit Ursel einen Brief ausgetauscht. Ich kannte sie ja vorher schon persönlich. Sie hat dann auch mal ein paar Briefmarken rein gelegt, das war eine gigantische Unterstützung für Gefangene», erinnert Wieschke sich. Für ihn war die HNG «eine Bindung nach draußen». Und je mehr Wieschke über seine Haftzeit erzählt, umso mehr entsteht beim Zuhörer der Eindruck, dass diese Jahre nicht die schlechtesten im Leben des Neonazis waren. Dazu passt jedenfalls die Feststellung, die Heribert Prantl, der Jurist und innenpolitische Redakteur der «Süddeutschen Zeitung», schon nach dem Urteil gegen die Täter des Brandanschlags auf das von libanesischen Flüchtlingen bewohnte Haus in Hünxe 1992 formuliert hatte: Dass nämlich die rechtsextremen Täter bei einem höheren Strafmaß das Gefängnis nicht geläuterter verließen, «eher noch schlechter».[86]

Wie beim Dortmunder Skinhead Sven Kahlin hat die Bindung jedenfalls auch bei Patrick Wieschke gehalten: Zweifel an seiner Gesinnung habe er in Haft nie gehabt. «So etwas kommt nur bei denen vor, die sowieso nie richtig überzeugt waren. Es gibt ja diesen zutreffenden Spruch: ‹Einmal Nazi, immer Nazi.› Aber diejenigen, die aus dem Gefängnis spazieren und sagen, sie haben mit Politik nichts mehr zu tun, die sind es aus meiner Sicht nie gewesen.» Wieschke behauptet, dass man ihm über einen Anstaltspsychologen im Falle seines Ausstiegs das Angebot einer deutlichen Haftminderung gemacht habe: «Ich habe aber alles damals schon abgelehnt.» Nach dem Ende seiner Haftzeit entwickelte Wieschke sich zu einem der aktivsten Neonazis in Thüringen. Als sich ein Mitglied seiner Gruppe weigerte, Flugblätter zu verteilen, schlug Wieschke ihn zusammen: Sein Opfer erlitt Platzwunden, Prellungen und Hämatome. Wieschke wurde erneut verurteilt: zu einer sechsmonatigen Haftstrafe auf Bewährung. Anders als die Beteiligung an dem versuchten Sprengstoffattentat, gibt er den Angriff auf diesen Neonazi heute offen zu. Jahre nach der letzten Verurteilung wird Patrick Wieschke zum NPD-Landesvorsitzenden in Thüringen und zum Bundesorganisationsleiter seiner Partei.

Im selben Monat dann, als Sven Kahlin nach fünfeinhalb Jahren vorzeitig und auf Bewährung aus der Justizvollzugsanstalt im westfälischen Werl entlassen wird, durchsuchen Ermittlungsbeamte bei einer Razzia die Wohnungen einzelner HNG-Vorstandsmitglieder: in Bayern, Niedersachsen, Rheinland-Pfalz und Nordrhein-Westfalen. Dabei sammeln sie belastendes Material ein, dass die Verfassungsfeindlichkeit des eingetragenen Vereins belegen soll.

Zwischenzeitlich hatte sich das östliche Ruhrgebiet zur

rechtsextremen Hochburg entwickelt. Wenige Wochen nach seiner Entlassung sprach Sven Kahlin dann auf einer Kundgebung in Hamm, das nur 18 Kilometer von Werl entfernt liegt. Als er ein Grußwort der HNG verlas, zeigte er der Öffentlichkeit ganz bewusst, dass er seine Haftzeit nicht in Reue verbracht hatte. Zumal er bei dieser Gelegenheit betonte, dass man seine Gesinnung im Gefängnis nicht gebrochen habe. Dabei trug der kahl geschorene Gewalttäter ein T-Shirt mit der Aufschrift: «Was sollten wir bereuen?»

Ein Jahr später, am 21. September 2011, verkündet Bundesinnenminister Hans-Peter Friedrich (CSU) mit diesem Wortlaut das Verbot der HNG: «Es war nicht länger hinnehmbar, dass inhaftierte Rechtsextremisten durch die HNG in ihrer aggressiven Haltung gegen die freiheitliche demokratische Grundordnung bestärkt werden. Aus Ablehnung des demokratischen Rechtsstaats sowie der Verherrlichung des Nationalsozialismus versuchte die HNG, rechtsextreme Straftäter in der Szene zu halten. Die HNG hat zur verzeichnenden Radikalisierung der Neonaziszene beigetragen. Mit Solidaritätsbekundungen und finanzieller Unterstützung stärkte und festigte die HNG über den einzelnen inhaftierten Rechtsextremisten hinaus zugleich auch die rechtsextremistische Szene als Ganzes. Dem galt es, mit den Mitteln der wehrhaften Demokratie wirksam entgegenzutreten. Das haben wir mit dem heutigen Verbot getan.»[87]

Damit setzte der Staat konsequent seine Haltung gegenüber verfassungsfeindlichen rechtsextremer Vereinigungen durch: Immer wieder waren in den vergangenen Jahren einzelne gewalttätige Neonazi-Kameradschaften verboten worden, vor allem in Ostdeutschland, in Brandenburg (2005: Sturm 27, ANSDAPO) und in Sachsen (2001: Skinheads Sächsische Schweiz, 2007: Sturm 34), was jeweils zu einer deutlichen Schwächung der betroffenen lokalen gewaltbereiten Szene führte. Die Verbote trafen aber auch bundesweit agierende Vereine, wie die «Wiking Jugend e.V.» (1994) mit Sitz in Stolberg bei Aachen, die bis dahin größte neonazistische Kinder- und Jugendorganisation, die sich am Vorbild der Hitler-Jugend orientierte und aus der immer wieder rechtsextreme Gewalttäter und später verurteilte Rechtsterroristen wie Odfried Hepp, Manfred Börm oder Uwe Rohwer hervorgegangen sind. Oder die «Heimattreue Deutsche Jugend e.V.» (2009), die als rechtsextremer Jugendverband die Idee der Wiking Jugend im Wesentlichen weiter verfolgte, auch über Kontinuität beim Personal. Kinder und Jugendliche wurden dort militärisch gedrillt und ideologisch geschult. Zu den führenden HDJ-Aktivisten gehörte beispielsweise der NPD-Landtagsabgeordnete und Gemeinderat in Ferdinandshof, Tino Müller. Unter Fachleuten ist die Meinung verbreitet, dass derartige Verbote, die einzelne gewalttätige Gruppen oder vitale Bereiche der rechtsextremen Szene treffen, also etwa die Jugendarbeit oder die Gefangenenbetreuung, wesentlich wirkungsvoller sind, als es ein Verbot der NPD jemals wäre.

Zu den Gruppen, von denen immer wieder Gewalt ausgeht und die deshalb ganz besonders im Visier der Polizei stehen, gehört auch die «Skinhead-Front Dorstfeld». Sie war ein Jahr zuvor gegründet worden, als ihr Mitglied Sven Kahlin den Punker Thomas Schulz erstach. Bis heute gehört Kahlin ihr an. Ihre Gewalt richtet sich gegen Migranten, aber auch gegen politisch Andersdenkende. Ihr Name bezieht sich auf einen kleinbürgerlich geprägten Stadtteil im Dortmunder Westen, der an Bochum grenzt. Aber auch Studenten leben hier, viele aus dem Ausland. Denn Universität und Fachhochschule stehen in der Nachbarschaft. Immer mehr Neonazis haben sich im Laufe der Jahre in Dorstfeld angesiedelt, «Autonome Nationalisten» ebenso wie die Mitglieder der Skinhead-Front. Die Skinheads versammeln sich hier zu einer nationalsozialistischen Lebensgemeinschaft, wie es bislang nur aus Mecklenburg-Vorpommern oder Sachsen bekannt war, wo Neonazis versuchen, ganze Dörfer völkisch zu besetzen.

Viele Skinheads wohnen mit ihren Familien in einer ruhigen Sackgasse mit dreigeschossigen Mehrfamilienhäusern, die der städtischen Wohnungsgesellschaft gehören. Dafür beziehen die meisten von ihnen noch Wohngeld. Sie ziehen hier ihre Kinder groß und ihre Familien besuchen Kindergärten, Schulen und

Sportvereine. Der Stadtteil wurde in den Jahren nach 2005 auch für Rechtsextremisten aus ganz Deutschland attraktiv, es zogen Neonazis aus Köln, Mecklenburg-Vorpommern und Thüringen nach Dortmund. Und immer wieder bekommen die Neonazis Besuch aus den Niederlanden, wohin sie zu der nationalsozialistischen Gruppe «Nationaal-Socialistische Aktie» enge Kontakte unterhalten. Auch einzelne Köpfe der gewaltbereiten international agierenden Neonazigruppe «Combat 18» tauchen immer wieder in Dorstfeld auf. Die hiesigen Neonazis sehen sich als Teil des rechtsextremen europäischen Netzwerks «Blood & Honour», über das einschlägige Musik, Bandkontakte und die nationalsozialistische Ideologie transportiert werden. «Blood & Honour» ist in Deutschland verboten, verbindet aber eine große Zahl rechtsextremer Gewalttäter auf dem ganzen Kontinent miteinander, zum Beispiel in Dortmund, von wo aus auch die rechtsextreme Szene in den grenznahen Städten der Niederlande, etwa in Venlo und Arnheim, unterstützt wird. Auch aus Bayern und aus Bulgarien, wo «Blood & Honour» stark ist und wo es eine sehr gewaltbereite Gruppe des «Nationalen Widerstands» gibt, reisen regelmäßig Neonazis nach Dortmund. So haben sich die Rechtsextremisten hier im Stadtteil Dorstfeld im Laufe der Jahre eine Ausgangsbasis für ihre agitatorischen Aktivitäten geschaffen, die immer auch von Gewalt begleitet werden.

So wurde ein junger Mann von einem Nachbarn zusammengeschlagen, der Mitglied in der Skinhead-Front ist und mit ihm auf derselben Etage wohnt. Gemeinsam mit einem Kumpel hatte er dem Opfer am späten Abend im Haus aufgelauert. Der Mann bekam regelmäßig Besuch von einem marokkanischen Freund. Daraufhin drohte ihm der Neonazi, sagte, dass das hier «ihr Viertel» sei, beim ersten Mal würden sie nur mit ihm reden, beim zweiten Mal würden sie ihn «klatschen» und beim dritten Mal «die Knochen brechen». Geredet hatten sie also. Der Angesprochene erwiderte dann später, dass er auch weiterhin ausländische Besucher bei sich zu Gast haben werde und dass er sich nicht einschüchtern lasse.

Als er dann eines Abends am Wochenende spät, gegen Mitternacht, nach Hause kam, passierte es dann: Der Neonazi stürmte aus seiner Wohnung und prügelte ohne Vorwarnung mit Fäusten auf den Mann ein. Als dieser am Boden lag, trat er auf ihn ein, wieder und immer wieder. Dann kam sein Kumpel dazu, um ebenfalls auf das Opfer einzutreten. Immer wieder schrie der Neonazi seinen Nachbarn an: «Ich werde dich töten!» Dann schubste er ihn, sodass er in die Scheibe des Flurfensters fiel, sich dabei die Hand zerschnitt. Die beiden Angreifer gingen dann in die Wohnung des Neonazis zurück und schlossen die Tür zum Flur. Nach einer Behandlung im Krankenhaus übernachtete das Opfer aus Angst zunächst einige Male im Hotel. In seine Wohnung nach Dorstfeld wollte er nicht mehr zurück. Vertrieben von den Neonazis lebt er inzwischen in einem anderen Teil der Stadt.[88]

Fälle wie dieser werden immer wieder aus Dorstfeld bekannt. Aber oft setzt die Gewalt schon viel früher an. So berichtete die Mutter einer aus Ghana stammenden Familie, dass mehrfach ihr im Hausflur abgestellter Kinderwagen zerstört worden sei, und dass es heftig an der Wohnungstür geklopft habe, sobald sie zum Einkaufen ging und die Kinder für eine Zeit allein waren. Die Neonazis, von denen einer auch mit im Haus wohnte, hätten genau gewusst, wann ihr Ehemann nicht zu Hause war. Zumal der als Lastwagenfahrer viel auf Fernstrecken unterwegs ist. Die gezielte Angstmache ist hier wesentlicher Teil des rechtsextremistischen Gewaltkonzepts. Heimlich werden Fensterscheiben in Privatwohnungen missliebiger Menschen eingeworfen, auch Buttersäureanschläge und Graffiti an Hauswänden kommen im gesamten Raum östliches Ruhrgebiet vor. Dabei tauchen immer wieder dieselben Schriftzüge und Symbole des «Nationalen Widerstands» auf. Aber zu ahnden ist all das kaum. Auch diese afrikanische Familie hat schließlich aufgegeben und sich eine Wohnung in einem anderen Stadtteil gesucht. In den vergangenen Jahren sind immer wieder Menschen aus Dorstfeld weggezogen. Einer der hiesigen Neonazis beschreibt das Ziel solcher Aktionen im Gespräch ganz unverhohlen. «Wenn alles Fremde beseitigt ist, dann kann das Volk wieder selbst bestimmen. Dann wird sich ein Führer herauskristallisieren, der das Land und Europa in eine bessere Zukunft leitet.»[89]

Am 1. Mai 2009 wagten sich die Neonazis schließlich ganz offen aus der Deckung ihres Stadtteils. Erstmals in Deutschland griffen Neonazis an diesem Tag eine friedliche Demonstration an, die sich nicht bewusst als Gegenveranstaltung zum Rechtsextremismus formiert hatte: Es war die traditionelle Mai-Kundgebung des Deutschen Gewerkschaftsbundes (DGB). Zuvor hatten sich rund 400 Neonazis vor dem Dortmunder Hauptbahnhof versammelt. Viele waren mit Zügen angereist, etwa aus dem Rheinland und einigen Städten aus der Umgebung. Zwei Busse voller Neonazis aus Thüringen waren ebenfalls dort angekommen. Wie sich die Neonazis dann verhielten, schilderte einer der für diesen Einsatz verantwortlichen Polizisten als Zeuge bei einer späteren Gerichtsverhandlung so: «Mehrere Hundert, größtenteils vermummt, geschlossen im Laufschritt, Parolen grölend, mit hoher Dynamik» hätten sich in die Innenstadt bewegt. Unmittelbar danach sei eine «von Gewalt geprägte dynamische Situation entstanden». Es flogen dann Pflastersteine und Flaschen in Richtung der Polizisten sowie auf die Einsatzfahrzeuge, von denen sieben Stück demoliert wurden. Die Polizisten seien auch mit Böllern und Reizgas angegriffen worden. Man habe in diesem Einsatz Angst um sein Leben gehabt. Er selbst sei von drei «Rechten angegriffen worden», dabei habe ihn einer von hinten getreten. «Eine solche Gewalttätigkeit wie aus dieser Gruppe habe ich in 22 Dienstjahren noch nicht erlebt. Noch nie hatten wir derartige Probleme, die Lage in den Griff zu bekommen.»[90]

Während der Beamte in Uniform diese Aussage machte, saß auch Siegfried Borchardt mit im Gerichtssaal. Eine ganze Horde Neonazis nutzte die Besucherbänke als Bühne für ihren Raumkampf. Einer der Neonazis twitterte gar unmittelbar aus dem Gerichtssaal. Hatte sich die Kampfzone doch schon auf das Internet ausgedehnt, in dem besonders die äußerst internetaffinen Rechtsextremisten aus NRW längst nicht mehr eine Gegenöffentlichkeit nur aus gängiger ideologischer Propaganda herstellten. Hier besetzten sie ganz gezielt lokale Aufregerthemen und förderten die öffentliche Auseinandersetzung mit ihren eigenen Aktionen in redaktioneller Weise, unter dem Titel «Neuigkeiten aus unserer Stadt». Also etwa die Ansiedlung eines Asylbewerberheims, einen rassistisch motivierten Angriff auf eine schwarze Frau in einer McDonald's-Filiale (an dem Mitglieder der Skinhead-Front selbst beteiligt waren), eine Familientragödie oder die sozialen Missstände in der Nordstadt. Zwar stellen sie sich als Akteure eines besonders bewegungsförmigen – also parteiunabhängigen – Rechtsextremismus keinen Wahlen, versuchen aber dennoch ihre kommunalpolitisch relevanten Positionen öffentlich zu vermitteln. Verstehen sie sich doch als sendungsbewusste Revolutionäre, die Taten statt Worte einfordern: «Jeder Artikel hat das Ziel, Menschen wachzurütteln und über Themen zu informieren, die entweder in der Systempresse völlig verschwiegen oder dort gänzlich verfälscht wiedergegeben werden», heißt es in einer Selbstbeschreibung auf einem Internetportal der hiesigen «Autonomen Nationalisten».[91] Damit wolle man «dazu beitragen, die mediale Schweigespirale zu durchbrechen».

Auch hier ist der Versuch erkennbar, die örtliche Bevölkerung hinter sich zu bringen – nach dem Konzept der «national befreiten Zonen». Er misslingt allerdings seit einigen Jahren schon. Sind die «Autonomen Nationalisten» doch spätestens seit diesem Überfall am 1. Mai 2009 als gewalttätige Störenfriede des städtischen Friedens bekannt. Konnten sie bislang weitgehend ignoriert von der Stadtgesellschaft im östlichen Ruhrgebiet agieren, sollte sich das ab sofort ändern. Denn mit den Teilnehmern der DGB-Kundgebung richtete sich ihre rechtsextrem motivierte Gewalt erstmalig nicht mehr nur gegen Randgruppen, sondern gegen die Mitte der Gesellschaft.

Nachdem die Gruppe also vom Bahnhof aus in der beschriebenen Dynamik ein paar hundert Meter durch die Stadt gelaufen war, attackierte sie im Pulk aus dem Hinterhalt die friedliche DGB-Demonstration auf dem «Platz der Alten Synagoge» vor dem Stadttheater, mit Stein- und Flaschenwürfen, Holzlatten und Pfefferspray. Auch fünf Polizisten wurden verletzt. Zunächst sahen sich einige Polizisten in kurzärmligen Hemden der Gewalt ausgesetzt, die routinemäßig die DGB-Kundgebung begleiteten. Auf eine mögliche Konfrontation war hier niemand vorbereitet. Die Neonazis kamen plötzlich und unangemeldet. Erst nachrückende Einheiten der Bereitschaftspolizei konnten den rechtsextremen Mob aufhalten und festsetzen, als die Polizei schließlich selbst in der Überzahl war. 500 Grüne gegen 400 Braune. Von denen werden schließlich 280 festgenommen. Erst nach mehreren Stunden war Dortmund wieder befriedet. Neben Messern, Pfefferspray und Böllern wurden auch etliche Handys beschlagnahmt, um den Plan für diesen Angriff gerichtsfähig nachvollziehen zu können. Aber wie üblich hatten die führenden Köpfe der Szene ihre Mobiltelefone verschlüsselt. Die kodierte Kommunikation via E-Mail, SMS und Handy ist unter Rechtsextremisten längst gängige Praxis. Zumal sie wissen, dass sich die Ermittlungen der Polizei nach jeder Verhaftung wesentlich auf die elektronischen Kontakte der rechtsextremen Gewalttäter stützen.

Tage zuvor hatten Behördenvertreter in ganz Deutschland versucht zu erahnen, wo sich die gewalttätige Energie der «Autonomen Nationalisten» entladen würde. Unter Fachleuten hatte Einigkeit darüber geherrscht, dass an diesem 1. Mai etwas passieren würde. Dass sich die Neonazis für Dortmund entscheiden würden, war nicht vorauszusehen gewesen. Obwohl die Beamten der Staatsschutzabteilung schon seit den Morgenstunden in der Stadt unterwegs waren, immer die Akteure der lokalen Szene im Blick, geschah dies in der Erwartung, dass sich die Neonazis bloß hier sammeln würden, um dann gemeinsam weiterzureisen. «Wir waren dazu auch zur Abfahrtsaufklärung am Hauptbahnhof, um zu sehen, wie viele von denen wohin fahren», sagt ein Staatsschutzbeamter später vor Gericht aus. Sie fuhren nirgendwohin. Auch mit der Ankunft der Thüringer Neonazis hatte die Polizei ebenso wenig gerechnet wie mit dem anschließenden Gewaltausbruch vor dem «Platz der Alten Synagoge».

Auf den Tag genau ein Jahr zuvor hatte sich die plötzliche Gewalt in Hamburg entladen: Ein schwarzer Block aus Neonazis war auf einer antifaschistischen Kundgebung nach Polizeiangaben «auf die Linken eingestürmt», sodann kam es zu «wüsten Schlägereien». Auch ein Kamerateam wurde dabei angegriffen. Ein Aussteiger berichtet später davon, dass die «Autonomen Nationalisten» ihre Pyrotechnik für diesen Angriff zuvor «im After» versteckt hätten, so wie es auch bei Linksautonomen und Ultras auf dem Weg zu auswärtigen Fußballspielen üblich ist. Die Polizei jedenfalls war von der rechtsextremen Attacke völlig überrascht: «Wir hatten es mit einer Größenordnung von 1500 Personen zu tun, davon 340 gewaltbereite ‹Autonome Nationalisten›, die wir in dieser Stadt noch nicht gesehen haben», sagte der Polizeipräsident dem «Hamburger Abendblatt».[92] Er berichtete, dass seine Leute «an die Grenze der Belastbarkeit» gegangen und dass die «Autonomen Nationalisten» für seine Polizisten schlicht nicht steuerbar seien. Immer wieder wurden diese zum Ziel rechtsextremer Angriffe. Das Phänomen der «Autonomen Nationalisten» gelangte über die Bilder der Ausschreitungen in Hamburg erstmals an eine breite Öffentlichkeit. Fortan galten sie als akute Gefahr. Auch aus Dortmund waren drei Busse voll mit Rechtsextremisten nach Hamburg gefahren.

Im Jahr darauf nun hatten «Autonome Nationalisten» für den 1. Mai einen Marsch in Hannover angemeldet. Die anhaltende Wirtschafts- und Finanzkrise hatte sie dazu motiviert, an diesem mit Kapitalismuskritik besetzten Datum zahlreiche Demonstrationen in ganz Deutschland zu organisieren. Erhoffte man sich schließlich einen Machtzugewinn durch den Appell an Ungerechtigkeitsgefühle. Zumal sich die «Autonomen Nationalisten» selbst als «sozialistische Nationalisten» sehen, die Krise also einem ihrer Kernthemen – der Abschaffung des kapitalistischen Wirtschaftssystems – Konjunktur bescherte. Wochenlang hatten sie in West- und Ostdeutschland für Hannover mobilisiert. Bis dann schließlich ein Gericht in Niedersachsen den Aufmarsch in der Landeshauptstadt kurzfristig verbot, weil es mit 340 gewaltbereiten Autonomen unter den Neonazis rechnete. Also mit derselben Zahl an Gewalttätern, die der Polizei im Jahr zuvor in Hamburg aufgefallen war.

Die Szene war wegen dieses Urteils verunsichert. Die meisten glaubten allerdings daran, dass diese Entscheidung keinen höchstrichterlichen Bestand hätte. Aus der Erfahrung der vergangenen Jahre heraus, dass die meisten Demonstrationsverbote, die von Kommunen ausgesprochen worden waren, entweder aus Angst oder um schlicht ein politisches Zeichen gegen Rechtsextremismus zu setzen, spätestens vom Bundesverfassungsgericht wieder gekippt wurden. «Man telefoniert in solchen Situationen mit seinem Anwalt oder mit Herrn [Christian] Worch, der in solchen Fragen sehr bewandert ist», sagte der Kopf der Dortmunder «Autonomen Nationalisten» bei einem späteren Gerichtsverfahren aus.[93] Im Fall des geplanten Aufmarsches von Hannover nutzten sämtliche juristische Bemühungen der Neonazis jedoch nichts. Der Aufmarsch blieb verboten – und Hannover von der rechtsextremen Gewalt an diesem Tag verschont.

Allerdings waren viele Neonazis schon unterwegs nach Niedersachsen. Noch am Vortag hatte ein Nutzer im Internetforum des «Nationalen Widerstands Dortmund» gefragt: «Falls Hannover verboten bleibt – wohin fahrt ihr dann?» Die Antwort lautete: «Informationen über Ersatzaktivitäten werden kurzfristig intern verbreitet. Wende dich diesbezüglich bitte an die üblichen Verdächtigen.» Am 1. Mai dann streute die Gruppe frühzeitig das Gerücht, dass man den Strom der Demonstranten über den Dortmunder Hauptbahnhof ins 100 Kilometer entfernte südwestfälische Siegen umleiten wolle. Dort fand an diesem Tag ebenfalls ein Aufmarsch einer lokalen Gruppe «Autonomer Nationalisten» statt, dem man sich angeblich anschließen wollte. Es kam dann anders als angekündigt: Ab 9 Uhr morgens hatten die ersten Dortmunder vor dem Hauptbahnhof Position bezogen. Gegen 10.45 Uhr trafen dann die Busse aus Thüringen ein. Einer der Dortmunder Neonazis hatte sie zum Hauptbahnhof dirigiert. Aber keiner von ihnen schickte sich an, den Regionalexpress nach Siegen zu besteigen. Was dann folgte, beschrieb ein Polizist in einem der späteren Verfahren wegen dieses Angriffes vor dem Dortmunder Amtsgericht als «Krieg». In einer Stellungnahme des Gewerkschaftsbundes hieß es: «Nur überaus glücklichen Umständen ist es zu verdanken, dass keine Schwerverletzten auf der Straße liegen blieben.»[94] Tatsächlich wurden einige Mitglieder einer kurdischen Vereinigung verletzt, die sich der Kundgebung an diesem Tag angeschlossen hatten.

Dabei dehnen diese Neonazis ihren Raumkampf auch auf Orte abseits von Nordrhein-Westfalen aus. Das stellt fest, wer ihnen zu ihren auswärtigen Unternehmungen folgt: Zum Neonaziaufmarsch anlässlich des jährlich wiederkehrenden Gedenkens der Zerstörung Dresdens durch alliierte Bomber am 13./14. Februar 1945 reisten sie ein Vierteljahr vor dem Angriff auf die DGB-Kundgebung gemeinsam in einem Bus aus dem Ruhrgebiet an – der Skinhead Sven Kahlin sitzt zu dieser Zeit noch in Haft. Aber Siegfried Borchardt, einige «Autonome Nationalisten» und die übrigen Glatzköpfe der Skinhead-Front steigen am Dresdner Hauptbahnhof aus dem Reisebus aus, um die Umdeutung der deutschen Geschichte voranzutreiben, die Schuldfrage zu verwischen, Deutsche ausschließlich zu Opfern zu stilisieren. Auf dem Hinweg hatten einige Passagiere aus diesem Bus, Mitglieder der Skinhead-Front, bereits auf einem Parkplatz der A4 in Thüringen eine Gruppe Schüler überfallen. Diese waren mit ihren Lehrern ebenfalls nach Dresden unterwegs. Auch hier setzten die Dorstfelder Neonazis ihr Motto in die Tat um: «Wer sich der Bewegung in den Weg stellt, muss mit den Konsequenzen leben.»

Denn überall, wo die Gruppe auftaucht, führt sie ihren Raumkampf. «Hurra, hurra, die Dortmunder sind da!», brüllen zwei der Schläger dann lauthals in der von sichtlich verängstigten Passanten stark besuchten Bahnhofshalle. Die beiden Schreihälse schlagen dann mit ihren Bierkrügen auf den Holztisch eines Bahnhofscafés, feixen laut und tönen, «gut dass jetzt jeder die Skinheads aus Dorstfeld kennt». Eine halbe Stunde später ist der Bahnhofsvorplatz, sind Laternenmasten und Fahrkartenautomaten mit Aufklebern aus Dortmund übersät. Da wird die «Todesstrafe für Kinderschänder» gefordert, und dass man sich seine «Stadt zurück holen» solle. All das gehört zum Raumkampf der Neonazis, der mit Aufklebern ebenso geführt wird wie mit Stiefeln, Fäusten, Messern und Pistolen.

Im Herbst des folgenden Jahres wird Sven Kahlin dann schließlich aus der Haft entlassen. Nahtlos fügt er sich wieder in die gewalttätige Szene ein, taucht nicht nur bei Kundgebungen auf, wie der in Hamm, zu der er öffentlich sein eindeutiges rechtsextremes Bekenntnis erneuert. Es dauert auch nicht lange, bis er wieder bei rohen Gewaltaktionen der Skinhead-Front Dorstfeld dabei ist: Im Dezember greift eine Horde Skinheads die linke Szenekneipe «Hirsch-Q» in der Dortmunder Innenstadt an, auch Sven Kahlin, der während seiner Haftzeit gehörig an Muskelmasse zugelegt hat, gehört zu den Angreifern. Die Kneipe liegt nur wenige Schritte von dem neuen Konzerthaus der Stadt entfernt, in dem seit einiger Zeit die Weltstars unter den Dirigenten am Pult stehen, Kent Nagano ebenso wie Kurt Masur. An diesem späten nasskalten Winterabend bestimmen aber Sven Kahlin und seine rechtsextremen Gewalttäter die Musik auf der Brückstraße. Schneeregen fällt auf das Pflaster dieser Fußgängerzone: Acht junge Männer und zwei Frauen attackieren dort die Gebäudefront der «Hirsch-Q», die bereits zum 13. Mal innerhalb der vergangenen vier Jahre zum Ziel rechtsextremer Gewalt wird.

Erst im August war es hier zu einer Eskalation gekommen, die ein Sprecher der Polizei im WDR-Fernsehen so umschrieb: «Um 0.35 Uhr tauchten plötzlich 25 Personen, die offensichtlich der rechten Szene zuzuordnen sind, hier auf der Brückstraße auf und bewarfen die Gäste der dortigen Szenekneipe Hirsch-Q mit Steinen und Flaschen.»[95] Später mussten drei Verletzte im Krankenhaus behandelt werden. Ein unbeteiligter Passant war von einem Pflasterstein am Kopf getroffen worden. Der Laden ist inzwischen durch verstärktes Sicherheitsglas geschützt und wird von Videokameras überwacht, die den erneuten Angriff im Dezember deutlich erkennbar aufzeichnen: Die Angreifer tragen Bomberjacken und Springerstiefel, treten immer wieder aus vollem Anlauf gegen die Tür der Kneipe und auch auf ein wehrlos am Boden liegendes Opfer ein. Offensichtlich ein Gast der «Hirsch-Q», der sich aus der Kneipe gewagt hat. Auch einige andere Gäste werden bei dem Angriff verletzt, unter anderem durch Messerstiche. Die meisten dieser rechtsextremen Angreifer sind bereits einschlägig vorbestraft. Wer Sven Kahlin von Angesicht kennt, macht auch ihn auf Anhieb unter diesen aggressiven Gewalttätern aus.

In den zurückliegenden Monaten hatte die Polizei eine neue Qualität der rechtsextremen Gewalt erkannt. Nach dem diesjährigen Neonaziaufmarsch, dem so genannten «Antikriegstag», im September kam der Polizeipräsident in einem Interview mit den «Ruhr-Nachrichten» zu dem Schluss, dass man sich künftig darauf einstellen müsse, bei Demonstrationen konkrete Gefahren wie Sprengsätze zu erkennen und zu beseitigen, um die Bürger vor schwersten Gewalttaten zu schützen. Nach dem rechtsextremen Angriff auf die Kneipe «Hirsch-Q» im August hatte die Polizei einen 19-jährigen Neonazi aus Aachen festgenommen, bei dem lebensgefährliche Sprengsätze gefunden wurden. Wegen der Sprengsätze setzte sich der Polizeipräsident vehement für ein Verbot des «Antikriegstages» ein. «Wir haben hier eine neue Qualität von gefährlichem Sprengmaterial – deutlich gefährlicher als die Sprengsätze bei vorangegangenen Demos, weil sie mit Glassplittern und Schwarzpulver versetzt sind», sagte er zur Verbotsbegründung. «Es kann nicht ausgeschlossen werden, dass Menschen zu Tode kommen.»[96] Das Bundesverfassungsgericht hob das Verbot dennoch auf.

So also stellt sich die rechtsextreme Gewalt zu der Zeit dar, als sich die rot-grüne Landesregierung in Düsseldorf entschließt, eine erste Beratungsstelle für die Opfer einzurichten. Nach der gewonnenen Landtagswahl am 13. Mai 2012 formulieren SPD und Grüne ihren Anspruch zur «Bekämpfung des Rechtsextremismus» in ihrem Koalitionsvertrag:

«Die Aufdeckung der menschenverachtenden NSU-Morde hat unsere demokratische Gesellschaft erschüttert. Auch in NRW wurden und werden Menschen Opfer rechter Gewalt. Deshalb werden wir die rechtsextreme Szene und die dahinter liegenden menschenfeindlichen Einstellungen wie Rassismus, Antisemitismus, Islamfeindlichkeit, Sexismus und Homophobie entschieden bekämpfen. Wir geben dem Rechtsextremismus keine Chance. [...] Wichtig sind uns auch die

Opfer von rechtsextremer Gewalt und Einschüchterungsversuchen.»[97]

Dabei ist die Lage hier im Westen jetzt eine ganz andere als vor einigen Jahren in Ostdeutschland, etwa in Brandenburg. Das hat die Politikwissenschaftlerin Claudia Luzar schnell festgestellt, die gemeinsam mit einem Rechtsanwalt, einer Psychologin und zwei Sozialarbeitern anfing, dem rechtsextremen Raumkampf entgegen zu wirken, indem sie sich mit ihrer Beratungsstelle um die Opfer der Neonazis kümmern.

Luzar spricht von einer konsequenten Strategie der Gewalt, die sie unter den zumeist organisierten Rechtsextremisten in NRW ausgemacht hat. «Das war in Brandenburg anders, dort hat sich die Gewalt oft spontan entladen, an den Wochenenden, im zeitlichen Umfeld von irgendwelchen Feierlichkeiten, auch sehr oft unter Einfluss von Alkohol.» Dagegen folge die Gewalt hier – vor allem die aus den Reihen der «Autonomen Nationalisten» – meistens einem Plan: Opfer, beispielsweise aus der alternativen Jugendszene, werden gezielt ausgeguckt und systematisch schikaniert. Sie folgen damit der Strategie der «Anti-Antifa», die nach der Wende von ihrem Mentor und Bündnispartner, dem wesentlich älteren, aus Hamburg stammenden Neonazi Christian Worch, entwickelt wurde. Als Grundlage dieses mit Gewalt geführten Kampfes, der sich gegen den politischen Gegner richtet, dienen detaillierte personenbezogene Informationen, die auf Angriffslisten zusammengestellt werden. Dazu Fotosammlungen und Observationsberichte, die regelmäßige Aufenthaltsorte und Gewohnheiten aufführen. In Thüringen, mit dem die lokale rechtsextreme Szene schon früh eine Art strategische Partnerschaft entwickelte, etablierte sich das Konzept der «Anti-Antifa» bereits in den 1990er Jahren, indem sich junge Neonazis zur «Feindaufklärung» zusammenschlossen. Aus dieser Gruppe wird später der «Thüringer Heimatschutz» entstehen, aus dem wiederum die drei Mitglieder der «Zwickauer Zelle» den Weg in den Untergrund gehen. Zurück blieb der maßgebliche «Anti-Antifa»-Kameradschaftsaktivist Ralf Wohlleben, der über Jahre auch gute Kontakte zu den «Autonomen Nationalisten» in Dortmund unterhielt.

Deutschlandweit sammeln Rechtsextremisten Daten ihrer politischen Gegner. Und die «Autonomen Nationalisten» haben die Strategie der «Anti-Antifa» professionalisiert. Ihre Listen sind die Vorbereitung für ihre Taten. Auch in dem abgebrannten Haus mit der Wohnung des Zwickauer Terrortrios fanden die Ermittler eine Liste mit insgesamt 10000 Namen und Adressen. Die Listen veröffentlicht die «Anti-Antifa» im Internet, für fast jede Region. Neben einzelnen Personen werden darin vor allem Immobilien linksgerichteter Organisationen, linke Buchläden und Einrichtungen wie linksalternative Kulturzentren katalogisiert. In den vergangenen Jahren wurden immer wieder einzelne solcher Seiten abgeschaltet. Vor allem die gemeinnützige GmbH «jugendschutz.net» wacht über die mögliche Jugendgefährdung solcher Seiten, in behördlichem Auftrag. Zum Ärger der Anti-Antifa, die sich dazu etwa 2008 auf der überregionalen Seite des «Nationalen Widerstands» geäußert hat:

«Betroffen ist dadurch natürlich auch unser Projekt Anti-Antifa Nürnberg (AAN). […] Wir sind zurzeit bemüht, unser umfangreiches Berichtsarchiv im Netz weiter langfristig bereit zu stellen. […] Dass mit dem Abschalten nationaler Internetseiten nicht gleich die Aktivitäten erlahmen, sondern man Anti-Antifas offensichtlich noch eher zum Gegenteil motiviert, musste jüngst auch die linksextremistische Szene in Nürnberg feststellen. In der Nacht vom Donnerstag, den 28.08.08, auf Freitag, den 29.08.08, wurde die Frontscheibe des linksextremen Infoladens ‹Schwarze Katze› in der Mittleren Kanalstraße in Nürnberg entglast.» Dazu wird dann zu einem Foto verlinkt, dass die zerstörte Fensterscheibe zeigt.[98]

In Berlin führt die «Anti-Antifa» des «Nationalen Widerstands» für jeden Bezirk eine eigene Liste. Dort kommt es immer wieder zu Brandanschlägen auf linke Treffpunkte, deren Resultate auf der Berliner Internetseite des «Nationalen Widerstands» gezeigt werden.[99] Etwa auf das «Anton-Schmauch-Haus». Das Kinder- und Jugendzentrum im kleinbürgerlichen Ortsteil Britz, der zum Bezirk Neukölln gehört, wird von dem Kinder- und Jugendverband «Sozialistische Jugend Deutschlands – Die Falken» betrieben, der eine traditionelle Nähe zur SPD hat. Dort brannte es alleine 2011 zweimal, etwa in der Nacht zum 9. November, dem Jahrestag der Reichspogromnacht, einem Datum, an dem gewalttätige Rechtsextremisten deutschlandweit besonders aktiv sind. In der Nacht des ersten Brandanschlags wurden in Berlin insgesamt fünf linksgerichtete Objekte angegriffen. Auch im östlichen Ruhrgebiet werden in der Folge Einrichtungen der «Falken» mit Hakenkreuzen beschmiert. Eine Parole dort lautet: «Falken töten.» Die Jugendorganisation, die ihre Einrichtungen auch in Schulzentren integriert hat, gerät nach diesen Angriffen unter Druck. Schulleiter befürchten, dass sie rechtsextremistische Gewalt anziehen und diese möglicherweise auf die Schüler übergreift. Auch hier funktioniert die beabsichtigte Opfer-Täter-Umkehr durch die Neonazis.

In Dresden wurde 2007 eine Liste mit 150 Namen politischer Gegner bei Neonazis gefunden. Dort gab es außerdem Drohungen wie «Nimm Dich in acht» an einer privaten Hauswand. Dazu entsprechende Postkarten im Briefkasten. Verwandte erhielten anonyme Anrufe.

Dass dies keine leeren Drohungen sind, erfahren die Bewohner eines Hauses im Stadtteil Pieschen, in den frühen Morgenstunden des 24. August 2010: Der 20-jährige, mehrfach einschlägig vorbestrafte Neonazi Stanley Nähse schleudert einen selbst gebauten Molotowcocktail durch ein geöffnetes Fenster im zweiten Stock in das Haus, dem Domizil eines alternativen Wohn- und Kulturprojektes. Zehn Menschen schlafen dort im Moment der tödlichen Bedrohung, darunter drei Kleinkinder. Weil der Glasbehälter des Brandsatzes nicht zerbricht, kann ein aufgewachter Hausbewohner den Brand löschen.

Die Vorsitzende Richterin sah die Tat von Stanley Nähse bei dem späteren Prozess gegen den Neonazi als «eindeutig politisch motiviert» an. Das Gericht verurteilte den «Autonomen Nationalisten» – nach Jugendstrafrecht – wegen zehnfach versuchten Mordes und besonders schwerer Brandstiftung zu sieben Jahren und zehn Monaten Haft. Er hatte die Tat gestanden. Schon mehrfach hatte Nähse das Wohnprojekt in Pieschen angegriffen, in dem die «politisch links stehenden Personen» wohnten. Ein Sprecher der Staatsanwaltschaft kommentierte das Urteil gegen den rechtsextremen Gewalttäter mit deutlichen Worten: «Diese Personen wollte er letztlich töten und seine politischen Gegner vernichten.» Bei der Urteilsverkündung saßen auch drei Dutzend junge Leute aus dem Umfeld von Stanley Nähse – einem bekennenden Anhänger von Dynamo Dresden – mit im Gerichtssaal, darunter einige «Autonome Nationalisten». Zum Ende der Verhandlung verließen sie den Saal, um für den abgeführten Gewalttäter ein Spalier zu bilden.

Der Kopf der «Autonomen Nationalisten» in Dortmund stand übrigens als maßgeblicher Internetexperte hinter der Website des «Nationalen Widerstands». Selbst ist er bislang noch nicht als Gewalttäter von einem Gericht verurteilt worden. Häufig laufen die Einschüchterungen der «Anti-Antifa» über einen anhaltenden niedrigschwelligen Psychoterror. Das beginnt mit wiederholten Telefonstreichen oder damit, dass die Haustür des Opfers mit Aufklebern aus der rechtsextremen Szene markiert wird, um es einzuschüchtern, bis hin zu großflächigen Graffiti mit Namensnennung des Opfers. In einem Fall überzog eine solche Schmiererei die Fassade eines Mietshauses in Dortmund, in dem ein Jugendlicher mit seiner Mutter in einer gut bürgerlichen Nachbarschaft wohnte. In der Folge übte dann der Hauseigentümer massiven Druck auf die Mutter des Opfers aus: Sie solle doch bitte mit ihrem Sohn ausziehen, um den Wert der Immobilie nicht zu mindern und um die Straße, in der das Haus steht, nicht in Verruf zu bringen. Die gezielte Umwertung von Opfern zu stigmatisierten Störenfrieden läuft hier auf einem Niveau, auf dem die rechtsextreme Gewalt für Außenstehende nicht offensichtlich ist. Aber für das Opfer, das so gleich zweifach Schaden nimmt. Und genau dieses Ziel verfolgen die «Autonomen Nationalisten», mit regelmäßigem Erfolg. Immerhin ist die Politik inzwischen für diese Strategie der «Einschüchterung» sensibilisiert, so ist es jedenfalls im Koalitionsvertrag der Regierung von Ministerpräsidentin Hannelore Kraft (SPD) zu lesen.

Aber die direkte, die rohe Gewalt ist auch noch da. Und so

kam es, dass einer der ersten Menschen, die von der Beratungsstelle für Opfer rechtsextremer Gewalt in Dortmund betreut wurden, ein weiteres Opfer des bekannten Totschlägers Sven Kahlin war. Nach seiner Erinnerung, die er später auch dem Gericht vorträgt, lief die Begegnung mit dem rechtsextremen Gewalttäter so: Es passierte Ende November 2011, in den ersten Tagen des Dortmunder Weihnachtsmarktes, der in der Stadt eine Art fünfte Saison ist. In Bussen kommen die Menschen dann angereist, aus dem nahen Sauerland ebenso wie per Billigflieger von den britischen Inseln. Die Markthändler locken sie mit dem vermeintlich größten Weihnachtsbaum überhaupt an, für den sie 1700 Rotfichten zu einer Höhe von 45 Metern zusammenstecken und anschließend mit 48 000 Kerzen erleuchten lassen. In diesem Jahr war zwischen den Markthändlern, den Politikern und der Kirche ein grotesker Streit über einen vier Meter hohen Fußball aus einem Metallgestänge entstanden, der dem Baum statt eines Engels mit Posaune auf die Spitze gesetzt werden sollte. Aber heute herrschte in der fußballverrückten Stadt ein seeliger Frieden: Denn am Nachmittag hatte Borussia Dortmund im heimischen Stadion den Erzrivalen Schalke 04 besiegt. Deshalb strömten noch mehr Leute als die üblichen paar Tausend aus dem Stadion auf den Weihnachtsmarkt. Zweifelsfrei werden an diesem Abend mehr Menschen in der Innenstadt gewesen sein als an jedem anderen Tag dieses Jahres. Aber jetzt, abends nach Marktschluss, liefen die Massen wieder zurück zu ihren Bussen und in die U-Bahnstationen.

Gegen 22.30 Uhr tummeln sich auch der 17-jährige Gymnasiast Ferhat K. und sein gleichaltriger Freund Enes S. in der Menge zwischen dem «Alex», dem größten Café der Stadt mit seiner langen Fensterfront, und der Reinoldikirche. Vor dem «Alex» treffen sie dann auf Sven Kahlin und seine Ehefrau, die sich kurz nach dessen Haftentlassung im Vorjahr kennenlernten. Die umliegenden Verkaufsbuden des Weihnachtsmarktes sind schon geschlossen. Der Skinhead streitet sich mit seiner Frau – lautstark. Worüber, wird später niemand mehr so genau wissen. Auf jeden Fall ist Kahlin wieder betrunken und auch die drei jungen Männer, die ihm durch die Stadt folgen. Darunter Sven Kahlins jüngerer Bruder. Man hat zuvor an einem Met-Stand ganz in der Nähe der Reinoldikirche getrunken. Nachmittags waren einige der Neonazis auch im Stadion. Der BVB ist ihr Verein. Auf den Fluren des Polizeipräsidiums ist deshalb auch von der «zweiten Borussenfront» die Rede. In Anlehnung an die rechtsextreme Hooligangruppe, die in den 1980er Jahren von Siegfried Borchardt angeführt wurde.

An dem Met-Stand haben sie bereits einige junge Leute angepöbelt und eine junge Frau angespuckt. Außer Kahlin sind auch die übrigen Männer der Gruppe Mitglieder der Skinhead-Front Dorstfeld. Alle sind sie wegen Körperverletzung vorbestraft. Der Freund der jungen Frau gibt später zu Protokoll, dass Sven Kahlin sie bei dem Streit vor der Met-Bude in «aggressivem Ton» aufgefordert habe, sich zu entfernen, weil dort ihr Revier sei. Der Skinhead habe sie gefragt, ob sie «Linke» seien, und habe sie als «Anti-Deutsche» und «Vaterlandsverräter» beschimpft. Und falls sie später noch in die «Hirsch-Q» gingen, sollten sie dort schöne Grüße von Sven Kahlin, «dem Stecher», bestellen.[100] Es muss in etwa der gleiche Ablauf gewesen sein, wie er auf den Überwachungsvideos vor der Szenekneipe «Hirsch-Q» ein Jahr zuvor zu sehen war, als die Skinheads mit energischen Stiefelschritten herausfordernd durch die Stadt zogen. Nur dass die Gruppe dabei größer war. Vielleicht waren sie damals auch vorher gemeinsam am Met-Stand auf dem Weihnachtsmarkt.

Jetzt horchen die beiden schmächtigen türkischstämmigen Schüler bei dem Streit des Ehepaares auf. Sie drehen sich nach hinten um, es kommt zu einem kurzen Blickkontakt mit dem Skinhead, der plötzlich losbrüllt: «Was guckt Ihr, Ihr Bastarde?» Die jungen Männer stehen noch fünf Meter voneinander entfernt. Dann stürmt der bullige Sven Kahlin los und schlägt Ferhat K. «mit der geballten Faust mehrfach ins Gesicht», so steht es in der Anklageschrift der Staatsanwaltschaft.[101] Ferhat K. erinnert sich später im Gespräch mit den Mitarbeitern der Beratungsstelle, wie er dann gegen eine der hölzernen Verkaufsbuden gestoßen wird, und zu Boden fällt: «Ich habe nichts mehr gesehen, es war nur noch schwarz vor Augen. Als ich aufgestanden bin, sind die wiedergekommen und haben so was wie ‹Scheiß-Türken› gesagt, als sie auf uns eingeschlagen haben.» Als sein Freund Enes S. dazwischen geht, trifft ihn eine gläserne Bierflasche auf den Kopf, auch er geht jetzt zu Boden. Sein Kopf ist blutüberströmt von einer klaffenden Platzwunde, und einer der Täter hat ihm die Nase gebrochen. Unterdessen versucht Ferhat K. sein Gesicht vor den Tritten zu schützen, mit denen er jetzt von der ganzen Gruppe traktiert wird. Beide Opfer können sich schließlich aufrichten und versuchen wegzulaufen. Dabei wird Ferhat K. an der Schulter herumgerissen und bekommt noch einen Kopfstoß auf die Nase. Dann laufen die Angreifer davon.

Erst später melden sich einige Zeugen bei der herbeigerufenen Polizei. Ein Mitarbeiter vom Sicherheitsdienst des Weihnachtsmarktes hatte Kahlin gestellt. Der Neonazi schlug ihn laut Staatsanwaltschaft mehrfach mit der Faust ins Gesicht, «und zwar unter Verwendung eines in der Faust gehaltenen Schlüssels». Danach schlägt der Skinhead noch einen Passanten mit der Faust ins Gesicht, der ihn aber schließlich zu Boden ringen kann. Noch in der Nacht kommt Sven Kahlin in Untersuchungshaft. Auch sein jüngerer Bruder tritt auf einen zweiten Sicherheitsmann ein, der diesen schließlich festhalten kann, bis die Polizei kommt. Bei der Festnahme durch zwei Polizisten beschimpft Sven Kahlin die beiden Männer, die ihn festhalten, als «dreckige Juden» und droht ihnen laut Anklageschrift «mit den Worten, ‹ihr scheiß Juden, ich leg euch alle um›.»

Die Zeit nach dem Angriff wird für Ferhat K. zu einer Tortur. Noch wochenlang hat er Schmerzen. Weil die Zeitungen über den Fall berichtet haben, wird er in der Schule laufend darauf angesprochen. Vor allem aber hat er Angst, wieder in die Stadt zu gehen. Ferhat K. und Enes S. sind von der Gewaltkarriere schockiert, die der Angreifer Sven Kahlin schon hinter sich hat. Ferhat K. erfährt aus dem Fernsehen, dass dieser nur wenige hundert Meter vom Tatort an der Reinoldikirche entfernt einen Mann getötet hat, der – wie sie beide auch – nicht in sein Weltbild passte. Ferhat K. fehlt jetzt häufiger unentschuldigt in der Schule. Seine Leistungen sacken ab. Aber die Lehrer erkennen den Zusammenhang zwischen der rechtsextremen Gewalt, der fragilen Gefühlswelt eines sensiblen Teenagers und seinem gebremsten schulischen Fortkommen nicht.

Ferhat K. ist ein ruhiger junger Mann, der sehr leise spricht, dabei die Hände gefaltet im Schoß hält und seinem Gegenüber kaum in die Augen schaut. Am Ende des Schuljahres – mitten in dem Prozess gegen Sven Kahlin und die drei übrigen Angreifer vom Weihnachtsmarkt – erfährt er, dass er das Gymnasium verlassen muss. Der hoffungsvolle Aufstieg eines türkischstämmigen Jugendlichen vom Dortmunder Borsigplatz scheint vorerst zu Ende. Ausgebremst mit den Fäusten eines mehrfach vorbestraften Gewalttäters, der seine Ausbildung, eine Maurerlehre, im Gefängnis gemacht hat. Und der zu denen gehört, die meinen, dass die Türken den Deutschen die Arbeitsplätze wegnehmen. Erst als der Schulleiter die Ursache für den Leistungsabfall erkannt hat, darf Ferhat K. auf der Schule bleiben; er muss ein Jahr wiederholen.

Bei dem Prozess gegen Sven Kahlin, seinen jüngeren Bruder und die beiden anderen gewalttätigen rechtsextremen Skinheads sitzt auch die Mutter der beiden Kahlin-Brüder mit auf der Zuschauerbank. Sven Kahlin wird in Handschellen in den Gerichtssaal geführt und trägt dabei seine Verachtung für das Gericht selbstbewusst zur Schau. Auch hier ist er in seiner Gruppe der Meinungsführer. Die von ihm ausgehende Gefahr verleiht ihm Macht. Er sagt, dass er «eine andere Meinung über Ausländer» habe und dass er sich «der rechten Szene zugehörig fühlt».[102] Als der Richter ihn nach seiner Einstellung zum Nationalsozialismus fragt, lacht er. Ha, ha, ha! «Lustig finde ich das nicht», erwidert der Richter. «Ich kann mich ja nicht gänzlich frei äußern, kann ja nicht sagen, dass das alles scheiße ist!», sagt Sven Kahlin, der sich an anderer Stelle offen zu seiner Ideologie bekennt.

Unter den Zuschauern sind auch die Frauen aus der Skinhead-Front Dorstfeld, die vor dem Saal ganz bewusst ihre Kinder zur Schau stellen. Die Neonazis führen auf der Bühne des Gerichts ein Familienstück auf, in dem Sven Kahlin die Hauptrolle zukommt. Die stillen Opfer besetzen die Nebenrollen.

Als der Lebenslauf von Sven Kahlin verlesen wird und die Sprache auf den Ponyhof der Großeltern kommt, auf dem er zeitweilig aufgewachsen ist, weint die Mutter. Dann weint sie wieder, als es um die Haftzeit geht, die ihr Sohn für die Tötung von Thomas Schulz absitzen musste. Sie weint um den Täter.

Wegen der massiven Gewalt, die immer wieder von einzelnen Mitgliedern des «Nationalen Widerstands Dortmund» ausging, zu dem neben den «Autonomen Nationalisten» eben auch der Skinhead Sven Kahlin gehört, sprach der Landesinnenminister von NRW, Ralf Jäger (SPD), im Sommer 2012 schließlich ein Vereinsverbot gegen diese Gruppe aus. Er wandte es analog zu dem bestehenden Verbot der FAP an und orientierte sich wohl auch an den Verboten der Neonazikameradschaften in Brandenburg und Sachsen. Am 10. August 2012 verbot er außerdem die «Kameradschaft Aachener Land» sowie die «Kameradschaft Hamm», die in enger personeller Verbindung mit der Dortmunder Gruppe stand. Es war ein Schlag gegen die rechtsextreme Szene, vor allem aber der schwerste gegen die «Autonomen Nationalisten» bislang. Für Claudia Luzar von der Opferberatungsstelle Back Up war es ein guter Tag, erhoffte sie sich dadurch doch eine Eindämmung der rechtsextremen Gewalt: «Schließlich wurden viele der Opfer, die wir betreuen, aus dem Umfeld dieser Gruppierungen angegriffen, die zu den so genannten Autonomen Nationalisten gehören.» Morgens früh ab 5 Uhr am 23. August hatten die Razzien gegen die Neonazis begonnen, auch im Dortmunder Stadtteil Dorstfeld, wo viele von ihnen wohnen. Die Polizisten räumten sogar ihre Kühlschränke leer und übergaben den Inhalt später der Dortmunder Tafel. In der ganzen Stadt wurden Wohnungen von 62 Neonazis durchsucht. 600 Polizisten waren alleine dort beteiligt. Im nahen Unna wurden Schusswaffen gefunden, ebenso in Jülich, im Rheinland. Außerdem etliche Hieb- und Stichwaffen und nationalsozialistisches Propagandamaterial, aus dem hervorging, dass diese Neonazis von einer «deutschen Revolution» träumten. Zu ihren Bündnisgenossen gehörte neben dem Terrorhelfer des NSU, Ralf Wohlleben, auch der Neonazi Martin Wiese, der wegen Vorbereitung eines Sprengstoffanschlags bei der Grundsteinlegung des Jüdischen Zentrums in München 2003 zu sieben Jahren Haft verurteilt wurde.

Mittags dann kommt ein Info-Lastwagen der NPD auf den zentralen Wilhelmplatz in Dorstfeld gefahren, der für den «Nationalen Widerstand» bislang eine «national befreite Zone» sein sollte.[103] In ein paar Tagen wird der Rat der Stadt neu gewählt. Stefan Köster ist da, der aus Dortmund stammende NPD-Landesvorsitzende von Mecklenburg-Vorpommern, sogar Holger Apfel hilft hier im Wahlkampf, der Bundesvorsitzende aus dem sächsischen Riesa. Er sitzt auf einer Parkbank unter der Sonne des Ruhrgebiets – umgeben von Polizisten, die seit den frühen Morgenstunden, seit den Razzien, hier geblieben sind. Auch der Kopf des «Nationalen Widerstands Dortmund», Dennis Giemsch, kommt kurz vorbei. Apfel sagt schließlich im persönlichen Gespräch mit Blick auf die Polizisten: «Als ob sie das absichtlich heute gemacht hätten, weil sie ja wussten, dass wir von der NPD hier sein werden, wir waren ja angemeldet.» Tatsächlich haben die Polizisten in einem Nebenraum des «Nationalen Zentrums» einige hundert NPD-Wahlkampfplakate gefunden, in einem ehemaligen Ladenlokal ein paar hundert Meter von hier, in dem sich der «Nationale Widerstand Dortmund» trifft. Denn in NRW ist die NPD schwach, und die «Autonomen Nationalisten» sind stark. Die Partei war im Wahlkampf auch auf die Hilfe dieser zumeist parteiungebundenen Neonazis angewiesen. Nach dem heutigen Tag ist es anders herum. Denn anders als deren «Nationaler Widerstand» ist die NPD noch nicht verboten. Erst vor ein paar Monaten waren einige seiner Vorstandsmitglieder – laut Innenministerium und Polizei hatten sie einen Vorstand[104] – in die NPD eingetreten, ohne es öffentlich zu machen.[105] Als ob die neuen Parteimitglieder von Holger Apfel geahnt hätten, dass ihre eigene Gruppe bald eine verbotene Vereinigung sein würde. Wahrscheinlich haben sie einen kundigen juristischen Ratgeber. Der ahnte wohl auch, dass Dennis Giemsch hier am Wilhelmplatz ein paar Wochen später den Landesverband einer neuen Partei gründen würde: «Die Rechte» heißt die Ausweichorganisation für militante Neonazis.

Nazi-Anwalt oder Anwalt der Nazis?

Nach seiner Festnahme auf dem Weihnachtsmarkt ließ sich Sven Kahlin von einem Strafverteidiger vertreten, der Juristen, wie er selbst einer ist, als «Szeneanwälte» bezeichnet. Einige Menschen, die in politisch-ideologischer Opposition zur rechtsextremen Szene stehen, nennen André Picker einen «Nazi-Anwalt». So wird er häufig im Internet tituliert. Spricht man ihn darauf an, dann behauptet er, dass ihm das eigentlich egal sei. Picker ist ein hagerer Mann mit etwas wirren grauen Haaren, der zum dunklen Anzug meist eine Nickelbrille trägt. Sein sarkastisch streitbarer Humor passt zu seinem Berufsstand: «Der Begriff ist ja auch zweifach auszulegen. Man kann natürlich sagen, er ist ein Anwalt, der Nazis verteidigt, man kann aber auch sagen, das ist ein Anwalt, der selbst Nazi ist.»[106] Während der erste Halbsatz zutrifft, auch Picker selbst ihn nicht bestreitet, würde er das ganz sicher dann tun, wenn ihn selbst jemand als Nazi bezeichnen würde. Vorausgesetzt, der Anwalt hätte eine Handhabe dagegen: «Aber es ist juristisch schwer anzugreifen, zumal auf Internetseiten, die ohne Impressum arbeiten oder wo der Server sonstwo steht. Das ist dann eben der Fluch des Internets.»

André Picker ist der Hausanwalt des «Nationalen Widerstands». Dessen Internetseiten arbeiten auch häufig ohne Impressum, und deren Server stehen sonstwo. Da wird der Rechtsanwalt schon mal als «Kamerad Picker» bezeichnet. Tatsächlich tummelt er sich regelmäßig auf Veranstaltungen der rechtsextremen Szene, sieht sich selbst aber stets in seiner Funktion als Rechtsanwalt, etwa bei Aufmärschen. Seine Telefonnummer ist in sehr vielen Handys von Neonazis gespeichert. So kann es in einer laufenden Verhandlung passieren, dass sein vibrierendes Mobiltelefon bis zum Rand über den Tisch der Verteidigung rutscht und er den Richter um eine kurze Gesprächspause bitten muss. In seinem engen Büro steht eine kleine Büste von Reichskanzler Bismarck und eine von Friedrich II., den Picker gar noch zitiert, mit dessen Worten von der Façon, nach der jeder selig werden solle. An den Wänden hängen Schlachtengemälde, auf einem kleinen Tisch liegt ein Pamphlet für Erich Priebke, den unter Hausarrest stehenden Kriegsverbrecher. «Ich bin ein liberaler Nationaler», sagt der Anwalt über sich selbst. Damit besetzt er eine Position, die in der politischen Landschaft der Bundesrepublik nicht auf den ersten Blick zu verorten ist.

Zumindest muss Picker sich nicht vor seinen eigenen politischen Freunden dafür rechtfertigen, dass er Neonazis vor Gericht vertritt. So wie Tina Gröbmayr aus Freiburg. Die 27-jährige löste einen heftigen politischen Streit aus, kurz nachdem sie ihre Zulassung zur Anwältin erhalten hatte. Und der Streit taugte zum Skandal: Denn einerseits war sie kommunalpolitisch aktiv, als Sprecherin der links-alternativen «Grünen Alternative Freiburg» (GAF), andererseits engagierte sie sich im Team des Pflichtverteidigers eines der führenden Neonazis in Baden-Württemberg. Dieser, Florian S., musste sich vor dem Freiburger Landgericht verantworten. Immerhin wegen dreifachen versuchten Totschlags. Er war im Oktober 2011 auf einem Parkplatz mit seinem Auto in eine Gruppe vermummter Antifa-Aktivisten gefahren und hatte dabei einen aus der Gruppe schwer verletzt. Während sich der Neonazi auf eine Notwehrsituation berief, warf ihm die Nebenanklage versuchten Mord vor. «Er hatte einige Tage vor der Tat auf Facebook über eine Notwehr-Situation fantasiert, die es ihm erlauben würde, straflos Linke zu töten», berichtete die «Legal Times».[107] Ihre politischen Mitstreiter forderten Tina Gröbmayr öffentlich auf, von dem Fall zu lassen. Es sei nicht zu akzeptieren, «in einem politischen Verfahren Entscheidungen zugunsten eines Neonazis zu treffen, und gleichzeitig eine Gruppe mit einer diametral anderen Politik zu vertreten». Die junge Anwältin blieb bei dem Mandat, trat nach einem öffentlich geführten Krach als Sprecherin zurück und aus der GAF aus. Der Neonazi Florian S. wurde schließlich freigesprochen. Denn das Landgericht Freiburg folgte seiner Verteidigung. Es nahm die Notwehrsituation an.

Bundesweit wurde über den Fall berichtet, aus dem schließlich der Fall einer jungen Anwältin wurde. Aber die «Legal Times» lieferte zusätzlich die interessante Vorgeschichte zu der Angelegenheit: Demnach ließ sich Florian S. zunächst von Nicole Schneiders verteidigen, «einer notorisch in der rechten Szene verankerten Anwältin». Aber kurz vor Beginn des Prozesses habe er ihr dann das Mandat entzogen. Das kommt augenscheinlich häufig vor, im Verhältnis zwischen Neonazis und ihren Verteidigern. Zumindest ist das öfter im Gespräch mit beiden Parteien zu hören. Florian S. habe schließlich die Vorsitzende Richterin der für ihn zuständigen Strafkammer gebeten, ihm einen Strafverteidiger zu vermitteln, weil er selbst keinen kannte. Also sprach die Richterin einen renommierten Freiburger Anwalt an, auch der – nach Bekunden der Zeitung – «eher links, ehemaliges Vorstandsmitglied in der Strafverteidigervereinigung von Baden-Württemberg».[108] Bei ihm habe die links-alternative Kommunalpolitikerin gerade die Anwaltsstation ihres Referendariats absolviert, um anschließend in die Kanzlei des Strafverteidigers einzutreten. Just zu dem Zeitpunkt, als der Prozess gegen den Neonazi anstand.

Auch André Picker war politisch aktiv: Seit Jahren ist er Mitglied in der rechtspopulistischen Bürgerbewegung Pro NRW, war dort gar Mitglied im Landesvorstand und als Westfale dazu auserkoren, Pro NRW im westfälischen Teil des Bundeslandes ein Gesicht zu geben, das der Initiative dort seit Jahren fehlt. Er habe es schließlich abgelehnt, obwohl der Parteivorsitzende Markus Beisicht versucht habe, ihn zu überreden. Aber er habe festgestellt, dass die aktive Politik nicht seine Sache ist, anders als die Juristerei, sagt Picker, der als Anwalt viele Neonazis vertritt. Beisicht ist ein Berufskollege aus Leverkusen, den er schon aus der Studentenzeit kennt; beide haben eine Vergangenheit bei den rechtsradikalen Republikanern. Wie André Picker vertritt auch dieser prominente Neonazis: zum Beispiel den später ausgestiegenen Axel Reitz, dem die hochtourigen Kölner Boulevardmedien einst den Titel «Hitler von Köln» verliehen. Der antisemitische rechtsextreme Aktivist Reitz hatte sich jahrelang als Anmelder neonazistischer Veranstaltungen hervorgetan und war lange Zeit Wegbegleiter von Christian Worch. Für eine

Fernsehdokumentation ließ er sich in seinem Büro filmen. An der Wand hingen Bilder von Adolf Hitler, Joseph Goebbels und SA-Chef Ernst Röhm. Dazu sagte er: «Ich bin Nationalsozialist.» Auch Reitz ist mehrfach vorbestraft.

Auf der Visitenkarte von André Picker prangt ein kleines schwarzes eisernes Kreuz zum Zeichen seiner Verbundenheit mit der Bewegung, die er selbst als «national» bezeichnet. Selbst gibt er sich von diesem Rechtsstaat überzeugt, gleichwohl er weiß, dass viele seiner Mandanten eine andere Überzeugung haben. Macht nichts: Picker sorgt dafür, dass die Feinde der Demokratie in dieser zu ihren demokratischen Rechten kommen. Woran nichts Verwerfliches zu finden ist, schon gar nicht aus der Perspektive eines Strafverteidigers. André Picker reiht sich in die Liste der deutschen «Szeneanwälte» ein. Das sind nach seiner eigenen Diktion Verteidiger, von denen rechtsextreme Angeklagte «wenigstens glauben, dass sie ähnlich denken wie sie». Das ist eine illustre kleine Schar, aus der meist irgendjemand in den Gerichtssälen auftaucht, wenn Neonazis auf der Anklagebank Platz nehmen müssen. Wenn aus dieser Gruppe der üblichen verdächtigen Anwälte gelegentlich einer stirbt, wie etwa der prominente Hamburger Nazi-Anwalt – in doppeltem Sinne – Jürgen Rieger, wenn einer seine Zulassung verliert oder selbst inhaftiert wird, formiert sich dahinter bereits der Nachwuchs. So ist neben dem Studienfach «Politikwissenschaft» besonders die «Rechtswissenschaft» unter den wenigen Neonazis an deutschen Hochschulen besonders beliebt. Auch sie sind häufig in den Gerichtssälen anzutreffen, auf der Zuschauerbank, wenn Neonazis wegen Gewalttaten der Prozess gemacht wird. Sie kommen, um zu lernen, auch von André Picker.

Regelmäßig klärt der auch viele andere Neonazis des «Nationalen Widerstands» über juristische Belange auf, beispielsweise vor Demonstrationen. Etliche Neonazis aus ganz Deutschland haben auf diese Weise eine Rechtsschulung erfahren. «Ich halte es geradezu für zwingend, in diesem Bereich darüber aufzuklären, was man darf und was man nicht machen darf», sagt Picker. Er wehrt sich aber gegen die Annahme, dass er solche Ratschläge aus ideologischer Überzeugung gibt. «Ohne Honorar trete ich in der Regel nicht auf. Allerdings ist das natürlich den Verhältnissen entsprechend gering.» Nach den Schulungen, «wenn der offizielle Teil beendet ist», würde man sich dann auch mal über Politik unterhalten. «Dann gebe ich auch meine Meinung ab. Die passt manchmal, manchmal passt sie nicht.» Auch in der Kanzlei unterhalte man sich mit den Mandanten in erste Linie über Juristisches. «Aber wenn sich jemand für Deutschland einsetzt, dann finde ich das sympathisch.»

Aber immer wieder sind in seiner Mandantschaft unter denen, die sich für Deutschland einsetzen, rechtsextreme Gewalttäter. Ob er denn auch Opfer von solchen Tätern vertreten würde, also beispielsweise einen Schwarzafrikaner, der offenkundig das Opfer einer rassistisch motivierten Gewalttat geworden sei? «Ja, den würde ich natürlich auch vertreten. Grundvoraussetzung dafür ist natürlich die Bezahlung. Nur darf das nicht im Widerspruch zu anderen Mandanten stehen», sagt Picker und verweist auf den unzulässigen Parteienverrat, «wenn ein anderer Mandant in den Sachverhalt verwickelt wäre.» Er vertrat auch einen Neonazi, der unter dem Verdacht stand, an dem Messerattentat auf den Passauer Polizeidirektor Alois Mannichl am 13. Dezember 2009 beteiligt gewesen zu sein. Das Opfer wurde vor seinem Haus in Fürstenzell angegriffen, überlebte aber schwer verletzt. Mannichl selbst und auch seine Kollegen vermuteten als Motiv einen Racheakt der rechtsextremen Szene. Der Polizeidirektor war zuvor für mehrere Aufsehen erregende Einsätze gegen verschiedene Aktionen von Neonazis verantwortlich. Wegen seines harten Durchgreifens war er in der Szene unbeliebt. Nach der Version des Opfers hatte der glatzköpfige 1,90 Meter große Täter ihn angeschrien, bevor er zustach: «Du linkes Bullenschwein, du trampelst nicht mehr auf den Gräbern unserer Kameraden herum.» Am Volkstrauertag, einen Monat vor dem Angriff, wollten Neonazis auf dem Passauer Soldatenfriedhof aufmarschieren. Die Kranzniederlegung aber war verboten worden, und Mannichl setzte als Verantwortlicher dieses Verbot polizeilich durch. «Polizeidirektor Mannichl belästigt Trauergäste», ließ die örtliche

NPD anschließend in einer Pressemitteilung verlautbaren.[109] Alois Mannichl war auch für den Polizeieinsatz am Grab von Friedhelm Busse zuständig, in das der Neonazi Thomas Wulff die Reichskriegsfahne mit dem Hakenkreuz geworfen hatte. Groll gegen den Polizeidirektor gab es in der Szene wahrlich genug.

Eine Zeugin wollte nun eine Gruppe mutmaßlicher Rechtsextremisten erkannt haben, die sie am Tattag in Passau und in Fürstenzell gesehen habe. Darunter ein Ehepaar aus der militanten Kameradschaft «Freie Nationalisten München», die zu den «Autonomen Nationalisten» des «Nationalen Widerstands» zählen. Ihre Gruppe wird von dem aus Essen stammenden Neonazi Philipp Hasselbach geführt, einem verurteilten Gewalttäter, der ebenfalls zur Mandantschaft von André Picker gehört. Das rechtsextreme Ehepaar wurde aufgrund der Zeugenaussage von der Polizei in seiner Wohnung verhaftet, unter dem Verdacht, Beihilfe zum Mord geleistet zu haben. «Es stellte sich jedoch heraus, dass mein Mandant am Tag des Angriffs nicht in Fürstenzell oder Passau war», sagte Anwalt Picker damals der Presse.[110] Tatsächlich wurde der Mann zur Tatzeit von Staatsschützern der Polizei in Erding, nordöstlich von München, observiert. Also rund 120 Kilometer von Fürstenzell, dem Wohnort von Polizeidirektor Mannichl, entfernt. Sein Alibi kam also direkt von der Polizei. So wurde der Mandant von André Picker nach einigen Tagen wieder aus der Untersuchungshaft entlassen, und der Fall Mannichl reihte sich in die lange Serie der unaufgeklärten mutmaßlich rechtsextremen Gewaltverbrechen ein. Auch in Österreich und in Tschechien suchte die Polizei nach dem Täter, zumal die Verbindungen der regionalen Neonaziszene in der Grenzregion besonders zum militanten tschechischen «Národní odpor» (Nationalen Widerstand) sehr stark sind. Aber die Suche blieb ohne Erfolg.

Das Messer, mit dem der Polizeidirektor niedergestochen worden war, kam aus seinem eigenen Haushalt. Er hatte es vor die Tür gelegt, damit sich die Nachbarn im Advent von einem Lebkuchenmann ein Stück abschneiden konnten. André Picker findet bis heute keine Erklärung für den Angriff. «Kriminalistisch unwahrscheinlich» findet er jedenfalls die Hauptversion des Opfers: «Da klopft einer an, beschimpft Herrn Mannichl, es gibt einen Disput, und plötzlich liegt da am Rande ein Lebkuchenmesser, mit dem dann anschließend das Attentat verübt worden ist.» Ein Täter, der Mannichl gezielt hätte angreifen wollen, wäre nach seiner Vorstellung wohl anders vorgegangen: «Wenn ich einen Anschlag auf jemanden plane, dann bringe ich natürlich auch meine eigene Waffe mit und verstecke mich oder mache das im Rahmen einer Operation. Stichwort NSU.»

Die einzige Überlebende der Zwickauer Terrorzelle, Beate Zschäpe, würde André Picker übrigens nicht vertreten wollen. Und zwar nicht wegen der Terroranschläge, um die es in dem umfassenden NSU-Komplex geht. Sondern wegen der Rolle des Verfassungsschutzes. «Denn wenn noch Dritte ihre Hand im Spiel hatten, ist es keine angenehme Verteidigung.» Viele derjenigen, die der Anwalt aufklärt oder verteidigt, glauben an eine nationale Revolution in Deutschland. Möglicherweise auch durch Gewalt. Ähnlich wie die Anhänger der RAF an einen gewalttätigen Umsturz geglaubt haben. Für diesen Weg stand auch Horst Mahler, Mitbegründer und Anwalt der RAF, der wiederholt wegen Terrorismus, Raubs und Volksverhetzung verurteilt wurde. Nachdem er sich 1975 vom Linksterrorismus losgesagt hatte, wandte er sich seit den späten 1990er Jahren dem Rechtsextremismus zu. Wer in dieser Zeit auf den Besucherstühlen eines NPD-Parteitags Platz nahm, konnte auch neben Horst Mahler sitzen, der dort als Ehrengast hofiert wurde. Selbst nach seinem Parteiaustritt 2003. In dem ersten Verbotsverfahren gegen die NPD vertrat er die Partei anwaltlich.

In dem Dokumentarfilm «Die Anwälte – eine deutsche Geschichte» von 2009 spricht der Neonazi Horst Mahler in einem Zeitzeugeninterview über die unterschiedlichen Motive, die ihn und den späteren Politiker Otto Schily bewegt hätten, als junge Anwälte politische Gewalttäter zu vertreten. Mahler hatte die beiden späteren RAF-Terroristen Andreas Baader und Gudrun Ensslin verteidigt. Schily vertrat schließlich Mahler selbst, als diesem 1971 wegen Bankraubs und der Gefangenenbefreiung von Andreas Baader der Prozess gemacht wurde, und später Gudrun Ensslin, bis zu deren Selbstmord im Gefängnis Stuttgart Stammheim 1977.

Mahler war unterdessen zu einer langen Haftstrafe verurteilt worden. Schily wurde 1998 schließlich Bundesinnenminister – und zuständig für die Terroristenbekämpfung. Mit hoher politischer Energie trieb der Minister Schily schließlich das Verbotsverfahren gegen die NPD voran, das schließlich scheiterte.

Schilys ehemaliger Weggefährte äußert sich in dem Filminterview aber über die Meinungsverschiedenheiten in früheren Zeiten: «Für Schily war klar, er wollte keine Revolution, sondern er wollte eine Revolution innerhalb des Systems durch guten Willen, und da habe ich immer gesagt, Otto, das bringt nichts», sagt Horst Mahler und schüttelt heftig den Kopf. Er macht auch deutlich, dass ihn der Gedanke an die Revolution in seiner Anwaltstätigkeit geleitet hat. Auch nach seiner politischen Wendung ließ er keinen Zweifel an seiner Verachtung für den Parlamentarismus. Den brachte er sogar als Begründung für seinen späteren Austritt aus der NPD zum Ausdruck: «Die NPD ist eine am Parlamentarismus ausgerichtete Partei, deshalb unzeitgemäß und – wie das parlamentarische System selbst – zum Untergang verurteilt.»[111] In Teilen zumindest sollte Mahler Recht behalten, auch wenn es noch einige Jahre dauern würde, bis der schleichende Untergang der NPD einsetzte. Das lag zwar nicht am Untergang des parlamentarischen Systems. Aber möglicherweise daran, dass dieses in Deutschland keinen wesentlichen Platz für eine rechtsextremistische Partei bereit hält, und schon gar nicht über einen längeren Zeitraum, der eine maßgebliche politische Einflussnahme möglich macht.

Einen Vergleich mit dem Neonazi Mahler, dem schließlich die anwaltliche Zulassung entzogen wurde, weist Picker aber von sich: «Ich führe keinen politischen Kampf mit juristischen Mitteln weiter», sagt er. Überhaupt habe Horst Mahler eine völlig andere Geschichte. «Er ist letztlich selbst im terroristischen Milieu gelandet, und ist so weit nach links gekommen, dass er rechts wieder raus kam.» Wenn sich der in Bochum lebende Rechtsanwalt Picker schon nicht im Kampf gegen den Staat sieht, so bemängelt er im Gespräch doch unbedingt die

«Political Correctness», die in der Bundesrepublik herrsche und gegen die er sich auch als Jurist wende.

Einen Geschmack politischen Kampfes verbreitet allerdings das «Deutsche Rechtsbüro» (DRB) in seiner Selbstdarstellung. Demnach ist der Verein mit Bochumer Postfachadresse «eine Selbsthilfegruppe zur Wahrung der Rechte, insbesondere der Grundrechte ‹politisch unkorrekter› Deutscher».[112] Das «Antifaschistische Infoblatt», eine Berliner Quartalsschrift, die über «Entwicklungen in der extremen Rechten aus antifaschistischer Perspektive» berichtet, sieht im DRB «eine wichtige Institution an der Schnittstelle zwischen NPD und Neonazismus, welche versucht, die Grenzen dessen, was legal ist, auszuloten und die extreme Rechte vor Repression zu schützen».[113] Jedenfalls veröffentlicht das DRB einen elektronischen Rundbrief, der über für Rechtsextremisten relevante Urteile und Entwicklungen informiert, gibt auf schriftliche Anfrage eine «Anwaltsliste» heraus und führt ein Archiv von Urteilen, die für seine politisierte Klientel von Interesse sein könnten.

Dazu gibt das DRB kurze präzise Handlungsempfehlungen, etwa unter dem Stichwort «Kollektivbeleidigung»: «Beleidigungsfähig sind – unterlassen Sie daher Beleidigungen gegen diese Gruppen», von denen dann unter anderen diese fallbezogen aufgeführt werden:

– die Juden, die in Deutschland leben (BGH, Urteil vom 28.02.1958, Az. 1 StR 387/57, zu finden in BGHSt 11,207);

– das Weltjudentum (LG Braunschweig, Urteil vom 24.10.1996, Az. 701 Js 53 009/95).

Unter dem Stichwort «Volksverhetzung» empfiehlt das DRB: «Die Rechtsprechung hat die folgenden Äußerungen als strafbar angesehen – unterlassen Sie daher derartige Äußerungen», und führt unter anderen folgende Fälle auf:

– ein Aufkleber, auf dem ein Schwein zu sehen ist, das Brotlaibe verschlingt und schwarze Menschen ausscheidet, mit dem Zusatz «Brot für die Welt» (OLG Düsseldorf, Beschluss vom 19.04.1995, Az. 5 Ss 80/95 und 47/95, zu finden in MDR 1995, 948);

– ein sogenanntes «100-Tage-Programm», in dem die Ausländer als «loszuwerdende Vertreibungsmasse ... aus dem Deutschen Reich» bezeichnet werden (BGH, Urteil vom 08.08.2006, Az. 5 StR 405/05);

– die Bezeichnung der Ehe zwischen einem Neger und einer Weißen als «unästhetisch und pervers» und des Negers als «abstoßend, brutal, primitiv, absolut kulturlos und unterentwickelt» (OLG Hamburg, Urteil vom 18.02.1975, Az. 2 Ss 299/74, zu finden in NJW 1975, 1087);

– die Zurückweisung von Ausländern, nur weil sie Ausländer sind, durch den Inhaber einer Gaststätte bzw. Diskothek (BayObLG, Urteil vom 07.03.1983, Az. Rreg 2 St 140/82, zu finden in NJW 1983, 2040 und OLG Frankfurt/Main, Urteil vom 08.01.1985, Az. 5 Ss 286/84, zu finden in NJW 1985, 1721).

Für das Verhalten von gewalttätigen Neonazis im Umgang mit der Öffentlichkeit gibt es also zahlreiche Regeln, an denen sich diese orientieren können, um sich juristisch schadlos zu halten. Aber natürlich gibt es immer wieder welche, denen das nicht gelingt. Zu den Rechtsextremisten, die diese Regeln weitestgehend verinnerlicht haben, gehören die Spitzenfunktionäre der NPD. Denn für die Partei, den parlamentarischen Arm der rechtsextremen Bewegung, in der sich so viele Gewalttäter tummeln, ist der Spagat zwischen dem Bekenntnis zu einer immanent gewalttätigen Ideologie und dem parteipolitischen Überlebenskampf in einer parlamentarischen Demokratie eine existenzielle Frage. Seit dem Auffliegen der Zwickauer Terrorzelle sieht es aber immer mehr danach aus, als könnte sie diese nicht mehr zu ihren Gunsten beantworten.

III. Teil
Das Erbe des NSU

Das elfte Opfer – deutscher Rechtsterrorismus unter Verdacht

Drei Tote in Nürnberg. Zwei Tote in München. Ein Toter in Dortmund, einer in Kassel, in Hamburg und in Rostock. In den Jahren zwischen 2000 und 2006 wurden acht türkischstämmige und ein griechischer Kleinunternehmer – oder deren Mitarbeiter – erschossen. Alle Opfer waren Männer im zeugungsfähigen Alter. Und alle wurden sie mit derselben Pistole erschossen – einer selbstladenden Česká CZ 83, Kaliber 7,65 mm Browning. Der Tatort war jeweils ihr Arbeitsplatz. Übereinstimmungen gibt es viele. Dennoch blieben die Fälle jahrelang unaufgeklärt. Den Ermittlern gelingt es nicht, eine Verbindung zwischen den Opfern herzustellen. In den Medien läuft die Mordserie unter dem Schlagwort «Döner-Morde».

Erst im November 2011 können sie der rechtsextremen Szene zugeordnet werden, nachdem die «Zwickauer Zelle» durch den Selbstmord von Uwe Mundlos und Uwe Böhnhardt aufgeflogen war. Nach offizieller Version hatte Mundlos, der ältere der beiden, seinen Kompagnon Böhnhardt mit einer Pumpgun Winchester aus nächster Nähe in dem gemieteten Wohnmobil in Eisenach erschossen, per Kopfschuss. Nachdem er das Fahrzeug angezündet hatte, richtete er sich schließlich selbst. Durch einen Schuss in den Mund – mit derselben Waffe. Noch am selben Tag zündete Beate Zschäpe, die gemeinsame Lebensgefährtin der beiden Männer, die Wohnung der drei in Zwickau mit Benzin an. Es kam zu einer Explosion, bei der das Wohnhaus teilweise zusammenstürzte. Die Ermittler rekonstruieren später die Funktionsweise des NSU anhand der in dem abgebrannten Haus gemachten Funde. Darunter mehrere Schusswaffen, unter anderem die Česká, mit der die migrantischen Kleinunternehmer erschossen worden waren. Wegen der in dem Wohnmobil gefundenen Dienstwaffe der Polizistin, die in Heilbronn erschossen wurde, kann der Gruppe auch dieser Mord schnell zugeordnet werden. Demnach gehen auf das Konto des NSU nach diesem Kenntnisstand zehn Tote.

Vier Tage nach dem Doppelselbstmord von Eisenach und der Explosion von Zwickau stellte sich Beate Zschäpe der Polizei. Zwischenzeitlich war sie mit dem Zug durch Ost- und Norddeutschland gereist. Am Tag nach dem Selbstmord von Uwe Mundlos und Uwe Böhnhardt wurde sie in Eisenach gesehen, in der Nähe des Ortes, an dem die beiden gestorben waren. Schließlich ging sie – begleitet von einem Rechtsanwalt – zur Polizeidirektion in Jena, der Heimatstadt des Trios, aus der es 13 Jahre zuvor untergetaucht war. Sie stellte sich mit den Worten: «Ich bin die, die sie suchen.»

Schnell erhärtete sich der Verdacht, dass eine terroristische Vereinigung hinter der Mordserie steckte, und die Bundesanwaltschaft übernahm die Ermittlungen. Dort firmierte die Mordserie dann unter dem Namen «Česká-Morde», aber das Schlagwort von den «Döner-Morden» hatte sich längst in den meisten Medien durchgesetzt. Die Behörde erkennt in dem NSU eine Vereinigung mit dem Zweck, «aus einer fremden- und staatsfeindlichen Gesinnung heraus vor allem Mitbürger ausländischer Herkunft zu töten».[1]

Beate Zschäpe hatte nach dem Verlassen des angezündeten Hauses in Zwickau jedenfalls noch zwölf Umschläge verschickt, in denen jeweils eine DVD mit dem zynischen Bekennerfilm steckte, das später als «Paulchen Panther»-Film bekannt wird: Eine Verhöhnung, in der die Comicfigur Paulchen Panther die neun Morde aus den Jahren zwischen 2000 und 2006 feiert. Ebenso den Polizistenmord von 2007 sowie einen bisher ebenfalls unaufgeklärten Nagelbombenanschlag von 2004 in einer überwiegend von Türken bewohnten Straße in Köln. Und schließlich wird noch ein Sprengstoffanschlag in einem türkischen Lebensmittelladen erwähnt, der 2001 ebenfalls in Köln verübt wurde.

Zwischen den Auftritten der Figur Paulchen, die über die Morde witzelt («Von jeher Leidenschaft erweckt die Jagd aufs lebende Objekt») wurden Fernsehsequenzen und Zeitungsausschnitte aus der tatsächlichen Berichterstattung über diese Verbrechen montiert. So wie Fotos, die unmittelbar nach den Morden an den jeweiligen Tatorten aufgenommen wurden. Eines dieser Fotos zeigt beispielsweise den tödlich getroffenen türkischstämmigen Abdurrahim Özüdoğru, der während der Arbeit in einer Änderungsschneiderei in Nürnberg am 13. Juni 2001 erschossen wurde: Auf dem Bild läuft ihm das Blut aus Mund und Nase. Der Film vermittelt das Tatmotiv «Rassismus», aus dem sich der Spaß daran, Ausländer zu töten, ableitet. Er feiert die Urheberschaft des «Nationalsozialistischen Untergrunds» (NSU), die Anschlagserie wird als «Deutschlandtour» stilisiert. Die Umschläge mit der DVD sind an einzelne Medien adressiert, wie etwa an die «Nürnberger Nachrichten» in Nürnberg, das Büro der «Westdeutschen Allgemeinen» in Berlin oder den Axel Springer Verlag in Halle/Saale. Aber auch an lokale Parteibüros der PDS, das türkische Generalkonsulat in München und die Ali-Paşa-Moschee in Hamburg. Die Bilder aus diesem Trickfilm, unterlegt mit dem charakteristischen Paulchen-Panther-Thema, bestimmen nach ihrem Auftauchen das Nachrichtengeschehen zum Jahresende 2011.

Die Gesellschaft für deutsche Sprache wählte den Begriff «Döner-Morde» schließlich zum «Unwort des Jahres», mit dieser Begründung: «Im Jahre 2011 ist der rassistische Tenor des Ausdrucks in vollem Umfang deutlich geworden: Mit der sachlich unangemessenen, folkloristisch-stereotypen Etikettierung einer rechts-terroristischen Mordserie werden ganze Bevölkerungsgruppen ausgegrenzt und die Opfer selbst in höchstem Maße diskriminiert, indem sie aufgrund ihrer Herkunft auf ein Imbissgericht reduziert werden [...] Der Ausdruck steht prototypisch dafür, dass die politische Dimension der Mordserie jahrelang verkannt oder willentlich ignoriert wurde: Die Unterstellung, die Motive der Morde seien im kriminellen Milieu von Schutzgeld- und/oder Drogengeschäften zu suchen, wurde mit dieser Bezeichnung gestützt. Damit hat ‹Döner-Mord(e)› über Jahre hinweg die Wahrnehmung vieler Menschen und gesellschaftlicher Institutionen in verhängnisvoller Weise beeinflusst.»[2]

Ohne die Selbsttötung von Uwe Mundlos und Uwe Böhn-hardt wäre das rechtsextreme Tatmotiv der Mordserie wohl niemals bekannt geworden. Dann müssten die Familien und Freunde der Opfer auch weiterhin die Qual der Ungewissheit aushalten. Und sie müssten weiterhin mit dem Makel des dunklen Verdachts leben, mit dem Polizei, Staatsanwalt-schaft – und in einigen Fällen auch einzelne Medien – sie zu-rückgelassen hatten. Bevor sie die Ermittlungen für eingestellt erklärten, und ihre Fälle in den Archivkellern der Behörden verschwanden.

So wie bei Ishan Yurtseven, der bis heute keine Gewissheit hat. Darüber, ob er das elfte Opfer der Zwickauer Terrorzelle hätte sein sollen. Die Angst ist aber immer noch da. Mit dem rechten Zeigefinger zeichnet er einen unsichtbaren Kreis neben seine Kaffeetasse auf die Tischplatte: «Weiter als 800 Meter habe ich mich all die Jahre kaum von meiner Wohnung fortbe-wegt.»[3] Im Duisburger Stadtzentrum war er in dieser Zeit nur zweimal. In Meiderich, dem Stadtteil, in dem er am frühen Morgen des 15. Dezember 2003 umgebracht werden sollte, ist er nie wieder gewesen. Aus Angst vor den Tätern. Acht Jahre ist es nun her, als er auf dem Parkplatz vor seinem Café im alten Meidericher Bahnhof zum Krüppel geschossen wurde. Er war damals seit zwölf Jahren in Deutschland. Und die acht darauf folgenden Jahre wusste er nicht, wer ihn töten wollte. Bis ihn dieser Verdacht erreicht hat. Über das Fernsehen! Seitdem er aus einem kurzen Nachrichtenfilm auf n-tv erfuhr, dass die Polizei seinen Fall neu aufgerollt hat. Nach all den Jahren. Ein Bekannter hatte ihn ganz aufgeregt angerufen, gesagt: «Ishan, mach mal den Fernseher an!» Und dann saß er vor dem Fern-seher, zuhause in Duisburg-Rheinhausen, und sah das alte Foto von sich auf dem Bildschirm. Ein Mann mit einem run-den offenen Gesicht, melancholischen braunen Augen und einer schwarzen Kurzhaarfrisur. In einem Bericht über den NSU. Das ist jetzt erst ein paar Tage her. Von dem Schock hat er sich noch nicht erholt. Sein Gesicht ist jetzt aschfahl. Wa-rum nur hatte ihm, den das schließlich am meisten angeht, nie-mand Bescheid gesagt? Warum hatte sich die Polizei nicht bei

ihm gemeldet, von der es nun heißt, dass sie den Fall neu auf-
rolle?

Stattdessen wussten es Millionen von Menschen, die vor dem
Fernseher saßen. In Deutschland, vor allem auch in der Türkei,
wo die Nachrichten über den rechten Terror in Deutschland
gegen die eigenen Landsleute von Anfang an mit Entsetzen und
Wut verfolgt worden sind. Sie knabberten Sonnenblumenkerne
oder Erdnüsse und sahen das Foto von Ishan Yurtseven aus
dem kleinen Städtchen Imranli in der anatolischen Provinz
Sivas. Den Ishan Yurtseven, der mit seinem eindringlichen Gesang über Liebe und Sehnsucht und seinem Spiel auf der Saz,
der türkischen Langhalslaute, die Hochzeitssäle in Dinslaken,
Bottrop, Oberhausen und Duisburg jahrelang mit dem vorübergehenden Gefühl erfüllte, der fernen Heimat nahe zu sein.
Dieser Ishan Yurtseven also sollte den Terror dieser deutschen
Neonazis überlebt haben.

Neben Kreuzberg gibt es keinen zweiten Ort außerhalb der
Türkei, wo mehr Türken leben, als hier, in der Gegend von
Duisburg, in der der Rhein die Ruhr aufnimmt. Sie sind das
Erbe des Industriegebiets. Die ersten kamen 1961 als Gastarbeiter, nachdem die Bundesrepublik Deutschland und die Tür-
kei ein Anwerbeabkommen unterzeichnet hatten, um den
Mangel an Arbeitskräften in der Bundesrepublik auszuglei-
chen. Vor allem in der Schwerindustrie des Ruhrgebiets war der
Bedarf hoch. Inzwischen verschwindet diese Industrie immer
mehr. Aber die Türken sind noch da, mit ihren Familien, Kindern, Enkelkindern und Angeheirateten. Drei Generationen.
Besonders viele von ihnen leben hier in Duisburg: Wo immer
noch Stahl gekocht wird, leben mehr Türken als im übrigen
Ruhrgebiet.

Deshalb finden hier mehr türkische Hochzeiten statt, gibt es
mehr türkische Geschäfte für Brautmode, türkische Hoch-
zeitsfotografen, Frisöre, Zuckerbäcker und Musiker, die von
dieser Hochzeitsindustrie leben. Wenn der Reigen aus Tanz
und Musik dann begann, saß Ishan Yurtseven immer ganz
vorne im Saal, auf dem Podium, vor hunderten, manchmal vor
ein- oder zweitausend Menschen, so wie es vorkommt bei tür-

kischen Hochzeiten: Er war dabei stets festlich gekleidet, im schwarzen Anzug, den bauchigen Körper der Saz auf dem rechten Oberschenkel, die Augen beim Gesang geschlossen, zauberten die Finger seiner rechten Hand den orientalischen Klang Kleinasiens hervor. Und die Hochzeitsgesellschaft, Frauen, Männer, Kinder und die türkische Braut an ihrem glücklichsten Tag im Leben, tanzte zu der Musik von Ishan Yurtseven aus Duisburg-Rheinhausen. Bis zu jenem nasskalten 15. Dezember 2003, nach dem seine rechte Hand nie wieder den Orient auf seiner Saz nach Deutschland zaubern konnte.

Ihm hatte die Polizei nicht Bescheid gesagt. Wohl aber der Presse. Irgendein Beamter muss es der Lokalzeitung erzählt haben. Die rief dann wiederum offiziell beim Landeskriminalamt (LKA) an, dessen Sprecher der Redaktion schließlich die Wiederaufnahme der Ermittlungen bestätigte. Das Bundeskriminalamt (BKA) hatte die einzelnen Landeskriminalämter aufgefordert, alle in Deutschland unaufgeklärten Morde (auch Versuche) gegen türkische Geschäftsleute zu untersuchen. Die Sache lag augenblicklich also beim LKA in Düsseldorf und war Chefsache. Von dort platzte die Nachricht in die Welt, und Ishan Yurtseven kam schließlich an einem tristen Samstag Anfang Januar 2012 ins Fernsehen. Auf einem Archivbild aus der Zeit, in der Unbekannte sein Leben zerstörten.

Zwei Tage später meldet sich die Duisburger Polizei bei ihm, telefonisch. Es ist der Kriminalhauptkommissar, der die Ermittlungen in seinem Fall vor Jahren erfolglos abgeschlossen hatte, und der selbst von der Wiederaufnahme überrascht wurde. An einem Montagmorgen im Büro, wo man alles brühwarm in der «Bild»-Zeitung lesen konnte: «Jetzt kommt heraus, die Mordmaschine ist baugleich mit einer Selbstschuss-Anlage, die in der Wohnung des Terror-Trios in Zwickau gefunden wurde», hieß es dort über die Waffe, mit der das Leben von Ishan Yurtseven zerstört wurde, und weiter: «Bisher war die Polizei bei der Tat von einem Mafia-Hintergrund ausgegangen.»[4] Es wäre fatal, wenn jetzt also heraus käme, dass es stattdessen Neonazis waren, die auf Ishan Yurtseven geschossen hatten. Die Duisburger Polizei jedenfalls hätte ihren nächsten Skandal.

Und das mitten in der Aufklärung der «Loveparade»-Katastrophe: Während des Techno-Großereignisses im Duisburger Stadtzentrum waren im Juli 2010 bei einer Massenpanik 21 Menschen getötet und 500 weitere verletzt worden. Die staatsanwaltschaftlichen Ermittlungen richteten sich unter anderen gegen den verantwortlichen Polizeiführer.

Nun also hieß es, Ishan Yurtseven möchte doch mal «aufs Präsidium» kommen. Düsseldorf oder Duisburg, LKA oder lokale Kripo. Für Ishan Yurtseven war da kein Unterschied zu erkennen: Es war «die Polizei», die es nicht für nötig gehalten hatte, ihn, das Opfer der Tat, als erstes über die neuen Ermittlungen zu informieren. Bevor es ins Fernsehen kam. Er verstand auch nicht, dass viele der Ermittlungspannen der vergangenen Jahre in Bezug auf die zweifelsfreien Morde der «Zwickauer Zelle» ihren Ursprung an genau diesen Schnittstellen zwischen den einzelnen Sicherheitsbehörden hatten. Dass die Kommunikation zwischen ihnen unter den ungeklärten Zuständigkeiten litt und dass sich die Terroristen des NSU genau diesen Umstand zu Nutze machten, und ihre Morde an den Migranten deshalb nicht als das Werk rechtsextremer Gewalttäter erkannt wurden. Stets töteten sie außerhalb der Bundesländer, mit denen sie in Verbindung gebracht werden konnten, also außerhalb Thüringens, aus dem sie stammten, oder Sachsens, wo sie seit ihrem Gang in den Untergrund 1998 lebten. Mit einer Ausnahme töteten sie nur im Westen.

Inzwischen war aus der Nachricht über die Parallelen zwischen der NSU-Mordserie und seinem Fall längst eine unaufhaltsame Lawine geworden, unter der Ishan Yurtseven lebendig begraben wurde. Ab morgens um halb acht klingelten die Reporter unangemeldet an seiner Wohnungstür und wollten mit ihm, dem möglichen Opfer der NSU-Terroristen, reden, mit dem Überlebenden. Die Reporter kamen von denselben Redaktionen, die ihn vor acht Jahren zum zweiten Mal zum Opfer gemacht hatten. Mit ihren Überschriften von der «Türken-Mafia», die ein Komplott gegen Ishan Yurtseven geschmiedet hätte, um ihn zu töten. Diese Berichte wirkten wie eine Hinrichtung: Sofort war sein soziales Leben vorbei, ansatzlos.

Aus, Schluss, vorbei. Als wenn er bei dem Attentat tatsächlich ums Leben gekommen wäre. Denn die türkische Gemeinde in Duisburg ist groß, stark und sehr konservativ. Nach diesen Berichten wurde er ausgestoßen. Seine ganze Familie wurde ausgegrenzt, auch die seiner türkischstämmigen Ehefrau, die als Kind eines Stahlarbeiters in Duisburg geboren wurde. Nach dem Attentat folgte die mediale Hinrichtung, der soziale Tod – und dann schließlich ein Familiendrama, das sich immer noch hinzieht. Seine Heimat, die Türkei, hat er seither nicht wiedergesehen. Natürlich, nach dem Attentat fehlte ihm das Geld für die Reise. Aber vor allem war da die Scham. Denn die türkischen Zeitungen hatten die Berichterstattung aus Deutschland übernommen: Auch dort war in großen Lettern von der «Mafia» die Rede. Diesen Verdacht ist Ishan Yurtseven nie losgeworden. Auch für einen Umzug, über den er immer wieder nachdachte, fehlte ihm das Geld.

«Die Presse hat ja von Mafia geschrieben, von Drogen und allem Möglichen. Wenn einer mich kennt, der das liest, der denkt: Am besten Abstand halten. Innerhalb von drei Monaten habe ich alle verloren. Ich war alleine. Du hast keine Möglichkeiten, um Hilfe zu bitten. Oder Arbeit zu finden. Bei Türken ist es auch normal, dass man sich privat Geld leihen kann. Aber nach diesem Fall hat mir keiner mehr Geld geliehen.»

Sein Deutsch hat einen Duisburger Einschlag. Er sagt «dat» statt «das». Die Worte kommen leise. Und die Sätze sind wohl geordnet. Sein Vokabular ist reichhaltiger als bei den meisten Einwanderern. Wie bei einem Menschen, der viel liest. Ishan Yurtseven hat in den vergangenen acht Jahren viel gelesen, weil er viel zu Hause war. Und die eigene Familie war immer da. Sonst niemand. Nun kamen nach den Journalisten auch die Leute vom türkischen Generalkonsulat, denn die Sache der türkischen Opfer war längst Politik. Sie wurde zum Faustpfand der türkischen Regierung in der besonderen Beziehung zwischen Ankara und Berlin.

Aber die Duisburger Polizisten machten sich nicht einmal die Mühe, raus zu fahren, nach Rheinhausen, auf das linke Rheinufer, um ihn, das mutmaßliche Opfer der Rechtsterroristen, über die das ganze Land gerade sprach, zu informieren. Warum auch? Sollte es in der anschließenden erneuten Vernehmung von Ishan Yurtseven doch in erster Linie darum gehen, das mögliche rechtsextremistische Tatmotiv auszuschließen. Um die Sache wieder loszuwerden, diesen ganzen politischen Druck, der durch die Medienhysterie erst verursacht wurde. Schließlich hatten die Duisburger Ermittler dieses Motiv, das nun plötzlich in aller Munde war, damals völlig vernachlässigt. Da durfte es jetzt nicht auf einmal auftauchen. Wer konnte da als besserer Kronzeuge gegen dieses Motiv dienen, als das Opfer selbst?

Also bestellten sie ihn ein, «aufs Präsidium». Zu einem Behördengang ins Stadtzentrum, das er jahrelang aus Angst gemieden hatte. Aus Angst vor den Tätern, die da draußen noch auf ihn hätten lauern können und vor denen ihn die Polizei nicht schützen konnte. Weil sie sie nicht gefasst hat, weil sie jahrelang ergebnislos ermittelt hat, weil sie mit ihren angenommenen Tatmotiven in der Sackgasse gelandet war. Aber jetzt hieß es: Dieselben Täter, die acht weitere türkischstämmige Kleinunternehmer, einen griechischen Blumenhändler und eine Polizistin umgebracht haben und die eine Nagelbombe in der von Türken belebten Keupstraße in Köln gezündet haben sollen, die weitere 22 Menschen verletzt hat, diese Täter könnten auch versucht haben, Ishan Yurtseven zu erschießen. Aus Hass auf Ausländer, aus Türkenhass. «Bei dem Mordanschlag auf den Duisburger Wirt drängen sich die Bezüge zu den Rechtsterroristen geradezu auf», schrieb dazu die «Tageszeitung».[5] Die «Bild» titelte: «Wollten Killer-Nazis Duisburger Gastwirt ermorden?»[6]

Sie könnten es gewesen sein, hieß es im Konjunktiv. Es hieß nicht: Sie waren es. «Ich glaube, dass sie es waren, aber ich weiß es nicht», sagt das Opfer, blickt vor sich auf den Tisch und schweigt. Deshalb sind die Fragezeichen in seinem Kopf zwar kleiner geworden, aber immer noch nicht verschwunden. Die Fragezeichen machen sein Leben seit Jahren zur Qual. In den Tagen, als der Verdacht aufkam, dass Ishan Yurtseven auch ein Opfer der Terrorzelle sein könnte, der die Überlebende Beate

Zschäpe angehörte, beschwerten sich deren Rechtsanwälte über die Haftbedingungen, unter denen sie in der JVA in Köln-Ossendorf leben musste, 60 Kilometer von hier, von Rheinhausen, entfernt. In einem zehnseitigen Schreiben an die Leiterin der JVA bemängelten ihre beiden Verteidiger, dass ihre Menschenwürde mit Füßen getreten werde. Es gebe Probleme bei den Telefonaten mit den Verteidigern und bei der Körperpflege. Außerdem würde sie beim Hofgang von Mitgefangenen bedroht und bespuckt. «Der tägliche Hofgang ist für meine Mandantin eine Tortur», wird einer der Verteidiger in der Presse zitiert.

Das alles interessiert Ishan Yurtseven nicht. Ihn interessiert nicht, wie es den möglichen Tätern geht, Rachegefühle bringt er nicht auf, Beate Zschäpe ist ihm völlig egal. Ihm geht es einzig um die Gewissheit. Er will wissen, wer ihn umbringen wollte. Er wirkt matt, wie am Ende eines vergeblichen Kampfes. «Diese Fragezeichen in meinem Kopf haben mich verrückt gemacht», sagt er. Sie sind immer da, tagsüber, aber vor allem auch nachts, wenn er nicht schlafen kann, suchen sie ihn heim. Der Familienvater Ishan Yurtseven ist seit der Dezembernacht am Meidericher Bahnhof schwer traumatisiert. Aber erst jetzt, nachdem die Beratungsstelle Back Up von seinem Fall erfährt, bekommt er Hilfe. Nach acht Jahren. Er wird von einer türkischen Opferberaterin betreut, die selbst Psychologin ist und ihn zu einem Therapeuten nach Köln vermittelt. Viele von dessen Patienten sind Bürgerkriegsopfer. Er ist ein erfahrener Mann im Umgang mit Menschen, denen rohe Gewalt angetan wurde. Der Therapeut kommt auch aus der Türkei und wird von der Beratungsstelle bezahlt. Dass Ishan Yurtseven mit ihm in seiner Muttersprache über alles reden kann, hilft. Künftig wird er wöchentlich nach Köln fahren, später kommt auch seine Frau ein paarmal mit. Denn er ist nicht mehr der Mann, der er vor dem Attentat war.

Ishan Yurtseven selbst konnte sich keinen Therapeuten leisten. Und niemand wäre dafür aufgekommen, weil ihm schlicht die behördliche Anerkennung als Opfer fehlte. Das Geld aus dem einträglichen Geschäft mit der Hochzeitsmusik hatte er in das Café gesteckt, vor dem alles passiert war. Und nach dem Anschlag stürzte er ab, weil er nicht mehr richtig arbeiten konnte. In der Türkei hatte er Konditor gelernt. Da braucht es die Hände, vor allem die rechte, wie beim Spiel mit der Saz. «Ich bin ja Rechtshänder», sagt Ishan Yurtseven. Irgendwann war er finanziell am Ende und in die soziale Isolation getrieben. Für die Musik auf den Hochzeiten sorgten längst andere.

Er trinkt seinen schwarzen Kaffee süß. Bei der zweiten Tasse schiebt er beiläufig den rechten Ärmel seines Pullovers hoch. Zeigt verschämt seinen völlig vernarbten rechten Unterarm, der tief eingekerbt ist wie von einem schweren Spatenhieb zertrümmert. Überzogen mit dieser fremdartigen Haut, wie sie sich nach einer Transplantation an ungewohnter Stelle wiederfindet. Die Haut stammt von seinem Oberschenkel; darunter werden 17 Brüche verdeckt. Mit der linken Hand klopft er auf die rechte und sagt: «Darin ist alles kaputt, ich spüre nichts, kann auch nicht mehr greifen.» Der Arm erinnert an eine schwere Kriegsverletzung. Ishan Yurtseven muss mit Schmerzen leben. Für immer Schmerztabletten zum Frühstück.

14 Wochen lag er damals in der Berufsgenossenschaftlichen Unfallklinik in Duisburg-Buchholz, im Winter nach dem Attentat. In dieser Zeit wurde sein Café «Sydney» liquidiert, der Mietvertrag aufgelöst. Einfach so, wie er sagt, weil der private Eigentümer ihn nicht mehr als Mieter haben wollte, «schon wegen der Öffentlichkeit». Auch Mietschulden hatten sich längst angehäuft. Zu dieser Zeit kursierten schon die Zeitungsberichte über die Verstrickungen mit der «Türken-Mafia».

Ishan Yurtseven erlebt Ähnliches, was die übrigen Opfer des NSU auch haben durchmachen müssen. Die beiden Kinder, die schon im schulfähigen Alter sind, werden dort von den Mitschülern geschnitten. Sie sagen, dass ihr Papa bei der Mafia sei. Deshalb wollten sie nicht mehr zur Schule gehen, die sie vorübergehend abgebrochen haben. All das passiert, als ihr Vater noch im Krankenhaus liegt und sie mit der Mutter bei deren Eltern untergekommen waren. Auch nach Hause wollten sie in dieser Zeit nicht. Wegen der Nachbarn.

Acht Jahre später, nachdem der Bericht mit dem Bild von Ishan Yurtseven im Fernsehen gelaufen war, gingen die Weihnachtsferien zu Ende, die Schule fing wieder an. Aber diesmal wollte der Jüngste nicht in die Schule gehen. Aus Angst vor den Mitschülern. Sein Vater war in den vergangenen Tagen *das* Stadtgespräch. Der Junge selbst kann sich an das Attentat gar nicht erinnern. Er war damals noch zu jung.

Einen Monat vor dem Attentat hatte Ishan Yurtseven das Café eröffnet, gemeinsam mit einem Partner. Sie hatten die Räume in dem alten Bahnhof, ein vernachlässigtes ehrwürdig-wuchtiges Jugendstilgebäude, selbst renoviert, sahen darin die Zukunft für sich und ihre Familien. Dass die Kneipe unter dem Vorbesitzer ein Treffpunkt der rechtsextremen Szene war, wird der türkische Alevit erst viel später erfahren. Im Stadtteil jedenfalls war es bekannt. Auch das Ordnungsamt wusste es sowie die Polizei, bei der einige gewalttätige Auseinandersetzungen mit Gästen dieser Kneipe aktenkundig wurden, die dieser Szene angehörten. So heißt es in einem Bericht aus dem April 2002: «Die genannte Gaststätte hat sich in den vergangenen Monaten zu einem Brennpunkt entwickelt. Hier treffen sich in aller Regelmäßigkeit Personen der ‹rechten Szene›.»[7]

Der Polizeioberkommissar Ralf K. von der Wache in Meiderich protokollierte am 5. April 2002: «Schlägerei zwischen Besuchern der Gaststätte und Taxifahrern des direkt vor der Gaststätte befindlichen Taxistandes. Anlass war, dass ein Besucher der Gaststätte (wie sich später herausstellte ist dieser polizeibekannt und der rechten Szene zuzuordnen) am Taxistand urinierte und von einem Taxifahrer auf sein Verhalten hin angesprochen wurde, woraufhin der Gaststättenbesucher den Taxifahrer sofort tätlich angriff und diesem den Arm brach. Als andere Taxifahrer dem Verletzten zu Hilfe eilten, um den 2,10 Meter großen und etwa 150 Kilogramm schweren Täter zu überwältigen, kamen auch ca. 15 gleichgesinnte Bekannte des Täters aus dem Lokal. Es entwickelte sich eine Schlägerei […]. Beim Eintreffen der Polizei befanden sich mittlerweile 50 Personen vor der Gaststätte. […] Da die Lage zu eskalieren drohte, wurde der Einsatz aller Funkstreifenwagen-Besatzungen der

PI-2- [Polizeiinspektion Süd, O. S.] erforderlich sowie eines
weiteren Einsatzfahrzeuges aus der PI-1- [Polizeiinspektion
Nord, O. S.]. Nachdem der Sachverhalt [...] geklärt war, wurde
der Haupttäter, der sich mittlerweile wieder in der Gaststätte
befand, vorläufig festgenommen und der Wache PI-2- zuge-
führt. Dies geschah unter lautstarkem Johlen und Pfeifen seiner
stark alkoholisierten Anhänger mit Parolen wie ‹Scheiß Staats-
macht›, ‹Scheiß Deutschland› oder ‹Arbeit macht frei›.»

Für Polizeioberkommissar Ralf K. war dieser Einsatz gegen
die gewalttätigen Neonazis von Meiderich nicht der erste dieser Art. Er vermerkt, dass es «mehrere Polizeieinsätze» vor der
Gaststätte gegeben habe, die zu dieser Zeit «Panorama» heißt –
mit dem «jeweiligen Einsatzanlass Körperverletzung». Es passierte immer wieder an den Wochenenden. Die Betreiber einer
benachbarten Kneipe, deren Gäste ebenfalls an den Wochenenden zum Ziel von Angriffen der gewalttätigen Neonazis aus
dem «Panorama» wurden, beschäftigten schließlich private
Sicherheitsleute. Um ihre Gäste vor den Neonazis zu schützen.
Der Polizist schließt seinen Bericht jedenfalls mit einem vor-
ausschauenden Hinweis: «In Anbetracht der Tatsache, dass
die Kundschaft des ‹Panorama› durchaus dem rechtsradikalen
Umfeld zugeordnet werden kann (alle Sympathisanten des
Täters hatten kurz geschorene Haare und waren mit Bomberjacken bekleidet) und sich gleichzeitig direkt vor der Gaststätte
ein Taxistand befindet [...] mit überwiegend ausländischen
Fahrern, ergibt sich eine latent bestehende Gefahr zwischen
beiden Gruppen. Diesem Zustand gilt es, durch geeignete Maß-
nahmen der zuständigen Behörde Abhilfe zu schaffen.»[8]

Die Kneipe machte schließlich dicht, mutmaßlich aus wirtschaftlichen Gründen. Das verwundert insofern nicht, als dass
es selbst in einem der lokalen Polizeiberichte heißt: «Es werden
lauthals rechtsradikale Parolen gegrölt und auch Passanten angepöbelt. Der normale Bürger macht mittlerweile einen großen
Bogen um diese Örtlichkeit.»[9] Sie stand schließlich rund ein
Jahr lang leer. In der Gegend kursierten Gerüchte, dass die
Neonazis die Kneipe selbst übernehmen wollten. Bis sie von
Ishan Yurtseven und einem Partner wieder eröffnet wurde.

Dann kamen die Skinheads wieder, Männer mit Glatze, dicken Jacken und Stiefeln. Die saßen an den Wochenenden immer als Gruppe in einer Ecke und tranken Bier. Ohne Ärger zu machen. Zweifelsfrei kannten sie die Gewohnheiten des Gastwirts Ishan Yurtseven an den Wochenenden. Dieser Spur nach rechts jedenfalls schenkten die Ermittler in der Angelegenheit des «versuchten Mordes» an dem Duisburger Gastwirt jahrelang keine Beachtung.

Das entsprach auch dem allgemeinen Ermittlungsklima, das bundesweit herrschte. So auch unter denen, die mit der Aufklärung der geheimnisvollen Mordserie an türkischstämmigen Kleinunternehmern beschäftigt waren, die 2000 mit dem Mord an dem Blumenhändler Enver Şimşek in Nürnberg begonnen hatte und drei Monate nach dem missglückten Anschlagsversuch auf Ishan Yurtseven in Duisburg in Mehmet Turgut ihr fünftes Opfer fand, einem Mitarbeiter eines Döner-Ladens in Rostock. Als die Zahl der Opfer zwei Jahre später schließlich auf neun stieg, verzehnfachte der bayerische Innenminister Günther Beckstein die Belohnung für Hinweise, die zur Ergreifung der Täter führten: auf die Rekordsumme von 300 000 Euro. Fünf der Opfer wurden in Bayern erschossen.

Ein Sprecher des Ministers erklärte, dass diese hohe Summe Mitwisser oder mögliche weitere gefährdete Menschen dazu verlocken solle, ihr Schweigen zu brechen: «Die Polizei ist bei den Ermittlungen im Umfeld der Opfer auf eine Mauer des Schweigens gestoßen. Eine deutliche Belohnung kann da schon die Aussagebereitschaft fördern.» Überdies sei es naheliegend, dass die Drahtzieher des Verbrechens im Bereich der organisierten Kriminalität zu suchen seien, sagte der Sprecher. Und dass gerade in diesem Milieu eine Belohnung sehr Erfolg versprechend sein könne.[10] Und genau wie in den neun tatsächlichen Mordfällen an Migranten dieser Serie, sollte sich die Polizei im Fall von Ishan Yurtseven in ihrem in das Milieu der organisierten Kriminalität weisenden Verdacht verfangen.

Erst als sich das LKA des Falles von Ishan Yurtseven Ende 2011 annimmt und der mögliche Bezug zum rechtsterroristischen NSU durch die Medien geht, entsinnt sich die Duisburger Kriminalpolizei der Spur nach rechts. Warum? Weil es nun in einem Zeitungstext über Ishan Yurtseven heißt, dass sein Lokal früher ein rechter Szenetreff gewesen sei. Noch am Wochenende alarmiert der Duisburger Kriminaldirektor seine Beamten per E-Mail, Samstagsabends um 18.53 Uhr, mit höchster Priorität. Angesichts der medialen Aufmerksamkeit und des entsprechenden politischen Drucks, scheint man im Duisburger Polizeipräsidium nun in hektische Betriebsamkeit zu verfallen. Vielleicht mangelte es denselben Ermittlern acht Jahre zuvor schlicht an Vorstellungskraft dafür, dass Neonazis Ishan Yurtseven töten wollten?[11]

So wie sich auch drei Jahre später ihre Dortmunder Kollegen nicht vorstellen konnten, dass Neonazis den Kioskbesitzer Mehmet Kubaşık getötet hatten. Dabei meldete sich kurz nach seiner Ermordung eine Zeugin bei der Polizei – mit einem entscheidenden Hinweis: Die aus Kroatien stammende Frau hatte in der Nähe der Trinkhalle an der Mallinckrodtstraße zwei verdächtige Männer mit einem Fahrrad beobachtet. Vom Typ her sei der Radfahrer «ein Junkie oder ein Nazi gewesen», sagte sie. In einem weiteren Vermerk der Polizei heißt es: «Die Männer sollen wie Rechtsradikale ausgesehen haben.» Die Frau gab sogar eine zutreffende Personenbeschreibung ab, nach der die beiden Männer etwa jeweils 1,80 Meter groß gewesen seien, schlank und zwischen 25 und 30 Jahre alt. «Sie wirkten auf mich wie Deutsche.»[12]

Ihre Angaben deckten sich auch mit den Videoaufzeichnungen der Außenkamera einer Filiale der «Stadtsparkasse Dortmund», ganz in der Nähe der Trinkhalle. Deren Bilder zeigten zwei Männer, einer trägt eine Baseballmütze, der zweite einen Rucksack. «Dem Hinweis der Zeugin auf das rechtsradikale Aussehen der Männer gingen die Beamten dennoch nicht nach», stellte das Nachrichtenmagazin «Focus» anhand der Ermittlungsakten später fest.[13] Dort habe man die entsprechenden Passagen der Aussage nicht einmal aufgenommen: «So schrieben die Fahnder in ihrem Abschlussbericht gut ein Jahr nach dem Mord, eine Zeugin habe die beiden Verdächtigen ‹als Junkie-Typen› beschrieben, also als Drogensüchtige.»

Eine ähnliche Formulierung fand sich laut «Focus» in einem Sachstandsbericht der Besonderen Aufbauorganisation (BAO) «Bosporus» von 2008, der Sonderkommission, die in Nürnberg zentral alle neun Morde an Einwanderern analysierte. Denn dort wurden allein drei der neun Migranten erschossen: «Im Fall Kubaşık beschrieb eine Zeugin zwei Personen aus dem Junkie-Milieu.» Ein damals leitender Beamter der BAO «Bosporus» habe dem Magazin gegenüber erklärt: «Hätte man den Hinweis 2006 aus Dortmund erhalten, ‹wären wir unserer Hypothese von rechtsextremistischen Tätern mit Sicherheit stärker nachgegangen›.»[14] Im selben Jahr, in dem dieser Sachstandsbericht verfasst wurde, wird diese polizeiliche Sonderkommission aufgelöst, ergebnislos. Es war eine der größten, die es je gegeben hat. 160 Polizisten aus mehreren Bundesländern arbeiteten für die BAO «Bosporus» in Nürnberg. All die Jahre verfolgten sie 3 500 Spuren, überprüften 11 000 Personen, Millionen Datensätze von Handys und Kreditkarten.[15] Aber von der Aussage der Dortmunder Zeugin bis zur maßgeblichen Ermittlung der BAO ging auf dem Dienstweg das entscheidende Merkmal «rechtsradikales Aussehen» verloren. Versehentlich? Weil es ein Polizist für unwesentlich hielt? Aus Absicht? Wie auch immer die Antwort lautet: Sie ist ein weiterer deutlicher Beleg dafür, dass viele Polizisten rechtsextreme Gewalt nicht erkennen – wollen oder können.

In dem Buch «Die Zelle» wird ein Mitarbeiter des Bundeskriminalamts erwähnt, der sich im April 2006 schriftlich beim Bundesinnenministerium beschwert: «Er schreibt in einem Brief, dass nach sechs Jahren und neun Morden immer noch kein Täter gefasst ist, und bemängelt das Durcheinander der verschiedenen Ermittlungsgruppen. Die Strafverfolgungsbehörden von fünf Bundesländern und das BKA seien an der Fahndung beteiligt, aber es gebe keine zentrale Ermittlungsführung, Aktenführung und Koordinierung.»[16]

Diese Beschwerde hilft Mehmet Kubaşık nicht mehr, der am 4. April 2006 erschossen wurde. Einige Wochen später äußerte auch der Vorsitzende des Alevitischen Kulturvereins Dortmund, Cem Yilmaz, den Verdacht, dass Neonazis die Mörder von Mehmet Kubaşık sein könnten: «Alle Opfer sind Migranten. Da ist doch ein rechtsextremistischer Hintergrund sehr einleuchtend», sagte er der «Tageszeitung». Stattdessen würden die Ermittler nur nach links schauen: «Sie wollen wissen, ob Mehmet in der PKK aktiv war», also in der linksextremen Arbeiterpartei Kurdistans.[17] Und auch Gamze Kubaşık, die Tochter des Ermordeten, die zum Zeitpunkt der Tat 20 Jahre alt war, und immer noch in Dortmund lebt, hegte schon frühzeitig einen entsprechenden Verdacht. Aber die Beamten hätten nicht auf sie gehört: «Ich habe den Ermittlern oft gesagt, dass ich es für möglich hielte, mein Vater sei das Opfer von Rechtsextremisten geworden.»[18]

Den Verdacht in Richtung PKK hatte die Polizei auch bei dem 24-jährigen Mehmet Turgut. Der junge Mann aus Ostanatolien steht gleich nach Ladenöffnung morgens in der Küche des Imbissladens «Mr. Kebab» in Rostock-Toitenwinkel, als er mit einer Česká-Pistole mit aufgesetztem Schalldämpfer von den NSU-Terroristen erschossen wird. Am 25. Februar 2004, drei Monate nach dem Attentat auf Ishan Yurtseven in Duisburg-Meiderich. Und genau wie dort konzentrieren sich die Ermittler fast ausschließlich auf die Familie des Opfers. Außerdem geht es um Geldwäsche, Schwarzarbeit, Steuerhinterziehung, Schutzgeld – und eben um die PKK. Nur nicht um mögliche rechtsextremistische Täter. Der zuständige Leiter der ermittelnden Sonderkommission (SoKo) sagte sieben Jahre später vor dem NSU-Untersuchungsausschuss des Bundestags aus. Demnach habe der Verfassungsschutz der Mordkommission damals mitgeteilt, dass es sich seiner Einschätzung nach um eine Tat aus dem Umfeld der organisierten Kriminalität handele. Die Kripo habe das dann eins zu eins übernommen.

Während Mehmet Kubaşık und Mehmet Turgut sterben mussten, bleibt den Kindern von Ishan Yurtseven der Vater erhalten. Aber der sieht keine Zukunft mehr. Er hat nun einen kaputten Arm, ein kaputtes Leben, dazu noch einen Haufen Schulden, für die er einstehen muss. Wenn es doch bloß eine Gewissheit gäbe! Er lebt jetzt von Hartz IV, in einer 60-Quadratmeter-Wohnung mit Frau und den drei Kindern. 108 Euro monatlich zahlt das Versorgungsamt für seine Behinderung.

«Ich habe ja Arbeit gesucht. Dann fragen die mich aber immer, ob ich Probleme habe? Da kannst du ja nicht sagen ‹nein›. Dann sage ich, ich habe eine Behinderung. Dann sagen die ‹tschüss›. So ging das nun acht Jahre lang.»

Die Schuld an der Katastrophe hatten die Täter, die ihn umbringen wollten, sich aber nie zu der Tat bekannten, nichts hinterließen – außer den Fragezeichen in seinem Kopf. Wie bei all den Familien, die ihre Väter, Ehemänner, Brüder und Söhne durch den bekenntnislosen Terror der NSU verloren haben.

Jetzt zeigt Ishan Yurtseven die Fotos vom Tatort vor dem Café. Es sind Kopien von der Spurensicherung der Polizei. Er spricht sehr leise und sehr langsam mit einer traurigen weichen Stimme, die nichts mehr mit der gemein hat, die zahlreichen Ruhrgebiets-Türken die ferne Heimat an die Ruhr holte. Er schildert die Situation, die sich in den Minuten abspielt, bevor Polizeikommissarin Claudia F. von der Polizeiwache Meiderich mit einer Kollegin in der Nacht auf den 15. Dezember 2003 in einem Streifenwagen um 2.42 Uhr im Nieselregen den «Taxistand Meidericher Bahnhof» erreicht. Der Notruf war von einem türkischstämmigen Taxifahrer ausgegangen. In ihrem Bericht hält die Polizistin fest: «Telefonische Rücksprache mit der Leitstelle ergab, dass gegen 2.26 Uhr seitens einer Taxizentrale ein Verkehrsunfall am Halteplatz gemeldet wurde.»[19] Das war bereits eine Fehlinformation.

«Ich habe vormittags hier geparkt. Dann haben wir den Laden aufgemacht. Nachts, so um 2 Uhr, haben wir zugemacht. Wir sind dann durch die Seitentür raus. Es war noch eine Bekannte dabei, wir sind gemeinsam zu meinem Auto gegangen, einem Renault-Espace. Ich wollte sie noch nach Hause fahren. Mit meinem Fuß war ich auf der Bremse. Aber bei meinem Handy war der Ladeakku leer. Ich wollte es wieder aufladen. Ich habe dann das Ladegerät gesucht, das zwischen der Handbremse steckte, es ist dann runtergefallen. Ich wollte es aufheben, das hat aber nicht gleich geklappt, weil man im Espace ein bisschen höher sitzt.»

Ishan Yurtseven zeigt mit den Händen, wie er in dem Auto hantierte und dabei den rechten Arm so anhob, dass er in Kopfhöhe über dem Lenkrad war.

«Dabei habe ich auch meinen Fuß ein bisschen von der Bremse genommen. Da ist das Auto dann zurückgerollt. Und dann habe ich einen Knall gehört.»

Er entschuldigt sich jetzt höflich, weil er eine Pause braucht. Es ist nicht die einzige in diesem Gespräch. Er nestelt eine Zigarette aus einer halbvollen Schachtel, dreht sie behutsam zwischen den Fingern und geht gesenkten Kopfes vor die Tür. Als er zurück kommt, sich wieder an den Tisch setzt, sagt er: «Die Zigarette! Die Zigarette war mein bester Freund in den letzten acht Jahren. Wenn ich nachts aufgewacht bin, um nachzudenken, hat sie mich immer beruhigt.» Und dann erzählt er weiter, vom frühen Morgen des 15. Dezember 2003:

«Da war hier ziemlich viel Blut! Auf den Fotos sieht man ja die Blutspuren auf dem Pflaster des Parkplatzes. Ich bin sofort aus dem Auto ausgestiegen. Die hatten geplant, mich umzubringen. Wenn mein Handy vollgeladen gewesen wäre, dann wäre ich jetzt tot. Das Loch in der Scheibe habe ich erst später gesehen. Ich habe nur den Knall gehört.»

Jetzt legt er ein Foto auf den Tisch, das die Frontscheibe des Minivans zeigt. Auf Stirnhöhe des Fahrers klafft ein Loch in dem Glas. Es ist kreisrund mit den typischen spinnennetzartigen Verästelungen. Peng! Hier durchschlug das Projektil aus der Selbstschussanlage die Scheibe, das den 34-jährigen türkischen Kleinunternehmer Ishan Yurtseven aus Duisburg töten sollte. Beim Zurückrollen hatte er den Kontaktdraht für die Waffe ausgelöst. Es war ein präziser Schuss.

Im Bericht der Polizeikommissarin Claudia F. heißt es: «Am Scheibenwischer wurde eine Schnur (vermutlich Nylon) festgestellt. Die Schnur war an einem Ende dort befestigt und verlief mit dem anderen Ende über die Motorhaube, über den Boden, bis hin zur Mauer des Bahndamms. […] Hier wurde oberhalb der Mauer ein verdächtiger Gegenstand gefunden, bei dem es sich um eine Abschussvorrichtung handeln könnte.»[20] Tatsächlich war es eine Selbstschussanlage, die von dem oder den Tätern exakt auf Kopfhöhe des Fahrers von Ishan Yurtsevens Renault Espace ausgerichtet worden war. Von der vor dem Auto stehenden Mauer war sie in einem 45 Grad-Winkel auf das Opferfahrzeug ausgerichtet. Durch die Mündung ließ es sich genau fixieren. Von dort bis zur Windschutzscheibe sind es genau 6,70 Meter. «Der Schussapparat besteht aus einem verzinkten Eisenrohr, das mit Draht an einem Geländer befestigt ist. Am Ende des Rohres befindet sich eine Art Abzug», heißt es in dem Bericht eines Kriminalhauptkommissars der den Tatort noch in der Nacht auf Spuren absucht.[21] Im Licht eines mobilen Flutlichtmasten der Duisburger Feuerwehr. Das Rohr ist 45 Zentimeter lang. «Es weist an seiner Außenseite zwei aus dem Rohrmaterial geschnittene Auffalzungen auf, die Kimme und Korn ähneln.» Es ist mit verknoteten Stücken eines Fahrradschlauchs auf einem Betonbrocken fixiert. Bis um 9 Uhr morgens läuft die Spurensicherung am Tatort. Die Ermittlungen laufen unter dem angenommenen Straftatbestand «versuchter Mord».

Ishan Yurtseven hatte sein Auto immer an derselben Stelle abgestellt, und der Parkplatz neben dem alten Bahnhofsgebäude war durch ein Tor verschlossen, zu dem nur er den Schlüssel besaß. Bevor er in dieser Nacht in sein Auto stieg, hatte er das Tor wie üblich geöffnet, um den Parkplatz verlassen zu können. Die Kugel aus der Selbstschussanlage galt zweifelsfrei ihm. Als er in dem Café war, müssen die Täter die Anlage montiert haben. Sie kannten den Ort und die Gewohnheiten ihres Opfers. Der angeschossene Ishan Yurtseven torkelt schließlich aus seinem Wagen heraus auf den Parkplatz.

«Dann bin ich ein paar Meter gelaufen. Es war ziemlich dunkel. Ich ging unter eine Laterne und habe dann überall Blut gesehen. Es war ja nicht nur eine einfache Schussverletzung.»

Die Blutspur zieht sich über 30 Meter, auf einer Breite zwischen zehn bis 80 Zentimeter. Seine Begleiterin schreit, sie weiß nicht, was los ist, sieht nur das Blut und holt vom nahen Taxistand einen Fahrer zu Hilfe. Dann lassen sie sich gemeinsam ins St. Johannes-Hospital im Stadtteil Hamborn fahren. Der erste Arzt, dem Ishan Yurtseven begegnet, fragt, ob er denn von einem Hund gebissen worden sei. Und schließlich bricht der Verletzte zusammen. Er hat einfach zu viel Blut verloren. Die erste Diagnose des behandelnden Arztes geht davon aus, dass «der Geschädigte seinen rechten Arm vermutlich verliert».[22]

«Als ich meine Augen wieder aufgemacht habe, da war es mittags. Nach der OP. Es war eine Not-OP. Der ganze Knochen hier war überall kaputt gewesen (Yurtseven zeigt auf den zertrümmerten Unterarm). *So eine Schussverletzung kann man mit einer normalen Waffe nicht machen. Nach der Not-OP gab es ja noch Hauttransplantationen. Der Arzt hat nach der Operation gesagt, wenn Sie das ins Gesicht oder hierher gekriegt hätten* (Yurtseven zeigt auf seinen Oberkörper), *dann hätten Sie noch höchstens fünf Minuten gelebt. Denn durch den Arm geht das Geschoss durch. Aber im Kopf oder in der Brust bleibt es stecken. Da wäre es auch innen explodiert.»*

Der Verdacht, dass Ishan Yurtseven ein Opfer des NSU sein könnte, gründet sich zunächst auf die Selbstschussanlage. Aber auch sonst gibt es viele Parallelen zwischen den eindeutig dem NSU zuzuordnenden Morden und diesem Attentat auf Ishan Yurtseven: Er ist zum Zeitpunkt der Tat 34 Jahre alt, also im zeugungsfähigen Alter, wie die übrigen Opfer auch. Das war den Rechtsterroristen wichtig. Fand sich doch auf dem Rechner der Terroristen in dem Zwickauer Haus der Hinweis auf einen türkischen Unternehmer aus Dortmund, die «Person» sei zwar «gut, aber alt (über 60)». Yurtseven ist ein türkischstämmiger Kleinunternehmer – wie die meisten anderen Opfer. Alle neun Kleinunternehmer wurden an ihrem Arbeitsplatz erschossen – auch der Schuss, der Ishan Yurtseven töten sollte, traf ihn vor seinem Arbeitsplatz, dem «Café Sydney». Ebenso passt der Zeitraum, in den die Tat fällt, weil die «Zwickauer Zelle» genau in dieser Zeit sehr aktiv ist, ihre Mitglieder drei Monate später den nächsten Türken umbringen und ein halbes Jahr später das Nagelbomben-Attentat in der Keupstraße in Köln-Mülheim verüben, einem Zentrum des türkischen Geschäftslebens. Die Selbstschussanlage wurde in Meiderich an einem Sonntag montiert, also am Wochenende, zu einem ähnlichen Zeitpunkt, zu dem die meisten Anschläge des NSU verübt wurden. Und der Ort, Duisburg, passt auch: eine westdeutsche Großstadt, noch dazu in NRW, wo die Terroristen – neben Bayern – besonders aktiv waren. Und anschließend fehlt ein Bekenntnis zur Tat – und jede zielführende Spur.

Noch am selben Tag wird Ishan Yurtseven in seinem Krankenbett von der Duisburger Kriminalpolizei vernommen, nachdem er aus der Narkose wieder aufgewacht war. Die Zeugin des Attentats hatte einer der beiden Polizistinnen noch am Tatort von ihrem Verhältnis zu dem Opfer erzählt. Sie war vor Jahren seine Geliebte gewesen und trat gelegentlich noch mit ihm gemeinsam bei Hochzeiten zusammen auf. Gleich nachdem Ishan Yurtseven im St. Johannes-Hospital aufgenommen wurde, war sie mit dem Taxi nach Meiderich zum Alten Bahnhof zurückgekehrt. Auch sie war Sängerin, war noch am Abend der Bluttat bei einer Hochzeit in Oberhausen aufgetreten, bevor sie in die Gaststätte nach Meiderich kam. Beide waren sie verheiratet, ihr Ehemann wusste von der früheren Beziehung der beiden Musiker. Dem Opfer selbst fällt es offensichtlich schwer, in seiner ersten Vernehmung über sein Verhältnis zu der Zeugin zu sprechen. Aus den Zeilen des Berichts, den einer der Beamten nach dem Verhör am Krankenbett schrieb, ist deutlich der Ärger zu lesen, den das Zögern des frisch operierten Opfers bei ihm ausgelöst hat.

«Auf sein Verhältnis zu der Begleiterin angesprochen, erklärte er, dass man wie Schwester und Bruder sei. Angesichts der hier vorliegenden Erkenntnislage wurde ihm deutlich gesagt, dass diese Angaben nicht der Wahrheit entsprechen und dass die Begleiterin in dem Fahrzeug seine Geliebte sei, und er solle hier auf Befragen wahrheitsgemäße Angaben machen, da er gerade als Geschädigter Interesse an einer Tatklärung haben müsste. [...] Auf Nachfrage, ob denn der gehörnte Ehemann etwas mit der Tat zu tun haben könnte, erklärte er, dass er sich das nicht vorstellen könne.»[23]

Unterdessen lag der von dem Polizisten erwähnte Ehemann im Johanniter-Krankenhaus Rheinhausen auf der Intensivstation. Dessen leitender Arzt schließlich der Meinung war, dass sein Patient die Intensivstation «normalerweise nicht einfach verlassen haben kann». Dennoch konzentrieren sich die aufwändigen Ermittlungen zunächst auf das private Umfeld des Opfers. Im Mittelpunkt steht das Tatmotiv Eifersucht, wenngleich die späteren Aussagen des Ehemanns der Tatzeugin keinerlei Anhaltspunkte dafür ergeben. Und das professionelle Vorgehen des oder der Täter nicht auf eine Beziehungstat aus Leidenschaft schließen lassen.

Auch im türkischen Milieu in Duisburg findet sich auf Nachfrage niemand, der in dem Attentat auf Ishan Yurtseven eine Eifersuchtstat sieht. Nicht wegen der persönlichen Beziehungen des Opfers, sondern wegen der Vorgehensweise bei der Tat. So sieht es etwa ein anderer türkischstämmiger Gastwirt aus Duisburg, der anonym bleiben will: «Wenn einer mit meiner Frau ins Bett geht, dann hecke ich als Türke doch keinen Plan mit einer Selbstschussanlage aus, die erst noch aufwendig montiert werden muss. Wenn überhaupt, dann besorg ich mir eine Knarre – oder nehme mein Messer, um meine Ehre wieder herzustellen.» Außerdem sehe alles danach aus, dass es nicht nur ein Täter gewesen sei. Dazu wären die Vorbereitungen zu aufwändig gewesen. «In dem Fall könnten es zwei Türken kaum für sich behalten, wenn es auch noch um die Ehre geht.» Da müsse es Mitwisser geben. Solche zumindest hat die Polizei nie ausfindig gemacht, trotz ihrer intensiven Ermittlungen im privaten Umfeld des Opfers.

Zwei Tage nach dem Attentat durchsuchen die beiden Polizeihunde «Jack» und «Atze» auch den Bahndamm hinter dem Tatort, über den die Täter gekommen sein müssen. Ohne Erfolg. Per richterlichem Beschluss wird ein DNA-Abgleich des Spurenmaterials vom Tatort mit der DNA von insgesamt 17 Personen angeordnet. Alle sind türkischer Herkunft und aus dem Umfeld des Opfers, darunter auch seine Ehefrau und andere Familienmitglieder.

Im Mordfall Enver Şimşek richteten sich die Ermittlungen ebenfalls auf das engste Umfeld des Opfers. Der 38-jährige türkische Blumenhändler wurde am 9. September 2000 in seinem Verkaufsstand, einem Lieferwagen, an einer Ausfallstraße in Nürnberg erschossen. Er gilt als das erste Mordopfer des NSU.

Nach seiner Ermordung hat die Polizei die Familie des Opfers mit einem so genannten kleinen Lauschangriff abgehört, also außerhalb der Wohnung der Betroffenen. Eine entsprechende Genehmigung wurde in diesem Fall vom Amtsgericht Nürnberg erteilt: Die Polizei hatte die Ehefrau und den Schwager von Enver Şimşek unter Verdacht, mit den Tätern in Verbindung zu stehen. Also verwanzten die Ermittler den Lieferwagen des Opfers, bevor sie ihn seiner Familie wieder aushändigten. Anschließend wurden die Ehefrau und ihr Bruder zur Vernehmung geladen, wohin sie – wie von den Polizisten erhofft – mit eben diesem Fahrzeug anreisten. Die dabei von den Ermittlern abgehörten Gespräche waren allerdings für die Aufklärung des Mordes ohne Belang.

Auch der Versuch eines DNA-Abgleichs bei den Verdächtigen aus dem Umfeld von Ishan Yurtseven bringt die Ermittler nicht weiter: «In keiner der DNA-Proben, die von allen Tatortspuren jeweils auf Verdacht isoliert worden waren, konnten abgleichgeeignete DNA-Resultate erzielt werden», stellt die Gutachterin wissenschaftlich nüchtern fest.[24] Aber die Zeugin des Attentats hatte in der Vernehmung – zwei Stunden nach dem Schuss auf Ishan Yurtseven – noch etwas von Leuten erzählt, «vor denen in Duisburg jeder Angst hat», die seien in Duisburg sehr berühmt, sagte die Sängerin aus, und weiter: «Ich weiß, dass die bereits öfter von Einsatzkommandos festgenommen wurden und öfter gesessen haben. Ich weiß auch, dass der Ishan öfter mit denen zusammen war. [...] Das ist eine sehr große Bande in der Türkei und hat hier in Duisburg ca. 150 Mitglieder. Die sammeln Schutzgelder.»[25]

Die Zeugin gab der Polizei in der Nacht nach dem Schuss auf Ishan Yurtseven also Hinweise auf zwei mögliche Tatmotive: Neben der «Eifersucht» als Tatmotiv führte das Schlüsselwort «Schutzgeld» zu einem zweiten Tatmotiv, und damit zur organisierten Kriminalität, der türkischen Mafia. Damit hatten die Ermittler nun einen Verdacht, an dem sie sich nach dem Scheitern des DNA-Abgleichs abarbeiten konnten und der auf kurzem Wege als Schlagzeile des Boulevards die öffentliche Hinrichtung von Ishan Yurtseven erledigte. Der leitende Kriminalhauptkommissar gibt etwas mehr als acht Jahre später zu Protokoll, dass als Tatmotive nur «Liebschaften», «Schulden» und «Schutzgeld» in Frage gekommen seien.[26] Ähnlich wie bei den im Nachhinein bewiesenen NSU-Morden auch. Der «Spiegel» formulierte dazu diese rückblickende ehrliche und fundierte Medienkritik:

«Allzu oft eilten Journalisten (auch des SPIEGEL) Hinweisen nach, die ihnen Fahnder zuraunten, allzu häufig beschränkten Reporter ihre Recherche darauf, Vermutungen der Ermittler zu bestätigen. [...] Und allzu schnell gerannen ihnen Spekulationen zur vermeintlichen Gewissheit. Dies alles bisweilen auch noch in einer Diktion, die – nolens volens – Opfer als Täter erscheinen ließ und Angehörige, Freunde wie Bekannte als Mitwisser der Verbrechen. Schon früh hatte die Polizei das Motiv für die Taten im kriminellen Ausländermilieu gesucht und Hinweise auf fremdenfeindliche, rechtsextreme Spuren weitgehend ignoriert – obwohl (oder weil?) sämtliche Opfer der Mordserie ausländische Wurzeln hatten.»[27]

In den Wochen nach den Medienberichten über den NSU-Verdacht geht es Ishan Yurtseven etwas besser. Weil die Fragezeichen in seinem Kopf nun kleiner sind, weil es auf die jahrelangen quälenden Fragen Antworten zu geben scheint. Weil es Hoffnung auf Gewissheit gibt. Auch die Gespräche mit dem Therapeuten helfen ihm. Der sagt ihm sofort, dass sich das auslösende Ereignis für sein Trauma nicht ungeschehen machen lasse. Dass er akzeptieren müsse, sein Leben lang nun mit einem kaputten rechten Arm zu leben. Und wohl auch mit den körperlichen Schmerzen. Aber er sagt ihm auch, dass er versuchen müsse, dort wieder anzufangen, wo sein Leben eigentlich ein Ende haben sollte. Weiter zu leben statt zu vegetieren. Die mit Gewalt erzwungene Veränderung zu akzeptieren und nicht an den verpassten Möglichkeiten zu zerbrechen. Ishan Yurtseven versucht diesem Rat zu folgen. Die Hoffnung auf Gewissheit, die er längst schon aufgegeben hatte, treibt ihn an. Er schafft es sogar, mit dem Rauchen aufzuhören. Stattdessen hängt er jetzt an den Nachrichten, zu jeder Gelegenheit schaut er sich das Programm der Nachrichtensender an. Auch am 23. Februar 2012.

An diesem Tag entschuldigt sich die deutsche Bundeskanzlerin Angela Merkel (CDU) hochoffiziell bei den Terroropfern und ihren Familien für die falschen Verdächtigungen durch die Ermittlungsbehörden. Sie hält eine ergreifende Rede auf der zentralen Gedenkveranstaltung für die Opfer der NSU-Gewalt im Konzerthaus am Berliner Gendarmenmarkt. Darin bittet sie die Familien der Opfer um Verzeihung und verspricht vollständige Aufklärung. Viele Angehörige seien über Jahre hinweg selbst im Visier der Sicherheitsbehörden gewesen. «Diese Jahre müssen für Sie ein Albtraum gewesen sein», sagt die Bundeskanzlerin, die dem Anlass angemessen einen schwarzen Hosenanzug trägt. «Das ist besonders beklemmend, dafür bitte ich Sie um Verzeihung.» Zehn große weiße Kerzen werden entzündet, eine für jedes der zehn Todesopfer des NSU. 1200 geladene Gäste sitzen in dem festlichen Saal, die Angehörigen der NSU-Opfer sind Ehrengäste. Die Berliner Republik hält inne, deutschlandweit haben Gewerkschaften und Arbeitgeber um 12 Uhr zu einer Schweigeminute aufgerufen. Auf vielen Plätzen im Land versammeln sich Tausende von Menschen, um gemeinsam der Opfer zu gedenken. «Die Morde sind eine Schande für unser Land», sagt die Bundeskanzlerin schließlich.[28] Und man kann sie durchaus so verstehen, dass der Umgang mit der rechtsextremen Gewalt und ihren Opfern in den vergangenen Jahren eine Schande sei. Oppositionspolitiker wie die Bundestagsvizepräsidentin Petra Pau (Die Linke) kritisieren, dass diese Gedenkfeier nicht allen Opfern rechtsextremer Gewalt gewidmet gewesen sei. In einem Fernsehinterview am Abend nach der Feier sagt sie, dass es schon in der Widmung hätte heißen sollen: «Wir wenden uns hier allen Opfern von Nazi-Aktivitäten zu und machen auch deutlich, dass diese Gedenkveranstaltung ein Wendepunkt ist, im Umgang mit diesem menschenverachtenden und tödlichen Problem.»[29]

Auch Gamze Kubaşık, die schon immer vermutet hatte, dass Neonazis hinter dem Mord an ihrem Vater steckten, durfte einige Sätze bei der Feier im Konzerthaus sagen. Gemeinsam mit Semiya Şimşek spricht sie stellvertretend für die Opferfamilien. Die Tochter des in Nürnberg erschossenen Blumenhändlers, dessen Lieferwagen die Polizei nach seinem Tod im Jahr 2000 verwanzt hatte, spricht eine versteckte Anklage aus: «Elf Jahre durften wir nicht einmal reinen Gewissens Opfer sein.»

Immer, wenn es um den NSU geht, und das passiert in diesen Tagen im Fernsehen täglich, meint Ishan Yurtseven, dass es dabei auch um ihn gehe. Er fängt an, durch die zubetonierten Straßen von Rheinhausen zu joggen. Das hat er früher oft gemacht, vor dem Attentat. Die Bewegung im Freien verändert seine Hautfarbe, lässt sie gesünder aussehen. Er verlässt jetzt immer öfter sein Viertel, ist wieder unterwegs, in die Duisburger Innenstadt und nach Köln oder zu seinem Therapeuten. Auch zu seinem Rechtsanwalt, den die Beratungsstelle für Opfer rechtsextremer Gewalt ihm besorgt hat. Der erfahrene Opferanwalt Eberhard Reinecke hatte schon die Nebenanklage der Familie Genç vertreten, nach dem tödlichen Brandanschlag 1993 in Solingen.

Yurtsevens Alltag hat jetzt wieder einen Sinn, weil er an den Erfolg bei seiner Suche nach Gewissheit glaubt. Über Wochen und Monate hält er sich daran fest. Erste Zweifel kommen ihm nach dem Besuch der Integrationsbeauftragten der Stadt Duisburg. Die ist türkischstämmig, wie er. Und Duisburg präsentiert sich gerne als eine Art Modellstadt für gelungene Integration. Man kümmert sich hier um seine Türken, weil man auf sie angewiesen ist. Das ist seit einigen Jahren Politik. Nur um Ishan Yurtseven, das mögliche NSU-Opfer aus Rheinhausen, kümmert man sich nicht. Weil man nicht zuständig ist, weil er kein anerkanntes Opfer rechtsextremer Gewalt ist. So wie die Familien der offiziellen NSU-Opfer, die längst politische Protektion von allerhöchster Stelle erfahren. Zu recht.

Schließlich sagt ihm auch sein Rechtsanwalt, dass er ihm nicht mehr helfen könne. Er will ehrlich sein. Ishan Yurtseven ist fertig. Er fängt wieder mit dem Rauchen an, seine Frau sagt, dass er jetzt häufig aus der Haut fahre. Selbst der Generalbundesanwalt am Bundesgerichtshof, bei dem die NSU-Ermittlungen zusammenlaufen, hat sich inzwischen schriftlich gegenüber Sebastian Edathy (SPD) geäußert, dem Vorsitzenden des Bundestagsuntersuchungsausschusses: «Die bisherigen Ermittlungen haben keine Anhaltspunkte dafür ergeben, dass der Mordanschlag vom 15. Dezember 2003 in Duisburg von Mitgliedern der terroristischen Vereinigung ‹Nationalsozialistischer Untergrund› verübt wurde.»[30] Insbesondere habe man keine Baugleichheit zwischen den beiden Schussapparaten aus Duisburg und Zwickau feststellen können. Dabei war die Selbstschussanlage, mit der auf Ishan Yurtseven geschossen wurde, zwar vielfach fotografiert worden, aber das Asservat wurde bereits 2008 entsorgt. Die Vorrichtung, die in Zwickau gefunden wurde, war aus Holz gebaut. Das Holz also ist der Grund dafür, dass Ishan Yurtseven aus Duisburg-Rheinhausen kein NSU-Opfer ist.

Die Ermittler schickten ihre unzureichend ausgeleuchteten Digitalfotos durch die Republik, um den Fall anschließend abschließen zu können. Der Generalbundesanwalt folgte jedenfalls – fast im Wortlaut – einem Resümee des Duisburger Kriminalhauptkommissars vom 27. Januar 2012, also keine drei Wochen nachdem er den Fall wieder aufgenommen hatte. Danach wurde die hektische Betriebsamkeit im Duisburger Polizeipräsidium wieder eingestellt. Die Ermittlungen über die rechte Szene hatten zwischenzeitlich ergeben, dass der ehemalige NPD-Kreisvorsitzende Frank Rudi Theissen einen Kilometer vom Tatort am alten Meidericher Bahnhof entfernt wohnt, dass Ishan Yurtseven «auf Nachfrage angab, dass er damals nie Kontakte oder Probleme mit rechtsradikalen Personen oder Personen, die dieser Szene zuzurechnen sind, hatte» und dass «unter dieser Anschrift wechselnd Gaststätten mit unterschiedlichen Betreibern untergebracht waren. Ermittlungen erbrachten aber keinen konkreten Bezug zu rechtsradikalen Kreisen». Vor allem aber stellt der zuständige Kriminalhauptkommissar mit einer erstaunlichen Selbstgewissheit fest: «Ein Bezug zum ‹Zwickauer Trio› erscheint aber mehr als gewagt und auch ein Bezug zu ortsansässigen Rechtsradikalen bestand und besteht zu keinem Zeitpunkt.»[31]

Wie er zu dieser letzten Feststellung kommt, geht aus seinem Abschlussbericht allerdings nicht hervor. Das ist insofern bemerkenswert, als dass die Frage der Beziehungen der Terroristen in die jeweilige lokale Neonaziszene an den bekannten Tatorten der NSU-Morde eine entscheidende ist, mit der sich deutschlandweit ein ganzes Heer von Staatsschützern, Journalisten und recherchierenden Antifa-Aktivisten beschäftigt. Dagegen ließ sie sich in Duisburg vermeintlich mit einem bündigen Satz beantworten.

Jedenfalls konzentrierte sich das generalbundesanwaltliche Ermittlungsverfahren gegen den NSU fortan in erster Linie auf jene Fälle, die auf der Bekenner-DVD der «Zwickauer Zelle» thematisiert werden, die von Beate Zschäpe verschickt wurde, bevor sie sich der Polizei stellte. Das hatte auch damit zu tun, dass der Haftprüfungstermin der in Untersuchungshaft sitzenden Zschäpe näher rückte. Das heißt: Es musste zügig eine stichhaltige Anklage her.[32] Warum, das erklärte ein maßgeblicher Oppositionspolitiker auf den Fluren des Bundestags in Berlin so: «Stellen Sie sich mal vor, was in Deutschland los gewesen wäre, wenn der Haftprüfungstermin verstrichen wäre und Frau Zschäpe deshalb einfach so – als wäre nichts gewesen – aus dem Gefängnis hätte heraus spazieren können.»[33] Außerdem hatte die Bundeskanzlerin in ihrer feierlichen Rede auf der Gedenkveranstaltung für die zehn Todesopfer des NSU in Berlin den Familien dieser Menschen eine vollständige Aufklärung versprochen. Darin lag der Auftrag der Ermittler. Es war eine Aufgabe von höchstem staatlichen Interesse.

Zurück blieben vorerst all die unaufgeklärten Fälle, wie der von Ishan Yurtseven, dem Gastwirt aus Duisburg. Zwar hatte die Polizei bei diesem Fall – selbst nach Wiederaufnahme des Verfahrens – scheinbar bewiesen, dass ein rechtsterroristischer Hintergrund als Tatmotiv ausgeschlossen werden konnte, und damit auch eine Täterschaft der NSU-Mitglieder; aber ihre Ermittlungen hinterließen mehr Fragen, als dass sie Antworten lieferten. Vor allem aber konnten sie diesen Verdacht nicht ausräumen. Zwar schlossen sie ein rechtsextremistisches Tatmotiv aus. Aber das hatten die Ermittler bei jedem einzelnen der zehn Morde, die sie nunmehr dem NSU zurechnen, auch jahrelang getan. Letzten Endes blieb der Mordversuch an Ishan Yurtseven ungeklärt, so wie viele andere Fälle auch, bei denen der

Verdacht nicht schwindet, dass der NSU hinter den Taten stecken könnte.

Etwa bei einer Brandserie im saarländischen Völklingen, in den Jahren zwischen 2006 und 2011. Es brannten stets Häuser, die vorwiegend von Migranten bewohnt waren, türkischstämmigen sowie solchen aus Afrika und Italien. 20 Menschen wurden bei den Bränden verletzt, die alle auf ähnliche Weise gelegt wurden. Ein Täter wurde nie gefasst, ein rechtsextremer Hintergrund kategorisch ausgeschlossen und die Ermittlungen zügig wieder eingestellt. Immer wieder kam es deshalb zu Protesten gegen die Behörden, denen massive Ermittlungsfehler vorgeworfen wurden. In der 40 000-Einwohner-Stadt mit langer industrieller Tradition ist der Anteil der Migranten höher als anderswo im Saarland. Und die rechtsextreme Szene ist stark, die Kameradschaften ebenso wie die NPD. Völklingen gilt als das Kraftzentrum der rechtsextremen Bewegung im Saarland.

Einer der zwölf von Beate Zschäpe verschickten Briefumschläge war an die «Islamische Union Verein für Einrichtung und Unterstützung der Selimiye-Moschee in Völklingen» adressiert. Deshalb wurden dort die Ermittlungen zu der Brandserie wiederaufgenommen und ein möglicher Zusammenhang mit dem NSU geprüft. In den Jahren zuvor war der Moscheeverein immer wieder angefeindet worden, weil er ein Minarett an der Moschee im Stadtteil Wehrden errichten ließ. Aber auch die Wiederaufnahme der Ermittlungen blieb zunächst erfolglos. Dabei hatte der saarländische Generalstaatsanwalt Ralf-Dieter Sahm noch Anfang Dezember 2011 in einem Gespräch mit der F.A.Z. gesagt, dass ein «rechtsextremer Hintergrund nicht auszuschließen, sondern eher wahrscheinlich» sei.[34]

Der Zeitung fielen auch gleich die bemerkenswerten Daten auf, an denen es jeweils in Völklingen brannte: In drei Fällen brannte es an einem 3. September, drei Häuser wurden am Abend des 5. August 2007 angezündet, ein Haus im Jahr 2010 am 20. April, dem Geburtstag von Adolf Hitler. Am 3. September 1933 endete in Nürnberg der Reichsparteitag der NSDAP, auf dem die «Machtergreifung» und das Ende der Weimarer Republik gefeiert wurden. Am 5. August 1716 schlug der habsburgische Feldheer Prinz Eugen von Savoyen bei Peterwardein ein türkisches Heer.[35] Aber selbst derart markante Daten, die für rechtsextreme Straftaten äußerst typisch sind, zumal wenn sie sich gezielt gegen bestimmte Immobilien richten, fallen Ermittlern in sehr vielen Fällen nicht auf.

Einen Verdacht in Richtung NSU bestätigte Generalstaatsanwalt Sahm in Bezug auf einen Bombenanschlag auf die Wehrmachtsausstellung am 9. März 1999 im Zentrum der Volkshochschule in Saarbrücken. Die Bombe hatte das Gebäude und einige der Exponate beschädigt, jedoch konnte die Wanderausstellung fünf Tage später wieder eröffnet werden. Zu denjenigen, die als mögliche Täter in Frage kamen, gehörte der Rechtsterrorist Ekkehard Weil, der zu diesem Zeitpunkt allerdings schon längst untergetaucht war. Ein Journalist des Saarländischen Rundfunks berichtete, dass er am Morgen nach dem Anschlag auf dem Parkplatz vor der Schlosskirche zwei Männer und eine unauffällige, dunkelhaarige Frau im Alter von 20–25 Jahren gesehen habe, die sich über den Schaden sichtlich gefreut hätten, so die «Saarbrücker Zeitung».[36] Ihr gegenüber bestätigte er auch jetzt noch seine frühere Aussage, fast 13 Jahre nach dem Bombenanschlag und der Begegnung mit den drei verdächtigen Personen. Die Polizei habe ihm damals einen Aktenordner mit Fotos vorgelegt, auf denen er aber niemanden erkannt habe. Und jetzt sei für seriöse Angaben einfach zu viel Zeit vergangen. Auch hier bleibt also die Spur zum NSU.

Ebenso bei einem Bombenattentat am Düsseldorfer S-Bahnhof Wehrhahn am 27. Juli 2000, bei dem zehn Einwanderer jüdischen Glaubens aus dem Gebiet der ehemaligen Sowjetunion, aus Russland und der Ukraine, verletzt wurden. Zumeist junge Erwachsene, sie waren auf dem Weg vom Deutschunterricht in einer nahegelegenen Sprachenschule zu ihrer S-Bahn. Eine der Frauen verlor bei dem Anschlag ihr ungeborenes Kind, als ein Splitter der Bombe ihren Uterus durchdrang. Sie selbst überlebte schwer verletzt. Bei diesem Attentat mit einer Rohrbombe wird schnell ein rechtsextremer Hintergrund angenommen, wegen der Herkunft der Opfer. Allerdings fehlt bis heute jedes Bekenntnis zur Tat. So wurde in verschiedene Richtungen ermittelt. Könnte die Russenmafia dahinter stecken? Wurde der russisch-tschetschenische Konflikt in Düsseldorf ausgetragen? Handelte es sich gar um eine Eifersuchtstat oder um eine Auseinandersetzung zwischen Drogengangs? Medien berichteten, dass die Polizei innerhalb eines Jahres rund 1 500 Menschen befragt, und 451 Beweismittel sichergestellt habe.[37] Ohne Erfolg. Ende 2011 wurde auch dieser Fall anlässlich der Ermittlungen zum NSU neu aufgerollt. Ebenfalls ergebnislos.

Der NSU-Verdacht kam auch im Zusammenhang mit einer Brandkatastrophe in Ludwigshafen auf: Dort starben am 3. Februar 2008 neun türkischstämmige Bewohner bei einem Feuer in einem Wohnhaus. Die Brandursache konnte nie vollständig geklärt werden. Die Ermittlungen wurden nach einem knappen halben Jahr eingestellt und ein rassistisches Tatmotiv schnell ausgeschlossen. Nach dem Auffliegen des NSU wurde auch dieser Fall vor der neuen Erkenntnislage untersucht: Ein Tatverdacht fiel auf einen regionalen Neonazi mit Kontakten zu Ralf Wohlleben, dem Weggefährten von Uwe Mundlos, Uwe Böhnhardt und Beate Zschäpe. Aber schon bald stellte die Bundesanwaltschaft fest, dass es «keine ausreichenden Anhaltspunkte für einen Zusammenhang» mit der Terrorgruppe NSU gebe.[38]

Ein Verdacht fiel auch auf den Mord an dem aus Israel stammenden Rabbi Abraham Grünbaum: Der 71-jährige Holocaust-Überlebende wurde bei einem Schweiz-Besuch in Zürich am 7. Juni 2001 erschossen. Er war abends zu Fuß unterwegs zum Abendgebet in eine Synagoge als ihn zwei Pistolenschüsse aus wenigen Metern Entfernung trafen. Eine halbe Stunde später starb er im Krankenhaus. Ein Raubmord wurde sofort ausgeschlossen, weil Abraham Grünbaum noch über 1000 Schweizer Franken und ein Flugticket bei sich trug. Der Mord steht in auffallender zeitlicher Nähe zu drei kurz aufeinanderfolgenden NSU-Morden. Auch entspricht er einer gewissen geographischen Logik, die natürlich keinen zwingenden Verdacht darstellt: Eine Woche nach den Schüssen auf den Rabbiner wurde in Nürnberg der türkische Änderungsschneider Abdurrahim Özüdoğruer erschossen. Wiederum zwei Wochen später wurde in Hamburg der türkischstämmige Obst- und Gemüsehändler Süleyman Taşköprü ermordet. Und noch im selben Sommer fiel Habil Kılıç, der Inhaber eines Obst- und Gemüsehandels, in seinem Geschäft in München dem NSU zum Opfer.

Neben dem Mordanschlag auf Abraham Grünbaum, bei dem ein antisemitischer Hintergrund vermutet wird, gibt es noch weitere Anschläge mit einem antisemitischen Kontext, die nie aufgeklärt wurden. Etwa der Sprengstoffanschlag am 19. Dezember 1998 in Berlin auf das Grab von Heinz Galinski, dem früheren Vorsitzenden des Zentralrats der Juden. Die massive Grabplatte wurde damals völlig zerstört. Hier kamen die Ermittler – wie in Düsseldorf – zu dem Schluss, dass dies das Werk eines oder mehrerer professioneller Bombenbauer gewesen sei. Auch in Berlin wurde eine Sonderkommission eingerichtet, die fünf Monate später ergebnislos aufgelöst wurde. Zu dieser Zeit wurden gleich mehrere Sprengstoffdelikte aus dem Umfeld des Kameradschaftsnetzwerks «Thüringer Heimatschutz» (THS) aktenkundig, aus dem sich Anfang 1998 schließlich die Zwickauer Zelle herauslöste. Beate Zschäpe, Uwe Mundlos und Uwe Böhnhardt gingen in den Untergrund, nachdem ihre Bombenwerkstatt in Jena aufgeflogen war: Die Ermittler entdeckten vier Rohrbomben mit 1,4 Kilo TNT-Sprengstoff. Immer wieder fiel der THS zuvor durch einzelne antisemitische Aktionen auf. Der Staatsschutz bewertete das 1997 – laut «Spiegel» – als «Propagandadelikte»: «Dazu gehört das mit Schokoladeneis an eine Mauer geschmierte Hakenkreuz genauso wie die lebensgroße ausgestopfte Puppe, die Nachwuchsnazis – mit einem Judenstern versehen – an einer Autobahnbrücke bei Jena aufhängten.»[39] Der Nachwuchsnazi, der die Puppe an die Brücke über der A4 gehängt hatte, war Uwe Mundlos, der sich zu dieser Zeit weiter radikalisierte.

Auch der Bombenanschlag auf den jüdischen Friedhof in Berlin-Charlottenburg am 16. März 2002 wurde neu untersucht. Unbekannte hatten dort einen mit Sprengstoff gefüllten Metallbehälter über die Mauer des Friedhofs geschleudert. Der selbst gebaute Sprengsatz detonierte im Innenhof. Durch die Explosion wurden mehrere Fenster der Trauerhalle sowie des angrenzenden Bürogebäudes zerstört. Menschen wurden nicht verletzt.[40] Aber auch dieser Anschlag blieb ohne Aufklärung. Wie schon nach dem Anschlag auf die Wehrmachtsausstellung in Saarbrücken und im Übrigen auch nach dem Anschlag auf das Grab von Heinz Galinski fiel nach diesem Sprengstoffanschlag auf den jüdischen Friedhof in Charlottenburg ein Verdacht auf den abgetauchten Berliner Rechtsterroristen Ekkehard Weil. Er war der Polizei einschlägig bekannt und bereits für ähnliche Gewalttaten verurteilt worden. Er passte also ins Täterprofil. Denn bei diesen drei Taten stand von Anfang an eines fest: Dass sie einen rechtsextremen Hintergrund haben mussten. So hat im Fall der beiden massiven Grabschändungen in Berlin kein Ermittler, auch keine Zeitung öffentlich die Mutmaßung angestellt, dass vielleicht mafiöse Verstrickungen der Geschädigten oder etwa eine Beziehungstat dahinter stehen könnten, so wie sie es bei den NSU-Morden vermutet haben. Warum? Weil es für die Polizei in Deutschland bislang kein Problem war, die offensichtliche – aber eben auch nicht zwangsläufige – Beziehung zwischen Juden als Opfergruppe und rechtsextremen Gewalttätern zu verstehen. Dagegen hat sich das bei türkischstämmigen Menschen zumindest am Beispiel der NSU-Mordserie an migrantischen Kleinunternehmern und deren Beschäftigten ganz anders dargestellt. Ob es den Sicherheitsbehörden je gelingen wird, diese aufgelisteten Fälle aufzuklären, ist bei Ishan Yurtseven aus Duisburg genauso fraglich wie bei dem Brand in dem Mehrfamilienhaus in Ludwigshafen oder bei dem Bombenanschlag in Düsseldorf-Wehrhahn. Künftig allerdings müssen die Ermittler ihren Blick öffnen; zumindest dürfen sie nicht zulassen, dass er weiterhin verstellt bleibt: durch die Gleichsetzung extremistischer Gewalt, durch einen selbst erzeugten medialen Druck und auch nicht durch die verbreiteten gesellschaftlichen Vorurteile und menschenfeindlichen Einstellungen, die auch am Eingang eines Polizeipräsidiums nicht Halt machen.

Der Niedergang der NPD

An dem Tag, als es bei ihm zu Hause in der Eisenacher Altstadt heftig an der Tür klopft, weiß Patrick Wieschke gleich Bescheid. Denn normalerweise klopft da niemand. Ohne Verabredung macht der Neonazi sowieso nicht die Tür auf. Er weiß, dass es die Polizei ist. «Herr Wieschke, machen Sie auf, hier ist das Bundeskriminalamt, wir wollen nur mit Ihnen reden!», ruft eine Männerstimme vor der Tür. Aber der 30-jährige Wieschke bleibt stur und antwortet nicht. Er steckt mitten im Umzug innerhalb der Stadt. Nun ruft der kleine kräftige Mann in Fürth an. Bei einem Szeneanwalt, der auf politisches Strafrecht spezialisiert ist und unter Neonazis im Fränkischen ebenso als Ansprechpartner in Konfliktlagen mit der Polizei gilt, wie in Thüringen. Seit der Wende sind die Verbindungen zwischen den rechtsextremen Szenen beider Nachbarregionen sehr eng. Wenn die schon mit ihm sprechen wollten, dann sollte zumindest sein Anwalt mit dabei sein. Die BKA-Ermittler hinterließen ihm schließlich eine Nachricht im Briefkasten: dass er mal zurückrufen solle. Er fuhr dann mit dem Anwalt zu einer Vernehmung zum LKA nach Erfurt, bei der auch ein BKA-Ermittler dabei ist.

Patrick Wieschke schildert das Gespräch aus seiner Sicht. Er befindet sich Ende des Jahres 2011 im Auge des Orkans, der durch Deutschland fegt. Schließlich kennt er sie alle, seit vielen Jahren: Ralf Wohlleben und der inzwischen ebenfalls als NSU-Helfer verdächtigte André Kapke, ein wuchtiger vorbestrafter Schlägertyp aus Jena, sind seine Kumpels. Alle zusammen waren sie vor Jahren im THS organisiert, auch Uwe Mundlos, Uwe Böhnhardt und Beate Zschäpe. Wohlleben und Kapke wurden später jeweils stellvertretende NPD-Landeschefs. Gemeinsam mit Wieschke haben sie unzählige rechtsextreme Veranstaltungen besucht und organisiert. Die drei sind die Thüringer Neonazis, die hier am meisten Präsenz zeigen, am aktivsten und bekanntesten sind. Während Kapke und Wohlleben in Jena den Ton angeben, läuft in Eisenach, Wieschkes Heimatstadt, nichts an ihm vorbei. Hier ist er aufgewachsen, und hier sitzt er nun für die NPD im Stadtrat. Sobald der Ortsname «Eisenach» vor irgendwelchen Aktivitäten der rechtsextremen Szene steht, ist der Verdacht, dass Patrick Wieschke damit zu tun haben könnte, eine naheliegende Angelegenheit. Auch für die Polizei. «Und dann lief ja alles in unsere Richtung. Dann waren wir eigentlich nur unter Strom und unter Spannung», sagt Wieschke, der mit «wir» außer sich noch Ralf Wohlleben meint, mit dem er nach dem 4. November ausführlich spricht.

Und jetzt, am 30. November, wird Patrick Wieschke stundenlang in Erfurt vernommen. Beate Zschäpe wurde vor dem Überfall der Sparkasse am Nordplatz in Eisenach gesehen. Die Ermittler gehen davon aus, dass sie die Filiale ausgekundschaftet hat. Und dass Patrick Wieschke ihr dabei geholfen haben könnte. Zumindest soll er ihr einen sicheren Unterschlupf gewährt haben, in der Nacht vom 2. auf den 3. November, so der Verdacht. Die Ermittler fangen also erst mal ganz ruhig an, fragen, ob er sie denn gesehen hätte. Und ob er sie vielleicht attraktiv gefunden habe? «Da habe ich mir erst mal gar nichts bei gedacht, wie die auf so eine Frage kommen», sagt Patrick Wieschke und unterbricht das Gespräch – nicht zum ersten Mal. Sein Handy hat geklingelt. «Dann war die Vernehmung auch schon zu Ende», sagt er noch, geht ans Telefon und steckt sich eine tschechische Zigarette an.

Als Bundesorganisationsleiter der NPD kümmert er sich fast um jeden Wahlkampf in Deutschland. Er kennt sie alle, die lokalen Funktionäre, Anführer, Kreis- und Ortsvorsitzenden, Stadt- und Gemeinderäte der NPD, zwischen Bremerhaven und Passau. Und die Kameradschaftsführer kennt er auch. Weil er selbst aus dieser Szene kommt und weil er weiß, dass seine Partei nur dort Erfolg haben kann, wo sie mit diesen zahlenmäßig starken und oft gewaltbereiten Kameradschaften zusammenarbeitet. Wo die derben Jungs mit beim Wahlkampf helfen. Jetzt ist der «Sascha» am Telefon, der stellvertretende bayerische Landesvorsitzende der NPD, Sascha Roßmüller, der auch eine führende Funktion in seinem Regensburger Chapter des Motorradclubs «Bandidos» innehat. Es geht um eine deutschlandweite Informationstour der NPD, die Wieschke von Eisenach aus organisiert. Roßmüller hat Probleme mit dem Ordnungsamt in Würzburg. Gleich im Anschluss ruft jemand vom Ordnungsamt der Stadt Kassel an: Dort will die NPD mit ihrem Tour-Lastwagen vor dem gut besuchten Bahnhof Wilhelmshöhe Station machen. Das will die Stadt nicht genehmigen, und bietet einen anderen Platz an.

«Es ist doch immer dasselbe, am liebsten wollen sie uns an den Stadtrand abschieben, wo kein Mensch vorbei kommt», sagt Wieschke, der sich in den vergangenen Jahren vom rechtsextremen Schläger zum hauptberuflichen Parteimanager gemausert hat. Keine schlechte Entwicklung für einen zwischenzeitlich arbeitslosen Schreiner mit ein paar Jahren Knasterfahrung. Nun wurde er gar zum Landesvorsitzenden der NPD in Thüringen gewählt. Einige Monate nachdem der NSU-Verdacht aufkam. Sein Stellvertreter ist der Neonazi Thorsten Heise aus dem Eichsfeld in Nordthüringen, ein militanter Aktivist aus der Kameradschaftsszene, ehemaliger niedersächsischer Landesvorsitzender der FAP und ein wichtiger Verleger rechtsextremer Musik. Er gilt als Bindeglied zwischen Partei und der freien Kameradschaftsszene, ist ein alter Weggefährte von Thomas Wulff aus Hamburg. Wie Wieschke ist auch Heise mehrfach vorbestraft, auch wegen einschlägiger Gewaltdelikte. Bei einer Razzia auf seinem Hof in Fretterode fand die Polizei 2007 mehrere Schusswaffen. Darunter ein Maschinengewehr und eine Maschinenpistole, die unter das Kriegswaffenkontrollgesetz fallen. Schon Jahre zuvor wurden bei ihm eine gebrauchsfähige Handgranate sowie Munition gefunden.[41]

«Ach Herr Wieschke, eine Frage haben wir noch», sagen die Vernehmer schließlich zum Schluss des Gesprächs. So nach der Colombo-Methode des zerknautschten amerikanischen Fernsehkommissars, der immer noch beim Rausgehen die entscheidende Frage stellt. Sie hätten den Hinweis erhalten, dass Beate Zschäpe in der Nacht vom 2. auf den 3. November, oder jedenfalls kurz vor dem Banküberfall, bei ihm geschlafen habe. «Ich habe dann kurz Rücksprache mit meinem Anwalt gehalten – in einem Nebenzimmer. Und dann habe ich die Frage beantwortet mit: Blödsinn, stimmt alles nicht!» In der Vernehmung sagt er schließlich, dass er den fraglichen Abend mit seiner Freundin verbracht habe.

Danach habe er aus den Medien erfahren, dass in seiner Wohnung angeblich Spürhunde angeschlagen hätten. Auf der Suche nach Spuren von Beate Zschäpe. Das sei aber alles eine Lüge, sagt Wieschke und steckt sich die nächste Zigarette an. Er meint, dass die Polizei die Sache mit den Hunden absichtlich gestreut hat, nennt es «Kommunikationsguerilla». Eine Strategie, der die Journalisten willfährig gefolgt seien. Damit war die Geschichte in der Welt, die ja auch haften bleiben sollte. Auf jeden Fall ging es jetzt erst richtig los. Sämtliche Nachbarn wurden befragt. Nach dem Wohnmobil, nach Beate Zschäpe, Uwe Mundlos und Uwe Böhnhardt. Irgendein Nachbar – das stand dann auch wieder in der Zeitung – hat schließlich gesagt, dass er die Frau hier gesehen habe. Danach wird Patrick Wieschke ein zweites Mal vernommen. Seine Wohnung lag in der Nähe des Eisenacher Hauptbahnhofs. Und er kann sich natürlich vorstellen, dass Beate Zschäpe bei ihrem Besuch in der Stadt da vorbeigelaufen ist. Aber alles andere sei «Blödsinn», sagt Patrick Wieschke, der Landesvorsitzende einer Partei, die spätestens jetzt, nach dem 4. November 2011, als eine Partei wahrgenommen wird, die sich aus dem Unterstützerumfeld von Terroristen speist. «Da ist jetzt wieder so ein Fleck, der einem anhaftet und den man nicht mehr loswird», sagt Spitzenfunktionär Wieschke. So wie die Beteiligung an dem Sprengstoffanschlag, für die er fast drei Jahre im Gefängnis gesessen hat. Zu Unrecht, wie er findet.

Auch sein politischer Ziehvater und Vorgänger im Amt des Landesvorsitzenden, der Berliner Neonazi Frank Schwerdt, sieht sich zu Unrecht mit dem NSU in Verbindung gebracht. Dabei hat er jahrelang die beiden Neonazis Ralf Wohlleben und André Kapke aus dem engen Umfeld von Beate Zschäpe, Uwe Böhnhardt und Uwe Mundlos protegiert. Er räumte in einem Interview mit den «ARD-Tagesthemen» ein, dass er André Kapke drei Wochen nach dem Abtauchen der «Zwickauer Zelle» in Berlin empfangen habe. Damals war Schwerdt Bundesgeschäftsführer der NPD. «Er hat mich ganz konkret gefragt, da sind drei Kameraden – wie er sagte – aus Thüringen, die müssen aus ermittlungstechnischen Gründen mal verschwinden – und ob ich da mal was für ihn tun könne?»[42] Frank Schwerdt wollte und konnte nicht, wie er auf weitere Nachfrage sagte. Aber Ralf Wohlleben und André Kapke traten später der NPD bei und wurden zu Schwerdts Stellvertretern auf Landesebene. Schwerdt, der rund 30 Jahre älter ist, als die meisten Neonazis, die er damals unter seine Fittiche nimmt, kümmert sich intensiv und persönlich um die gewaltbereite Neonaziszene in Thüringen. Er ist es, der die jugendlichen Straftäter an die NPD heranführt. «Frank Schwerdt hat mir regelmäßig Briefe ins Gefängnis geschrieben», sagt Patrick Wieschke.

Der Beitrag in den «Tagesthemen» sorgte jedenfalls für ziemlichen Wirbel: Die Presseagenturen verbreiteten das Statement des stellvertretenden Bundesvorsitzenden der NPD in ganz Europa. Damit war zwar längst nicht bewiesen, dass der NSU ein «Arm der NPD, der militante Bereich der NPD» war, wie es Generalbundesanwalt Range auch schon einen Monat zuvor erklärt hatte.[43] Aber nun wurde selbst für Außenstehende deutlich, was Beobachtern der rechtsextremen Szene in Thüringen schon seit langem klar war: Dass es dort eine gefährliche Nähe zwischen der NPD und militanten Neonazis gab, in einem äußerst gewaltbereiten Mischmilieu, in dem die Grenzen zur Tat fließend waren. Frank Schwerdt, einer der medial erfahrensten NPD-Funktionäre überhaupt, wusste sehr wohl, was das Echo dieses Interviews bewirken würde: Die Buchstabenfolgen «NSU» und «NPD» rückten nun auch in der öffentlichen Wahrnehmung immer enger und öfter zusammen.

Und das in einer Zeit, in der die NPD schon vor dem Auffliegen der «Zwickauer Zelle» im Existenzkampf gesteckt hatte. Unabhängig von der Verbotsforderung, die in den vergangenen Jahren regelmäßig aufgekommen war und die jetzt, nach dem 4. November 2011, immer wieder als gemeinsamer politischer Wille der demokratischen Parteien formuliert wurde. Schwerdt schrieb also einen «Kommentar» zu dem Interview auf der Internetseite der NPD, in dem er die «Medien-Mafia» geißelte und eine Erklärung abgab, die den Schaden etwas eindämmen sollte. Ohne Erfolg: Seine Begründung las sich zum einen ziemlich konstruiert, zum anderen nahm außerhalb der rechtsextremen Szene kaum jemand Notiz davon: «Ich hatte damals gar keinen Zweifel daran, dass André Kapke nicht irgendwelche Terroristen oder Straftäter unterstützen wollte und ich bin von seiner ablehnenden Einstellung zur Gewalt in der Politik immer noch überzeugt.»[44]

Überhaupt galt die NPD längst als die «Partei der Schläger», wie sie in verschiedenen Medien genannt wurde. Das ARD-Politmagazin «Report» wertete nun systematisch sämtliche Berichte der vergangenen zehn Jahre aus, die sich mit den Gewalttaten von NPD-Funktionären befassten. Die Redaktion kam zu dem Schluss, dass im Durchschnitt kein Monat vergehe, ohne dass einer der rechtsextremen Funktionäre eine Straftat verübe. Überwiegend seien das Gewaltdelikte, insbesondere Körperverletzungen. Aber auch Raub, unerlaubter Waffenbesitz und Nötigung gehörten zum Repertoire der NPD-Leute. Propagandadelikte und Volksverhetzung sowieso.[45] Aber hier soll es ausschließlich um die Gewalt gehen – eine Grenze, die von den Funktionsträgern der Neonazipartei oft überschritten wird. Dazu stellt der Kriminologe Christian Pfeiffer fest: «Die Recherche spricht sehr dafür, dass dies eine Besonderheit ist, die die NPD auszeichnet. Dass sie dichter dran ist an der Gewalt als andere politische Gruppierungen.»[46]

Auch diese Feststellung war nicht neu: Aber sie erreichte in dem aktuellen Kontext endlich die politische Reaktion, die Staat und Gesellschaft gegenüber rechtsextremer Gewalt bislang hatte vermissen lassen. Damit nahm die Talfahrt der NPD weiter an Tempo auf: Hatte die Partei laut Verfassungsschutzbericht 2007 noch 7 200 Mitglieder, so waren es 2008 bereits 200 weniger, auch 2009 zählte die Behörde 200 Mitglieder weniger, also 6 800, und der Trend setzte sich 2010 weiter fort, da waren es noch 6 600. Zeitgleich verlor die NPD eine Wahl nach der anderen: Im Westen war sie längst bedeutungslos, kam bei vielen Landtagswahlen dort zwar mit Mühe über die Ein-Prozent-Marke, die für sie wegen der Wahlkampfkostenerstattung so wichtig ist, aber zuletzt schaffte sie nicht einmal mehr das.

Im Osten gelang ihr zwischendurch einzig der knappe Wiedereinzug in die beiden Landesparlamente von Sachsen (2009 mit 5,6 Prozent) und Mecklenburg-Vorpommern (2011 mit 6,0 Prozent). Aber auch das nur unter hohen Stimmenverlusten. Die beiden Wahlen konnten den freien Fall nur verzögern, weil die NPD ihren politischen Kampf ganz wesentlich auf die Ressourcen stützt, die ihr die Landtagsfraktionen in diesen beiden Ländern zur Verfügung stellen. Und zusätzlich auf die Mittel, die sie über kommunale Mandate einsammelt. Holger Apfel hatte als langjähriger sächsischer Landesvorsitzender vorgemacht, wie sich der Erfolg auf beiden politischen Ebenen gegenseitig bedingt: Kommunale Mandate konnte die Partei nur mit Unterstützung der erprobten Wahlkampfmaschinerie erlangen, die sie im Umfeld der Landtagsfraktion installiert hatte. Im Gegenzug wiederum sorgten lokal verwurzelte Funktionäre in der Fläche für die Akzeptanz der NPD vor Ort, die wiederum entsprechend gute Wahlergebnisse garantierte und den Wiedereinzug der Partei in den Landtag brachte. Auf diese Weise gelingt es der NPD, ihre Stammwähler zu mobilisieren. Mehr nicht.

War Holger Apfel – ein Verlagskaufmann aus Hildesheim in Niedersachsen – mit seinen engsten politischen Weggefährten noch aus dem Westen gekommen, um von den besseren Bedingungen zu profitieren, die eine rechtsextreme Partei hier im Osten vorfand, bildete sich nun immer mehr eine Gruppe politisch erfahrener lokaler Funktionäre heraus. Wie etwa Mario Löffler, ein leutseliger Händler weihnachtlicher Holzarbeiten aus Annaberg-Buchholz im Erzgebirge. Er schaffte es aus dem dortigen Kreistag zunächst in den Landtag, wo er schließlich von Holger Apfel zu dessen Nachfolger als Landesvorsitzender geformt wurde. Dieser Mechanismus zwischen Kommunal- und Landesebene funktionierte, seitdem Apfel selbst als Abgeordneter eines «Nationalen Bündnisses» im Stadtrat von Dresden saß, von wo aus – auf der Höhe der Hartz-IV-Proteste – 2004 der Sprung in den Landtag gelang (mit 9,2 Prozent der Wählerstimmen). Es setzte anschließend eine Phase der

Normalisierung ein, die überall dort zu beobachten ist, wo die NPD bereits in ein Parlament gewählt wurde. In Sachsen und Mecklenburg-Vorpommern wird sie von vielen Menschen deshalb wie eine Partei unter vielen wahrgenommen.

Nun aber, seit den NSU-Verstrickungen einiger ihrer Funktionäre, wird sie den Gewaltmakel nicht mehr los. Zumal sie, auch in Sachsen, auf die Verbindung mit den Neonazi-Kameradschaften setzt, aus deren Reihen es regelmäßig zu Gewalttaten kommt: So wie in Geithain, einer Kleinstadt im Landkreis Leipziger Land, wo die Kameradschaft «Freies Netz Geithain» im Stile der «Anti-Antifa» gegen politische Gegner hetzt und ein pakistanischer Pizzeria-Besitzer immer wieder von maskierten Neonazis bedroht wird, während einer der Kameradschaftsmitglieder auf der NPD-Liste in den Stadtrat eingezogen ist. «Die konstruktiven freien Kräfte in der Sächsischen Schweiz oder in Nordsachsen versuchen wir ganz bewusst an uns zu binden», sagt Holger Apfel.[47] Dazu gehört auch Maik Scheffler, einer der vorbestraften Gewalttäter unter den NPD-Funktionären. Der Kameradschaftsführer, der unter anderem wegen gefährlicher Körperverletzung und unerlaubtem Waffenbesitzes verurteilt wurde, verdient sein Geld als Mitarbeiter der Landtagsfraktion, verantwortet den NPD-Kreisverband Nordsachsen, sitzt im Stadtrat von Delitzsch und sorgt für einen schlagkräftigen Ordnungsdienst der Partei, für den Mitglieder des «freien Netzes Nordsachsen» rekrutiert werden. Wie die Mitglieder der Zwickauer Zelle, wie die gewalttätige Skinheadfront aus Dortmund-Dorstfeld oder der Thüringer stellvertretende NPD-Landesvorsitzende Thorsten Heise, unterhält Scheffler persönliche Verbindungen zum in Deutschland verbotenen Netzwerk «Blood & Honour». Diese Gruppierung verknüpft militante Neonazigruppen aus ganz Europa, die sich vor allem in Osteuropa unter anderem zu Rechtsrockkonzerten, Waffencamps und Kampfsportlagern versammeln. Maik Scheffler gehört zu den engsten Mitarbeitern von Holger Apfel in Sachsen, der seit Jahren nach außen den Gewaltverzicht predigt. Jetzt, nach dem NSU-Debakel, nehmen der NPD nur noch wenige diesen Verzicht ab.

Für die verbleibenden hartnäckig überzeugten Rechtsextremisten war Gewalt in ihren unterschiedlichen Erscheinungsformen ohnehin immer ein Mittel des politischen Kampfes, das sie im Zuge der parlamentarischen Strategie mit hohem Energieaufwand zu verdecken suchten. NPD-Spitzenfunktionär Patrick Wieschke schildert das so: «Man hat sich dann auch selber diszipliniert zu sagen, jetzt darf dir nicht noch mal die Hand ausrutschen, weil man ja jetzt in der Öffentlichkeit steht, im Stadtrat sitzt oder Landesvorsitzender ist. Da darf einem so etwas eben nicht noch mal passieren.»

Denn die Parteiführer waren nach den ersten Wahlerfolgen euphorisch und selbstgewiss in ihrer parlamentarischen Strategie: 2004 in Dresden und zwei Jahre später in Schwerin, als man nach der Wende erstmalig Landtagsfraktionen stellen konnte. «Veränderung in diesem Land kann nicht nur eine Reparatur sein», sagte Udo Pastörs, Fraktionsvorsitzender der NPD im Schweriner Schloss, während seiner ersten Legislaturperiode: «Es geht um eine Systemüberwindung», bis dahin müsse der Kampf durch die Parlamente gehen.[48] Mit anderen Worten erklärte er damit die Strategie seiner Partei, nämlich den Parlamentarismus über die Parlamente abzuschaffen – analog zu der Formel der NSDAP, die der spätere Reichspropagandaminister Joseph Goebbels fünf Jahre vor der nationalsozialistischen Machtergreifung 1933 so beschrieben hatte: «Wir gehen in den Reichstag hinein, um uns im Waffenarsenal der Demokratie mit deren eigenen Waffen zu versorgen. [...] Uns ist jedes gesetzliche Mittel recht, den Zustand von heute zu revolutionieren.»[49]

Udo Pastörs stellte aber 2008 aus Schweriner Sicht fest: «Wir brauchen einen dritten Landtag, erst mit dem dritten Bein funktioniert die Statik, dann kann man sehr viel machen.»[50] Und der damalige Bundesvorsitzende Udo Voigt hatte wenige Monate zuvor auf einem Bundesparteitag behauptet: «Alle mitteldeutschen Parlamente sind heute NPD-reif.»[51] Die Zukunft sollte ihn etwas anderes lehren. Waren die Funktionäre damals noch großer Hoffnung gewesen, als nächstes – unter Führung von Frank Schwerdt – in den Landtag in Thüringen einzuziehen, scheiterten sie nicht nur an diesem Ziel, sondern hangelten sich seither von einer Niederlage zur nächsten. Nach Thüringen wurde auch das Ziel Sachsen-Anhalt verfehlt, und wegen der Enttäuschung traten immer mehr Leute aus der Partei aus. «Da haben wir Federn lassen müssen», sagt der spätere thüringische Landesvorsitzende Patrick Wieschke und räumt ein, dass die Partei alleine dort innerhalb von vier Jahren ein Drittel ihrer Mitglieder verloren hat.

Längst hat sich die NPD in ihren regionalen Hochburgen eingegraben, in Sachsen und Mecklenburg-Vorpommern, und außerhalb gelingt es ihr nicht mehr, Fuß zu fassen. Udo Voigt wurde deshalb nach 15 Jahren an der Parteispitze abgewählt. In einer Kampfabstimmung auf einem Bundesparteitag in Neuruppin in Brandenburg wählten die Delegierten den Fraktionsvorsitzenden der NPD im Sächsischen Landtag, Holger Apfel, zum Parteivorsitzenden. Zehn Tage nachdem Uwe Mundlos und Uwe Böhnhardt tot in ihrem brennenden Wohnmobil in Eisenach aufgefunden worden waren.

Der Triumph von Holger Apfel, der jahrelang auf dieses Amt hingearbeitet hatte, der als bester Wahlkämpfer seiner Partei galt, dieser Triumph war nun also überschattet. Darüber sollte Apfel sich noch lange ärgern: «Anstatt über unsere strategische Neuausrichtung zu berichten, hat man systematisch versucht, Verbindungslinien zwischen der NPD und Mördern darzustellen. Da war es für uns notwendig, unsere Position klar zu machen: Denn die NPD hat Gewalt und Terror immer abgelehnt.» Als er die Partei übernimmt, hat sie – nach eigenen Angaben – nur noch 5900 Mitglieder. Holger Apfel ist es wichtig, dass dieser Abstieg nicht seiner ist. Sondern der seines Vorgängers. Dennoch setzt sich der Mitgliederschwund weiter fort, jeden Monat werden es weniger Menschen, die sich noch zur rechtsextremen NPD bekennen. In Thüringen traten die Vorstandsmitglieder eines kompletten Kreisverbandes – in Greiz – aus der Partei aus, nachdem sich der NSU-Verdacht auf einzelne ehemalige NPD-Funktionäre erstreckt hatte. So bestätigte auch Patrick Wieschke einen grundsätzlich rückläufigen Trend bei der Mitgliederentwicklung in seinem Landesverband. Er ist sich sicher, dass seine Partei noch lange mit dem Thema «NSU-Komplex» konfrontiert werden wird: «Das wird eine endlose Geschichte. Ich befürchte, dass sie noch jahrelang laufen wird.»

Der Parteivorsitzende Apfel stellte nach dem Terrordebakel für seine Partei fest, dass «immer weniger Sympathisanten es wagen, Farbe zu bekennen». So sei der Bekennermut unter ihnen nicht mehr besonders stark ausgeprägt. Und natürlich habe die «NSU-Mordserie» das gegen die NPD eingestellte gesellschaftliche Klima weiter angeheizt. Nun würde sich eben unter den Sympathisanten die Spreu vom Weizen trennen, sagt er im Gespräch für dieses Buch. Für die Verhältnisse eines professionellen Populisten, der er ist, wirkte Apfel bei dieser Begegnung sehr kleinlaut. Anders als in den Jahren zuvor, schien er nun selbst an dem von ihm eingeschlagenen Weg zu zweifeln. Es ging einfach nicht weiter, nur noch zurück.

Auch die Fusion mit der inzwischen aufgelösten rechtsextremen DVU Anfang 2011 hat den Mitgliederschwund nicht bremsen können. Der NPD-Parteivorsitzende Udo Voigt hatte dabei das Ziel vorgegeben, etwa 1000 neue Mitglieder aus den Reihen der DVU zu gewinnen. Dieses Ziel sei deutlich verfehlt worden, gibt Holger Apfel zu: «In meinem eigenen Landesverband sind von etwa 35 DVUlern, die bei der Urabstimmung NPD-Mitglied werden wollten, gerademal fünf übriggeblieben.» So schrumpft auch der sächsische Landesverband weiter, der mitgliederstärkste hinter Bayern innerhalb der NPD. Der Landesverfassungsschutz in Sachsen notierte deshalb für das zurückliegende Jahr einen zunehmenden Vertrauensverlust der Basis in die Partei: «Die Umsetzung der rechtsextremistischen Ziele wird immer weniger den in das parlamentaristische Verfahren eingebundenen Akteuren zugetraut. Mitgliederschwund und Frustration über die fehlenden Erfolge der NPD befördern diesen Prozess.» Und dabei war der durch den NSU ausgelösten Effekt noch gar nicht berücksichtigt.

Die Spitzenfunktionäre der NPD haben die Existenzkrise ihrer Partei erkannt. Sie selbst scharen sich um die Posten der beiden Landtagsfraktionen; längst wird die NPD nicht mehr aus Berlin geführt, sondern aus Dresden, wo der im nahen

Riesa wohnende Holger Apfel im Landtag sitzt. Von dort aus inszeniert die Partei in regelmäßigen Abständen kalkulierte Skandale, um überhaupt in der Öffentlichkeit stattzufinden. So erschienen etwa die acht NPD-Abgeordneten der hiesigen Landtagsfraktion in großflächig markierter Kleidung der bei Neonazis beliebten Modemarke «Thor Steinar» im Plenarsaal, um ihren Rauswurf zu provozieren. Verstößt das Tragen dieser Marke doch gegen die Regularien des Sächsischen Landtags, auch in vielen deutschen Fußballstadien und an einigen Universitäten ist es untersagt. Die NPD-Abgeordneten verließen erst den Saal, nachdem die Polizei erschienen war, um sie abzuführen. Die Kalkulation der verzweifelten Funktionäre ging auf: Die Bilder von Holger Apfel im Thor-Steinar-Hemd auf dem Abgeordnetenplatz wurden durch Fernsehen und Internet wie gewünscht verbreitet. Zusätzlich hatte die NPD-Fraktion einen Antrag auf die Tagesordnung des Landtags setzen lassen, unter dem Titel: «Mode-Exorzismus stoppen – keine Bekleidungsvorschriften für freie Menschen».

Wenige Wochen später stellte die NPD der Demokratie in Deutschland eine Todesbescheinigung aus: Jedem Bundestagsabgeordneten, der für den so genannten ESM-Rettungsschirm (Europäische Stabilitätsmechanismus) stimmte, schickte der NPD-Vorsitzende einen Brief. Darin schreibt er, dass sich diese Abgeordneten «den Titel ‹Totengräber von Demokratie, Rechtsstaatlichkeit und Selbstbestimmung› redlich verdient» hätten. Seine Partei werde die Namen dieser Abgeordneten auf ihrer Internetseite publizieren, um «deren schändliches und unverantwortliches Verhalten vor der Geschichte und der Nachwelt zu dokumentieren». Holger Apfel ließ jedem Brief eine «Todesbescheinigung» beilegen. Als «Name des Patienten» wurde dort «Demokratie/Rechtsstaatlichkeit in der BRD» angegeben. Als «Todesursache» wird «Staatsstreich durch das ESM-Ermächtigungsgesetz» vermerkt. Schließlich schrieb er: «Mokieren Sie sich in Zukunft also bitte nicht mehr über diejenigen Reichstagsabgeordneten, die für das Ermächtigungsgesetz vom 24. März 1933 gestimmt haben.»[52]

Auch mit diesem kalkulierten Skandal erreichte die NPD die

hochtourige Medienöffentlichkeit, die immer wieder die Provokationen der Rechtsextremisten dankbar aufnimmt und nur selten das dahinterstehende Motiv erklärt: Existenzangst. Im Sommer nach dem Auffliegen des NSU, mitten im eigenen Existenzkampf, veröffentlichte die Landtagsfraktion der sächsischen NPD schließlich eine Mitteilung unter einer Überschrift, die zu einer eindeutigen Interpretation führte: «Komplex ‹NSU› schlägt sich in der Wahrnehmung der Bevölkerung kaum negativ gegenüber der NPD nieder.»

Damit war klar, dass ihr außer der selbst erfüllenden Prophezeiung kaum ein Mittel im Kampf um das letzte verbliebene Maß an Glaubwürdigkeit gegenüber ihren Wählern geblieben war. Innerhalb der rechtsextremen Bewegung hatte die NPD schon längst ihre Glaubwürdigkeit verloren. Weil sie als Preis des parlamentarischen Weges öffentlich den eindeutig nationalsozialistischen Vorstellungen abgeschworen hatte, die gleichsam das ideologische Bindemittel der Bewegung sind. Aber längst war klar, dass dieser Weg die Bewegung in eine Sackgasse geführt hatte, dass also ihr parlamentarischer Arm lahm war.

Ist die NPD also doch unzeitgemäß, weil sie eine am Parlamentarismus ausgerichtete Partei ist, und ist sie deshalb zum Untergang verurteilt, so wie es der radikal-intellektuelle Jurist und Gewaltbefürworter Horst Mahler bei seinem Parteiaustritt prophezeit hatte? Mit der NPD löst sich jedenfalls nicht der Rechtsextremismus in Deutschland auf. Aber dessen revolutionäre bewegungsförmige Variante hat sich nunmehr gegenüber der parteiförmigen durchgesetzt. Darin steckt zugleich die Gefahr einer wachsenden Gewaltbereitschaft, die sich nicht durch die Sachzwänge von Wahlen und Parlamenten zähmen lässt. Und der bewegungsförmige Rechtsextremismus ist viel weniger vom Verfassungsschutz zu kontrollieren, der sich in funktionierenden Parteistrukturen besser bewegen kann als in den losen Zusammenschlüssen freier Neonazi-Gruppierungen wie etwa den gewaltbereiten «Autonomen Nationalisten».

Der Niedergang der NPD ließ den wiederkehrenden Ruf nach ihrem Verbot allerdings nicht verhallen, gegen den sich die Partei – mithilfe von Anwalt Horst Mahler – zuletzt 2003 mit Erfolg gewehrt hatte. Das Parteiverbotsverfahren war damals vor dem Bundesverfassungsgericht in Karlsruhe gescheitert, weil das Gericht selbst nicht sicher unterscheiden konnte, welche Aktivitäten auf die NPD und welche auf den Staat zurückzuführen sind. So jedenfalls lautete der höchstrichterliche Einstellungsbeschluss.[53] In dem vorausgegangenen Verfahren wurde bekannt, dass jeder siebte Führungskader der NPD ein V-Mann war. Und es demnach nicht ausgeschlossen werden konnte, dass verfassungsfeindliche Aussagen und Handlungen von V-Leuten ausgingen, also von informellen freien und bezahlten Mitarbeitern des Verfassungsschutzes.

Gleich nach dem Auffliegen des NSU war der Ruf nach dem Verbot wieder da – lauter als je zuvor. Maßgebliche Politiker sämtlicher demokratischer Parteien überschlugen sich mit der Verbotsforderung als erste politische Reaktion auf den Terror. Dieter Graumann, der Präsident des Zentralrats der Juden in Deutschland, formulierte es in einem Gastbeitrag für die «Süddeutsche Zeitung» so: «Alle Argumente sind ausgetauscht und abgewogen, keiner zweifelt mehr am Gewaltpotenzial der NPD. Nun bleibt nur noch eine Konsequenz: Das politische Flaggschiff der Rechtsterroristen muss politisch und juristisch versenkt werden – und darf niemals wieder auftauchen.»[54] Damit war ihm der Beifall der meisten Politiker gewiss, auch gab es verschiedene Umfragen, die zu dieser Zeit eine breite Zustimmung in der Bevölkerung für ein NPD-Verbot ergaben. Diese wiederum dürfte die Politiker aus Regierung und Opposition in ihrer Haltung weiter bestärkt haben. Zumal sie selbst suggerierten, dass ein Parteiverbot die geeignete Antwort auf die rechtsextreme Gewalt insgesamt wäre. Damit saß die Bundesregierung mit den zum Teil oppositionellen Landesregierungen in einem Boot, und vor allem die Innenpolitiker der im Bund regierenden CDU/CSU sowie die Innenminister der SPD-geführten Bundesländer waren in der Frage des Parteiverbots einer Meinung. Gemeinsam folgten sie wieder dem Reiz-Reaktions-Schema, das seit Jahren eingeübt war. Von dem aber längst schon bekannt war, dass es zu nichts taugt, außer zur persönlichen Profilierung. Denn es führt weder zu einem tatsächlichen Verbot der NPD noch zu einem Ende der Gewalt.

Tatsächlich ist die Forderung nach einem Verbot der NPD längst zu einem populistischen Instrument verkommen. Aus den Reihen derer, die sich außerhalb von staatlichen und politischen Institutionen inhaltlich mit Rechtsextremismus beschäftigen, ist dieser Ruf nur äußerst selten zu hören: Kaum ein zum Rechtsextremismus forschender Politikwissenschaftler formuliert diese Forderung in einer Penetranz, wie Politiker es tun. Und selbst die Fachleute in der Ministerialbürokratie sind skeptisch, weil sie wissen, wie schwer sie umzusetzen ist. Unabhängig von der politischen Zweckmäßigkeit eines Verbots. Zumal viele Akteure aus diesem Kreis ganz genau den allmählichen Niedergang der NPD beobachten, so wie sie zuvor deren kurzfristigen Aufstieg verfolgt haben. Es bleibt ein gewisses Verständnis für jene, die nicht einsehen möchten, dass die Demokratie selbst auch noch ihre Feinde bezahlen muss – nämlich über die Parteienfinanzierung und über die Fraktionsmittel in den Kommunalparlamenten und vor allem den Landtagen, ohne die die NPD schon längst kollabiert wäre. Mehr bleibt aber nicht.

Und dieses Mal, also nach dem Bekanntwerden des NSU-Debakels, ging mit der Verbotsforderung nicht einmal das eigene kurzfristige Kalkül der Politiker auf – nämlich mit dieser Forderung Entschlossenheit zu vermitteln und gleichzeitig vom totalen Versagen des Staates und seines Sicherheitsapparates im Umgang mit der rechtsextremen Gewalt abzulenken. Mit der Forderung entlarvten ihre Vertreter einzig die eigene Hilflosigkeit im Umgang mit der Gewalt. Denn je länger die Beschäftigung mit dem «NSU-Komplex» andauerte, umso mehr rückten die Ermittlungsbehörden – und der Verfassungsschutz – in den Fokus der Kritik. Warum? Weil sie die Gesellschaft nicht vor der Gewalt haben schützen können. Und sich bis heute selbst bei der Verhinderung, Ermittlung und Aufklärung rechtsextremer Gewalt im Weg stehen.

Der hilflose Staat oder: Wie begegnet man rechter Gewalt?

Bundesinnenminister Hans-Peter Friedrich (CSU) pries den Verfassungsschutz noch einige Monate vor Bekanntwerden des NSU-Debakels anlässlich der Veröffentlichung seines Jahresberichts als «unverzichtbares Frühwarnsystem», das «gute und wertvolle Arbeit» leiste. Später musste man dann nüchtern konstatieren, dass es überhaupt keine Frühwarnung beim rechten Terror des NSU gegeben hatte. Außerdem bedeutete die aktive Rolle, die der Verfassungsschutz im «NSU-Komplex» eingenommen hat, einen massiven Vertrauensverlust in die gesamte Einrichtung, etwa durch die bekannt gewordenen Aktenvernichtungen und Manipulationen von Computerdateien. Der Rücktritt der Behördenleiter des Bundesamtes für Verfassungsschutz und der Landesverfassungsschutzbehörden in Sachsen und Thüringen – außerdem der vorzeitige Ruhestand der Verfassungsschutzpräsidentin in Nordrhein-Westfalen – waren eine logische Konsequenz des NSU-Debakels.

Die schweren Versäumnisse von Verfassungsschutz und Ermittlungsbehörden im «NSU-Komplex» sorgten überdies für eine Debatte über eine neue «Sicherheitsarchitektur». So wurde bereits ein halbes Jahr nach dem Auffliegen der «Zwickauer Zelle» als Reaktion auf das Ermittlungsdebakel eine Verbunddatei für Neonazis vom Bundestag beschlossen. Ermittler sollten bundesweit auf Daten über gewaltbereite Rechtsextremisten zugreifen können. Für Bundesinnenminister Friedrich war die Datei zugleich ein «Meilenstein im Kampf gegen den Rechtsextremismus». Hatte sich schließlich der Informationsaustausch zwischen den verschiedenen Polizeibehörden als Schwachstelle bei der Aufklärung rechtsextremer Gewalt erwiesen, nicht nur im Fall des NSU.

Was wäre beispielsweise passiert, wenn man dem Journalisten des Saarländischen Rundfunks, der am Morgen nach dem Anschlag auf die Wehrmachtsausstellung in Saarbrücken am 9. März 1999 zwei Männer und eine unauffällige, dunkelhaarige Frau im Alter von 20–25 Jahren beobachtete, die sich über den Schaden sichtlich freuten, wenn man ihm also damals Fotos von Beate Zschäpe, Uwe Mundlos und Uwe Böhnhardt hätte zeigen können? Wenn man sie der Zeugin hätte zeigen können, die vor dem Mord an dem Kioskbesitzer Mehmet Kubaşık in Dortmund am 4. April 2006 zwei Männer mit «rechtsradikalem Aussehen» erkannt hatte, die auch auf einem Überwachungsvideo einer Sparkasse zu sehen sind?

Zur neuen «Sicherheitsarchitektur» sollte aber vor allem auch eine Reform des Verfassungsschutzes gehören. Da ginge es zunächst um eine größere parlamentarische Kontrolle dieses Geheimdienstes, um die Zusammenlegung einzelner Landesämter für Verfassungsschutz oder um den Umzug des Bundesamtes für Verfassungsschutz von Köln nach Berlin. Die Grünen forderten schon früh eine Evaluierung der Behörde von unabhängiger Seite, also eine Bewertung ihrer Arbeitsleistung. Mit dem möglichen Ergebnis einer «Strukturreform» bis hin zur teilweisen oder vollständigen Auflösung.

Schließlich offenbart der NSU-Komplex das völlige Versagen der Geheimdienste im Umgang mit der rechtsextremen Gewalt, und dass sich die Verfassungsschutzämter vor allem selbst gedient haben. Sie sind in einer Demokratie überflüssig, wenn sie den Auftrag, für den sie einst errichtet wurden, nicht erfüllen. Wenn sie kein Frühwarnsystem gegen extremistischen Terror sind. Denn es gibt den polizeilichen Staatsschutz, der für die Aufklärung und Verfolgung politisch motivierter Straftaten zuständig ist. Wenn diese Polizeiarbeit politisch so unterstützt wird, dass sie Erfolg hat in der Bekämpfung rechtsextremer Gewalt, dann braucht es keinen Verfassungsschutz mehr. Gegen Gewalt und Kriminalität hilft dann die Polizei.

Zur späteren Aufklärung des NSU-Komplexes hat der Verfassungsschutz jedenfalls kaum beigetragen. Das weiß auch Katharina König. Die Landtagsabgeordnete der Partei «Die Linke» ist in Jena aufgewachsen, in radikaler politischer Opposition zu den Neonazis, die Teile der Stadt in den 1990er Jahren mit Gewalt zur «national befreiten Zone» machten. In ganz Deutschland gibt es kaum einen Politiker oder eine Politikerin, der oder die über Jahre direkteren Kontakt mit Neonazis hatte als Katharina König. Radikal ist sie immer noch, auch als Landtagsabgeordnete, ein kämpferischer Typ, der sich treu geblieben ist. Sie ist so etwas wie das umgängliche Gesicht der Thüringer Antifa, die seit zwei Jahrzehnten in der Auseinandersetzung mit Ralf Wohlleben, André Kapke, Patrick Wieschke, Thorsten Heise und früher auch mit Beate Zschäpe, Uwe Mundlos und Uwe Böhnhardt steckt. Über Ralf Wohlleben spricht sie wie über einen alten Bekannten. So groß ist Jena ja nicht: eine gemütliche Kneipenmeile, eine gut beleumundete Universität, die berühmten Zeiss-Werke, ein traditionsreicher Fußballverein, ein Plattenbaumeer und eben das «Braune Haus». Eine runtergekommene Immobilie, in der die Neonazis der Stadt seit Jahren ihre Pläne schmieden. Und von der es lange schon geheißen hatte, dort lagerten Waffen im Keller.

Es ist erst ein paar Wochen her, dass die «Zwickauer Zelle» aufgeflogen ist. Katharina König sitzt in Jeans auf einem roten Sofa ihres Wahlkreisbüros in Saalfeld und spricht über den Verfassungsschutz und über die Antifa. Seit Wochen schon tobt der Mediensturm zum NSU, dauernd rufen Journalisten an. Auch jetzt. Deren Geschichten, Filme und Beiträge sind mit Informationen gespickt, die von der Antifa kommen. Sie ist zu dieser Zeit die größte Quelle der Aufklärung. Niemand anderes: der Verfassungsschutz hat versagt und ihm ist nicht zu trauen, die Polizei ordnet ihre Informationspolitik den aktuellen Ermittlungen gegen den NSU unter, und die Politiker wissen nur das, was in der Zeitung steht oder im Fernsehen gesendet wird. Und was zumeist aus Antifa-Quellen kommt.

«Die Antifa-Gruppen nützen den Medien, weil sie einen Großteil der Informationen ja den Medien zuspielen. Wobei klar ist, dass es von den Medien zum Staat nur noch eine Frage von Minuten ist. Natürlich nützt das jetzt gerade», sagt Katharina König, wobei sie mit «Nutzen» eben die Aufklärung meint. Sie sagt, dass die Antifa jetzt gerade die Aufgabe erfüllt, bei der der Verfassungsschutz über Jahre versagt hat. «Damit meine ich nicht, dass die Antifa den Verfassungsschutz ersetzt. Aber es ist ein weiterer Beleg dafür, dass der Verfassungsschutz irrelevant ist. Denn der weiß doch über Neonazistrukturen in Deutschland so gut wie gar nichts!»

Natürlich ist diese rigorose Aussage von Katharina König vor dem Hintergrund des Auffliegens der NSU-Zelle wenige Tage vor diesem Interview zu sehen, deren Mitglieder aus ihrer Heimatstadt Jena kamen. Aber tatsächlich ist es so, dass die Ermittlungsbehörden auf Grundlage der Informationen, die ihnen vom Verfassungsschutz zur Verfügung gestellt worden waren, all die Jahre seit dem Abtauchen von Beate Zschäpe, Uwe Mundlos und Uwe Böhnhardt nicht in der Lage waren, die Gefahr richtig einzuschätzen, die von den Dreien ausging. Dabei erkannte der Rechtsextremismusforscher Andreas Klärner bei ihnen bereits 2006 «Anzeichen für den Aufbau einer terroristischen Untergrundorganisation»: Bei den «drei Mitgliedern des rechtsextremen Heimatschutzes [...] zwei jungen Männern und einer Frau», bei denen «sich vier funktionsfähige Rohrbomben fanden», denen «allerdings die Flucht gelang».[55] Da stellt sich die Frage, warum die Sicherheitsbehörden diese berechtigten Bedenken aus der Wissenschaft nicht ernst genommen haben. Zumal dieselben Antifa-Quellen, von denen Katharina König sprach und die nun – nach dem Auffliegen der Zelle – über den indirekten medialen Weg der Öffentlichkeit die Versäumnisse der Sicherheitsbehörden aufzeigen, jahrelang über die Gefahren berichtet haben, die von der rechtsextremen Szene in Thüringen ausgehen. Ohne angemessenes Gehör zu finden.

Dabei ist die Antifa bundesweit – ja europaweit – die größte Informationsquelle über den Rechtsextremismus. Ohne sie gäbe es nur eine sehr eingeschränkte Kenntnis der rechten Szene, in manchen Gegenden Deutschlands hätten die Neonazis ohne ihren Widerstand das alleinige Sagen. Ihre in Teilen extrem linken Aktivisten wirken überall mit, wo die Zivilgesellschaft nach rechts blickt. Das müsste sich der Staat eingestehen. Aber auch dabei steht ihm die Gleichsetzung von linkem und rechtem Extremismus im Wege. Es ist ein Dogma, das die Arbeit der Sicherheitsbehörden insgesamt über Jahre gebunden hat – und zwar völlig unnötig, wenn man auf die Qualität linksextremer Gewalt blickt, die es zweifelsohne gibt – auch aus den Reihen der Antifa. Aber linksextreme Gewalt sorgt bei weitem für weniger Tote und Verletzte als rechtsextreme Gewalt. Wenn der Staat das erwähnte Dogma nicht überwindet, dann bremst er sich bei der Eindämmung der politisch motivierten Gewalt insgesamt. Denn klar ist auch, dass sich die linksextreme Gewalt, die sich in den vergangenen Jahren zunehmend gegen Rechtsextremisten gewendet hat, auch gegen Polizisten, die rechtsextreme Aufmärsche schützen müssen, genau dort entlädt, wo linksextreme Täter nicht mehr daran glauben, dass der Staat mit den Neonazis fertig wird. Gelingt ihm das, ist nicht nur die Aussicht auf weniger rechtsextreme Gewaltopfer groß. Dies würde auch einigen Linksextremisten das Motiv für eigene Gewalttaten entziehen. Zumal sich sehr viele junge Menschen wegen der Machtlosigkeit gegenüber rechtsextremer Gewalt selber radikalisieren. Seit einigen Jahren schon arbeiten etliche Antifa-Aktivisten in den parlamentarischen Mitarbeiterstäben, in wichtigen Redaktionen, an Universitäten und in zivilgesellschaftlichen Einrichtungen, die sich der Auseinandersetzung mit dem Rechtsextremismus widmen. Die Informationen, die sie liefern, werden über den von Katharina König beschriebenen medialen Weg öffentlich: ihre Herkunft und ihre Beschaffer allerdings nicht. Weil der Beschäftigung mit dem Rechtsextremismus mit einem strukturellen Misstrauen begegnet wird, das sich aus dem Dogma der Sicherheitsbehörden speist.

Eine offene und tolerante Gesellschaft, eine reife Demokratie könnte gut auf einen Verfassungsschutz verzichten, der sich in der Vergangenheit noch dazu als wirkungslos erwiesen hat. Inzwischen gibt es zahlreiche Wissenschaftler, Politiker, Intellektuelle – und natürlich Polizisten, die im Verfassungsschutz eine Einrichtung sehen, die keinen Platz in einem Deutschland hat, das sich als moderne selbstbewusste Demokratie versteht und nicht als vorübergehenden Nachkriegszustand. Zumindest nach der Wiedervereinigung hat er als «Frühwarnsystem» nicht funktioniert. Wichtige gesellschaftliche Entwicklungen hat er erst viel zu spät erkannt: Etwa zu der Zeit, als in den Nachwendejahren der gewalttätige Rassismus um sich griff – und ein hartnäckiger Rechtsextremismus entstand. Auch den späteren Rechtsterrorismus, eine Weiterentwicklung dieses Rechtsextremismus der 1990er Jahre, hat der Verfassungsschutz erst dann erkannt, als die Zeitungen darüber berichteten. Ähnlich war es bei den gewaltbereiten «Autonomen Nationalisten», die seit 2002 Wissenschaft, Antifa und Medien beschäftigen und die vor allem in der rechtsextremen Szene in Westdeutschland führend sind: Sie hat er noch 2007 als «Randgruppe» bezeichnet. Und so gibt es etliche Beispiele, die aufzeigen, wie der Verfassungsschutz den Staat dazu gebracht hat, ein Problem viel zu lange zu ignorieren, mit dem sich Wissenschaft und Medien längst beschäftigten. Die Erwartung an ein Frühwarnsystem ist sicherlich eine andere.

Seit einigen Jahren schon beschäftigen sich viele hauptamtliche Mitarbeiter des Verfassungsschutzes mit der Aufklärung von Kindern und Jugendlichen in deutschen Schulen, die sie – je nach aktuellem politischen Trend – über Rechtsextremismus, Linksextremismus oder die islamistische Gefahr informieren. Damit befriedigen sie den Informationsbedarf der Schulen relativ aktuell und zuverlässig, leisten aber vor allem wertvolle Öffentlichkeitsarbeit für eine Behörde, die wohl selbst um ihre Daseinsberechtigung fürchtet. Sind doch für Bildung eigentlich andere zuständig, und wäre doch der Staatsschutz der Polizei das geeignete Mittel, um politisch motivierter Kriminalität zu begegnen. Wenn sich die Polizei nämlich frei von den bisherigen Zwängen und Dogmen auf der Grundlage bestehender Gesetze konsequent um die rechtsextreme Gewalt und ihre Täter kümmerte, hätte der Staat die beste Chance, diese einzudämmen.

Ähnlich sieht es Wolfgang Nossen. Der langjährige Vorsitzende der Jüdischen Landesgemeinde Thüringen erlebt die rechtsextreme Gewalt seit der Wiedervereinigung, seitdem er in Erfurt lebt, lange Zeit auch im Gebäude der dortigen Synagoge, die immer wieder von Neonazis angegriffen wurde: «Wenn man alle Gesetze richtig anwenden würde, dann wären wir nicht da, wo wir jetzt stehen», sagte er in den Tagen nach dem Auffliegen der Zwickauer Zelle. «Seit 20 Jahren verlange ich immer wieder, dass man schärfer gegen die rechte Szene vorgeht. Aber alles nutzt nichts, wenn man die Gesetze nicht anwenden will.»[56] Dabei führt konsequenter polizeilicher Verfolgungsdruck immer wieder dazu, dass sich einige Neonazis in ihrer Rolle unwohl fühlen – und aussteigen. Das zeigen einige Beispiele, unmittelbar nach dem Verbot rechtsextremer Vereinigungen und Kameradschaften. Aber die Aussteigerprogramme, die der Verfassungsschutz inzwischen anbietet, dienen vorrangig demselben Zweck wie seine Informationsveranstaltungen in den Schulen. Die Beratung von Aussteigern muss ebenso wie die von Opfern rechtsextremer Gewalt unabhängig von den Sicherheitsbehörden erfolgen, weil sie sonst nicht funktionieren kann. Und gerade die Betreuung von Opfern rechtsextremer Gewalt wirkt dem aggressiv geführten Raumkampf der Neonazis entgegen, aus dem viele Gewalttaten resultieren. Denn wenn Politik und Zivilgesellschaft geschlossen und solidarisch an der Seite dieser Opfer stehen, geht dieser Kampf verloren. Vor allem aber sollten sich Staat und Gesellschaft an die Seite der potenziellen Opfer rechtsextremer Gewalt stellen, bevor sie zu Opfern werden. Denn rechtsextreme Gewalt richtet sich fast immer gegen schwache gesellschaftliche Gruppen. Nur wenn die gruppenbezogenen menschenfeindlichen Einstellungen schwinden, wenn Fremdenfeindlichkeit, Rassismus, Sozialdarwinismus, Antisemitismus und Homophobie zurückgehen und die Ausgrenzung von Menschen ein Ende hat, dann haben der Rechtsextremismus und die ihm eigene Gewalt keinen Anfang.

Anmerkungen

Teil 1

1 Luthardt, Uwe – der ehemalige stellvertretende Kreisvorsitzende der NPD in Jena, im Gespräch mit dem Autor am 5.12.2011.
2 http://www.worch.info/artikel/artikel120221.htm.
3 Verfassungsschutzbericht des Bundes 2011.
4 Bundesministerium des Inneren. Erster periodischer Sicherheitsbericht (http://www.unikonstanz.de/rtf/ki/psb1-2_10.pdf (abgerufen am 23.12.2011)).
5 Borstel, Dierk/Heitmeyer, Wilhelm, «Menschenfeindliche Mentalitäten, radikalisierte Milieus und Rechtsterrorismus – Gesellschaftliche Zusammenhänge», in: Malthaner, Stefan/Waldmann, Peter (Hg.), «Radikale Milieus» (erscheint 2012).
6 http://www.bmi.bund.de/cln_104/DE/Service/Glossar/Functions/glossar.html?nn=105094&lv2=296444&lv3=151906.
7 Die Zeit, «Vor und nach Solingen», 20.10.2011.
8 http://www.spiegel.de/panorama/gesellschaft/umfrage-in-deutschland-tuerken-geben-staat-mitschuld-an-neonazi-terror-a-808815.html.
9 http://www.infogmbh.de/wertewelten/Wertewelten-2012-Pressemitteilung.pdf.
10 «Wachstum, Bildung, Zusammenhalt – Koalitionsvertrag zwischen CDU, CSU und FDP, 17. Legislaturperiode».
11 Leggewie, Claus/Meier, Horst, «Nach dem Verfassungsschutz – Plädoyer für eine neue Sicherheitsarchitektur der Berliner Republik», Berlin 2012.
12 Der Spiegel, «Du bist jetzt einer von uns», 18.11.1991.
13 http://www.spiegel.de/panorama/justiz/muenchen-1972-deutsche-neonazis-halfen-olympia-attaetern-a-839309.html.
14 Winterberg, Jury, «Der Rebell. Odfried Hepp – Neonazi, Terrorist, Aussteiger», Bergisch Gladbach 2004.
15 Chaussy, Ulrich, «Oktoberfest-Attentat», Hörbuch, Hamburg 2000.
16 Der Spiegel, «Mit dem Rucksack», 20.8.1984.
17 Der Spiegel, «Mit Dumdum aus der Schusslinie», 6.10.1980.
18 Der Spiegel, «Mit dem Rucksack», 20.8.1984.
19 Ebd.
20 Der Spiegel, «Fern von Frauen», 16.11.1970.
21 http://www.focus.de/magazin/archiv/anschlag-fahndung-nach-nazi-bomber-weil_aid_175494.html (Stand: 25.08.2012).
22 Der Spiegel, «MP in Papier», 22.02.1971.
23 Die Zeit, «Der blanke Hass», 24.02.2012.
24 Ebd.
25 Schwandorf-Nachrichten, «Die einzige Überlebende bricht das Schweigen», 16.12.2011.
26 Der Spiegel, «Gleich Massenmord», 22.01.1989.
27 Die Zeit, «Wotansbrüder und Weimarer Front», 16.02.2012.

28 Ebd.

29 Moldt, Dirk, «Keine Konfrontation», in: «Horch und Guck» 40/2002.

30 Hasselbach, Ingo/Bonengel, Winfried, «Die Abrechnung – Ein Neonazi steigt aus», Berlin 1993, S. 77.

31 Ebd., S. 78.

32 Taz, «Die Nacht der Nazis in der Zionskirche», 27.09.2008.

33 Die Zeit, «Wotansbrüder und Weimarer Front», 16.02.2012.

34 Brodkorb, Matthias/Schmidt, Thomas, «Gibt es einen modernen Rechtsextremismus?», Schwerin 2002.

35 Ruf, Christoph/Sundermeyer, Olaf, «In der NPD – Reisen in die National Befreite Zone», München 2009, S. 69.

36 Prantl, Heribert, «Deutschland leicht entflammbar», Frankfurt/Main 1995, S. 36.

37 Ruf, Christoph/Sundermeyer, Olaf, a.a.O., S. 103.

38 Maaz, Hans-Joachim, «Der Gefühlsstau – Ein Psychogramm der DDR», München 1992, S. 30.

39 Heitmeyer, Wilhelm, «Rechtsextremistische Gewalt», in: «Internationales Handbuch der Gewaltforschung», hg. von Heitmeyer, Wilhelm/ Hagan, John, Wiesbaden 2002, S. 202.

40 Maaz, a.a.O., S. 167.

41 Die Redaktionen von «Zeit» und «Tagesspiegel» führen eine Liste der Todesopfer rechtsextremer Gewalt, die sich von den offiziellen Angaben abhebt. Im Abgleich mit den Zahlen der jeweiligen Bundesregierung kommen ihre Autoren regelmäßig auf eine Opferzahl, die mehr als doppelt so hoch ist wie die staatlicher Stellen. «Mit der Veröffentlichung dieser Liste soll versucht werden, den vielen kaum bekannten Opfern ein Gesicht zu geben und öffentlich anzuerkennen, dass sie nicht Opfer eines ‹normalen› Gewaltverbrechens wurden», heißt es in der Erläuterung zu der Liste. Sie fußt auf Lokalzeitungsartikeln, Gerichtsurteilen und Interviews mit Opferberatungsstellen, Hinterbliebenen, Anwälten und Strafverfolgern. Vgl. Dokumentation «149 Schicksale», eine Liste der Todesopfer rechtsextremer Gewalt, die gemeinsam von «Zeit» und «Tagesspiegel» recherchiert wurde. Nach Antonio Amadeu Kiowa wurde später die gleichnamige Antonio Amadeu Stiftung benannt, deren Ziel es ist, eine demokratische Zivilgesellschaft zu stärken, die sich konsequent gegen Rechtsextremismus, Rassismus und Antisemitismus wendet. (http://www.zeit.de/gesellschaft/zeitgeschehen/2010-09/ todesopfer-rechte-gewalt/seite-2).

42 Ebd.

43 Der Spiegel, «Anhaltender Terror», 11.03.1991.

44 Dokumentation Zeit/Tagesspiegel, a.a.O.

45 Zitiert nach: http://www.bpb.de/gesellschaft/kultur/jugendkulturen-in-deutschland/36253/die-1990er.

46 http://www.freitag.de/autoren/hans-springstein/lichtenhagen-1992-und-die-schreibtischtaeter. Der Rühe-Brief ist hier im Wortlaut erfasst.

47 Der Spiegel, «Jagdzeit in Sachsen», 30.09.1991.

48 http://www.spiegel.de/politik/deutschland/20-jahre-hoyerswerda-eine-stadt-kaempft-um-ihren-ruf-a-786697.html (abgerufen: 25.08.2012).

49 Hoyerswerda, Herbst 1991 (http://www.hoyerswerda.de/documente/Hoyerswerda, %20Herbst%201991.pdf).

50 Lausitzer Rundschau, «Weiter Randale vor Ausländerwohnheim», 20.09.1991.

51 Hserbst 1991, eine Ausstellung mit Zukunft (http://www.hoyerswerda.de/documente/Ausstellung_Herbst1991_Erdgeschoss.pdf).

52 Dokumentation Zeit/Tagesspiegel, a.a.O.

53 Herbst 1991, eine Ausstellung, a.a.O.

54 Ebd.

55 Ebd.

56 Taz, «Ausländerhatz vor großem Publikum», 23.09.1991.

57 F.A.Z., «Der Anlass war banaler Natur», 24.09.1991.

58 Herbst 1991, eine Ausstellung, a.a.O.

59 Ebd.

60 http://www.spiegel.de/politik/deutschland/20-jahre-hoyerswerda-eine-stadt-kaempft-um-ihren-ruf-a-786697.html (abgerufen: 25.08.2012).

61 Zitiert nach: Süddeutsche Zeitung, «Bonn kümmert sich um Hoyerswerda», 20.03.1992.

62 Taz, «Anschlag in Hünxe aufgeklärt», 08.10.1991.

63 Die Zeit, «Das Schandmal des Fremdenhasses», 11.10.1991.

64 Der Spiegel, «Lieber sterben als nach Sachsen», 30.09.1991.

65 FAZ, «Sie wollten nur Asylanten schocken und zerstörten ein Leben», 25.05.1992.

66 Süddeutsche Zeitung, «Hässliche Details einer Brandnacht», 25.05.1992.

67 Der Spiegel, «Wenn wir gehen, hauen die ab», 14.10.1991.

68 Taz, «Hünxe will nicht Hoyerswerda sein», 09.10.1991.

69 Süddeutsche Zeitung, «Hässliche Details einer Brandnacht», 25.05.1992.

70 Süddeutsche Zeitung, «Die Strafen von Hünxe», 27.05.1992.

71 Süddeutsche Zeitung, «Die Schuldigen sind nicht nur die Täter von Hünxe», 27.05.1992.

72 Der Spiegel, «Wenn wir gehen, hauen die ab», 14.10.1991.

73 Der Spiegel, «Ernstes Zeichen an der Wand», 36/1992, S. 28.

74 Norddeutsche Neueste Nachrichten, «Lichtenhäger Bürgerwehr will ZAST ‹aufräumen›», 19.08.1992; Ostseezeitung, «Lichtenhäger wollen Protest auf der Straße», 21.08.1992.

75 Der Spiegel, «Ernstes Zeichen an der Wand», 31.08.1992.

76 Die Zeit, «Brandstifter und Biedermänner», 04.09.1992.

77 Die Zeit, «Pogrome und frische Hemden», 09.01.2003.

78 Der Spiegel, «Ernstes Zeichen an der Wand», 31.08.1992.

79 Ebd.

80 Taz, «Das sind hier ganz normale Deutsche», 25.08.1992.

81 Schmidt, Jochen, «Politische Brandstiftung», Berlin, 2002, S. 135.

82 Taz, «Das sind hier ganz normale Deutsche», 25.08.1992.

83 Bürgerinitiative Bunt statt braun e. V.: «Trauma einer Stadt. Eine Ausstellung über Menschen, Ansichten und Gesetze. Rostock-Lichtenhagen – ein Jahrzehnt danach», Rostock 2002, S. 9.

84 Taz, «Die Polizei überlässt Brandstiftern das Feld»,26.08.1992.

85 Bürgerinitiative Bunt statt Braun, a.a.O, S. 9.

86 Taz, «Nach drei Chaosnächten demonstriert die Polizei Stärke»,
27.08.1992.

87 Der Spiegel, «Anklang an Weimar», 15.10.1992.

88 Süddeutsche Zeitung, «Die Brandschatzer von Rostock», 26.08.1992
(sinngem. zit. aus «Frühstücksfernsehen»).

89 http://www.dradio.de/dkultur/sendungen/kalenderblatt/885994/.

90 Mentzel, Thomas, «Rechtsextremistische Gewalttaten von Jugendlichen und Heranwachsenden in den neuen Bundesländern. Eine empi-
rische Untersuchung von Erscheinungsformen und Ursachen am
Beispiel des Bundeslandes Sachsen-Anhalt», München 1998, S. 311.

91 Heitmeyer, Wilhelm, «Rechtsextremistische Gewalt», a.a.O.

92 Taz, «Möllner Mörder haben gestanden», 02.12.1992.

93 Der Spiegel, «Wir sind so ganz anders», 01.03.1993.

94 Süddeutsche Zeitung, «Bundestag verurteilt Morde von Mölln»,
25.11.92.

95 Taz, «Mölln hätte verhindert werden können», 03.12.1992.

96 FAZ, «Höchststrafe für die Attentäter von Mölln», 09.12.1993;
Süddeutsche Zeitung, «Höchststrafe für die Mörder von Mölln»,
09.12.1993.

97 www.dradio.de, «Kalenderblatt», 08.12.2008.

98 Brosius, Hans-Bernd/ Esser, Frank, «Massenmedien und fremdenfeindliche Gewalt» in: Jürgen W. Falter/ Hans-Gerd Jaschke/Jürgen R.
Winkler (Hrsg.): «Rechtsextremismus. Ergebnisse und Perspektiven
der Forschung», Opladen 1996, S. 204–218.

99 Prantl, Heribert, a.a.O., S. 123.

100 Urteil des OLG Düsseldorf vom 13.10.1995, zit. nach Der Spiegel,
«Der Denkzettel», 26.05.2003.

101 Die Zeit, «Zwei Geständnisse, viele Zweifel», 08.04.1992.

102 Der Spiegel, «Der Denkzettel», 26.05.2003.

103 Ebd.

104 http://www.nrhz.de/flyer/beitrag.php?id=12478

105 Ebd.

106 Zeit online, «Ich hoffe, Herr Gauck wird ein bisschen wie Herr Rau»,
16.03.2012 (Stand: 17.07.2012).

107 Der Spiegel, «Der Denkzettel», 26.05.2003.

108 Journalist, 8/93.

109 Hasselbach, Ingo/Bonengel, Winfried, a.a.O.

110 Ebd., S. 47.

111 Borstel, Dierk/Heitmeyer, Wilhelm, a.a.O.

Teil 2

1 http://www.spiegel.de/politik/deutschland/rostock-lichtenhagen-joachim-gaucks-rede-zum-20-jahrestag-a-852157.html (abgerufen 25.08.2012), dort die Rede im Wortlaut.
2 Bundesverfassungsschutzbericht 2005.
3 Dokumentation Zeit/Tagesspiegel, a.a.O.
4 Auf einer Tagung der Landeszentrale für politische Bildung NRW in Düsseldorf im Februar 2012.
5 Märkische Allgemeine Zeitung (MAZ), «Vielsagendes Schweigen im Mordprozess», 01.03.2002.
6 Ebd.
7 Berliner Zeitung, «Arbeitslos, obdachlos, wehrlos», 24.08.2001.
8 Berliner Zeitung, «Dieter Manzke starb, weil fünf junge Männer Lust bekamen zu prügeln», 19.02.2002.
9 MAZ, «Vielsagendes Schweigen im Mordprozess», 01.03.2002.
10 Tagesspiegel, «Das doppelte Elend», 28.02.2002.
11 Tagesspiegel, «Getreten, geschlagen, sexuell misshandelt», 19.02.2002.
12 Tagesspiegel, «Gewalt von Rechts: Drei Obdachlose, ein engagierter Sozialdemokrat», 04.10.2001.
13 Tagesspiegel, «Gericht erkennt politisches Motiv an», 11.04.2002.
14 Deutscher Bundestag, Drucksache 14/6870, 04.09.2011.
15 http://www.bagw.de/presse/pa.phtml?ID=20001219.
16 http://dip21.bundestag.de/dip21/btd/16/125/1612529.pdf.
17 Ebd.
18 http://dipbt.bundestag.de/dip21/btd/16/126/1612634.pdf.
19 Tagesspiegel, «Ich hoffe auf abschreckende Wirkung», 14.09.2010.
20 http://www.moz.de/artikel-ansicht/dg/0/1/1024679 (abgerufen 28.08.2012).
21 Taz, «Du Schwein hast kein Geld?», 20.05.1995.
22 Berliner Zeitung, «Angeklagter entschuldigt sich bei einem Opfer», 03.03.1995.
23 Taz, «Trauer um Neonazi-Opfer», 15.08.1994.
24 Döring, Uta, «National befreite Zonen. Zur Entstehung und Karriere eines Kampfbegriffs», in: Andreas Klärner, Michael Kohlstruck (Hg.), «Moderner Rechtsextremismus in Deutschland», Hamburg 2006, S. 177.
25 Ebd., S. 181.
26 Ebd., S. 182.
27 http://www.spiegel.de/politik/deutschland/rostock-lichtenhagen-joachim-gaucks-rede-zum-20-jahrestag-a-852157.html.
28 Vgl. hierzu: Heitmeyer, Wilhelm, «Rechtsextremistische Gewalt», a.a.O., S. 509.
29 http://www.opferperspektive.de/Dokumente/Jahresberichte/469.html (abgerufen 26.08.2012).
30 Heitmeyer, Wilhelm, «Rechtsextremistische Gewalt», a.a.O., S. 522.
31 Claudia Luzar im Interview mit dem Autor, 06.07.2012. Sämtliche Zitate stammen aus diesem Interview.
32 Berliner Zeitung, «Vorsichtig in Berlin», 24.05.2006.

33 Der Spiegel, «Kampf um die Straße», 22.05.2006.

34 http://www.tagesspiegel.de/politik/prozess-um-wm-planer-freisprue-che-fuer-npd-fuehrung/3933092.html (abgerufen; 26.08.2012).

35 Heitmeyer, Wilhelm, «Rechtsextremistische Gewalt», a.a.O., S. 511.

36 http://www.opferperspektive.de/Dokumente/Jahresberichte/469.html (abgerufen 26.08.2012).

37 http://www.potzlow.de/ (abgerufen 26.08.2012).

38 Veiel, Andres, «Der Kick – Ein Lehrstück über Gewalt», München 2007.

39 Ebd., S. 96.

40 Heitmeyer, Wilhelm, «Rechtsextremistische Gewalt», a.a.O., S. 511, 517.

41 Veiel, Andres, a.a.O., S. 96.

42 Ebd., S.141.

43 Welt, 22.12.2004.

44 http://www.opferperspektive.de/Dokumente/Jahresberichte/292.html (abgerufen 26.08.2012).

45 Taz, «Eine Partei voller Verbrecher», 22.03.2012.

46 Opferperspektive e.V., «Jahrbuch 2002», Potsdam 2002.

47 Berliner Zeitung, «Eine Stadt deckt einen Mörder», 03.03.2003.

48 Ebd.

49 http://www.verfassungsschutz.brandenburg.de/cms/detail.php/
lbm1.c.341973.de.

50 http://www.lobbi-mv.de/presse/28.php (abgerufen 26.08.2012).

51 Gerold Seidler im Interview mit dem Autor, 11.09.2010.

52 http://www.taz.de/!89256/.

53 Marko Müller in einem Redebeitrag auf einer NPD-Kundgebung in Ferdinandshof, 11.09.2010.

54 Passant (1) im Gespräch mit dem Autor, am Rande einer NPD-Kundgebung in Ferdinandshof, 11.09.2011.

55 Ruf, Christoph/Sundermeyer, Olaf, a.a.O., S. 60.

56 Passant (2) im Gespräch mit dem Autor, am Rande einer NPD-Kundgebung in Ferdinandshof, 11.09.2011.

57 Zander, Judith, «Dinge, die wir heute sagten», München 2010, Klappentext.

58 Ruf, Christoph/Sundermeyer, Olaf, a.a.O, S. 225 (Staatanwalt), 179 (Busse).

59 Puls, Hendrik, «‹Der ganze Alltag, das ganze Leben bestand eigentlich nur aus Nazi sein, Naziwelt leben und Naziaktivismus.› Zur Lebenswelt ‹Autonomer Nationalisten› zwischen politischen Aktionen und individuellem Alltag», in: Schedler, Jan/ Häusler, Alexander (Hg.), «Autonome Nationalisten – Neonazismus in Bewegung», Wiesbaden 2011.

60 Ebd., S. 11.

61 Bundesamt für Verfassungsschutz, «Autonome Nationalisten – rechtsextremistische Militanz», Köln 2009.

62 Heitmeyer, Wilhelm, «Rechtsextremistische Gewalt», a.a.O., S. 521.

63 Der Spiegel, «Da klumpt sich was zusammen», 19.06.2000.

64 Rhein-Sieg Anzeiger, 23.07.1986.

65 Taz, «Stille Trauer, laute Mahnung», 13.3.2006.

66 Goetz, John/Fuchs, Christian, «Die Zelle – Rechter Terror in Deutschland», Hamburg 2012, S. 199.

67 http://www.derwesten.de/staedte/dortmund/drei-polizisten-kalt-bluetig-hingerichtet-id3326848.html (abgerufen: 26.08.2012).

68 Die Welt, «Er hatte ein ganzes Waffenarsenal im Auto», 16.06.2012.

69 Landtag Nordrhein-Westfalen, 15. Wahlperiode, Drucksache 15/1866.

70 http://logr.org/kshamm/2010/06/15/zum-10-todestag-berger-war-ein-freund-von-uns/ (Stand: 2. August 2012).

71 Der Spiegel, «Martin Wiese», 09.05.2012.

72 http://www.spiegel.de/panorama/urteil-neonazi-wiese-zu-sieben-jahren-haft-verurteilt-a-354653.html (abgerufen 26.08.2012).

73 Farin, Klaus/Seidel, Eberhard, Skinheads, 6. Aufl., München 2010, S. 99 ff.

74 Ebd.

75 Ebd., S. 103.

76 Landgericht Dortmund, Az. KLs 190 Js 167/05 14 (I) K 3/05, Urteil vom 17.11.2005.

77 Staatsanwaltschaft Dortmund, Az. 155 Js 669/11, Anklageschrift vom 19.01.2012.

78 Ebd.

79 Landgericht Dortmund, a.a.O.

80 Landtag Nordrhein-Westfalen, a.a.O.

81 http://infoportal-dortmund.net/2010/03/29/schmuddel-linker-gewalt-tater-ist-kein-opfer (Stand: 7. August 2012).

82 http://www.publikative.org/2010/09/07/ein-ex-mitglied-berichtet-die-hng-ist-ein-mythos/ (abgerufen 26.08.2012)

83 Ebd.

84 Patrick Wieschke im Interview mit dem Autor, 02.08.2012.

85 http://www.netz-gegen-nazis.de/lexikontext/frank-schwerdt (abgerufen 26.08.2012).

86 Süddeutsche Zeitung, «Die Strafen von Hünxe», 27.05.1992.

87 http://www.bmi.bund.de/SharedDocs/Pressemitteilungen/DE/2011/09/verbot_hng.html.

88 Back Up, Beratungsstelle für Opfer rechtsextremer Gewalt, Dokumentation 2012, durch den Autor anonymisiert, das Original liegt vor.

89 Luzar, Claudia/Sundermeyer, Olaf, »Gewaltige Energie – Dortmund als Hochburg der Autonomen Nationalisten», in: Heitmeyer, Wilhelm (Hg.), «Deutsche Zustände – Folge 9», Berlin 2012, S. 187.

90 Eigene Prozessbeobachtung.

91 http://infoportal-dortmund.net/2012/08/07/im-gesprach-mit-einem-redakteur-des-infoportals (Stand: 9.8.2012).

92 http://mobil.abendblatt.de/politik/deutschland/article2293503/Neo-nazi-Demo-Rassisten-mit-Kapuzenpulli.html?emvcc=-3 (abgerufen 28.08.2012).

93 Eigene Prozessbeobachtung.

94 http://dortmund-hellweg.dgb.de/themen/++co++c692b02e-9284-11e1-4aaf-00188b4dc422/@@dossier.html (abgefragt 28.08.2012).

95 WDR, »Lokalzeit Dortmund», 26.08.2012.

96 Luzar, Claudia/Sundermeyer, Olaf, a.a.O., S. 189.

97 https://www.dropbox.com/s/wlocij3894z8vhp/Koalitionsver-trag_2012-2017.pdf (abgefragt 28.08.2012).

98 http://www.widerstand.info/2949/anti-antifanet-durch-jugendschutz-behoerde-abgeschaltet/ (Stand: 15.8.2012).

99 http://www.nw-berlin.net/2011/05/22/linke-laden-teil-5-neukolln/ (Stand, 15.8.2012).

100 Staatsanwaltschaft Dortmund, a.a.O.

101 Ebd.

102 Eigene Prozessbeobachtungen.

103 Borstel, Dierk/Luzar, Claudia/Sundermeyer, Olaf, «Rechtsextreme Strukturen in Dortmund – ein Update 2012», Dortmund 2011.

104 Polizei Dortmund, Pressekonferenz am 23.08.2012.

105 Das bestätigte Holger Apfel in einem Interview mit dem Autor am 03.07.2012.

106 André Picker im Interview mit dem Autor, 26.06.2012.

107 http://www.lto.de/recht/hintergruende/h/neonazi-mit-linker-anwael-tin-als-strafverteidigerin/ (Stand: 28.08.2012).

108 http://www.lto.de/recht/hintergruende/h/neonazi-mit-linker-anwael-tin-als-strafverteidigerin/ (Stand: 28.08.2012).

109 http://m.faz.net/aktuell/politik/inland/anschlag-auf-passauer-polizei-chef-perfide-propaganda-1741758.html (abgerufen 28.08.2012).

110 http://www.welt.de/politik/article3029917/Suche-nach-dem-Atten-taeter-beginnt-von-Neuem.html (abgerufen 28.08.2012).

111 Zitiert nach: Aydt, Frank, «Grenzgänger zwischen Alter und Neuer Rechter. Sprache und Ideologie Horst Mahlers am Beispiel seiner Propaganda im Internet», in: Gessenharter, Wolfgang/Pfeiffer, Thomas (Hg.), «Die neue Rechte – eine Gefahr für die Demokratie?», Wiesbaden 2004, S. 109.

112 http://www.deutsches-rechtsbuero.de/ (abgerufen: 28.08.2012).

113 http://www.netz-gegen-nazis.de/artikel/das-deutsche-rechtsbuero-rechtsberatung-von-rechts (abgerufen 28.08.2012).

Teil 3

1 http://www.generalbundesanwalt.de/de/showpress. php?themenid= 13&newsid=419.

2 http://www.unwortdesjahres.net/fileadmin/unwort/download/presse-mitteilung_unwort2011.pdf (abgefragt: 28.08.2012).

3 Ishan Yurtseven, Interview mit dem Autor, 13.01.2012, anschließend fanden noch mehrere Gespräche zwischen ihm und dem Autor statt.

4 Bild, «Wollten Killer-Nazis Duisburger Gastwirt ermorden?», 09.01.2012.

5 Taz, «Mordversuch per Schussanlage», 09.01.2012.

6 Bild, «Wollten Killer-Nazis Duisburger Gastwirt ermorden?», 09.01.2012.

7 Polizeibericht liegt dem Autor in Kopie vor.

8 Polizeibericht liegt dem Autor in Kopie vor.

9 Polizeibericht liegt dem Autor in Kopie vor.

10 Süddeutsche Zeitung, «Beckstein verzehnfacht Belohnung für Serienmörder», 26.04.2006.

11 E-Mail liegt dem Autor in Kopie vor.

12 http://waz.m.derwesten.de/dw/staedte/dortmund/polizei-dortmund-soll-nazi-hinweis-nach-nsu-mord-ignoriert-haben-id6727955.html?service=mobile (abgefragt: 28.08.2012).

13 http://www.focus.de/politik/deutschland/nazi-terror/nsu-morde-an-migranten-polizei-hatte-schon-2006-hinweise-auf-nazi-taeter_aid_761830.html (abgefragt: 28.08.2012).

14 Ebd.

15 Der Spiegel, «Düstere Parallelwelten», 21.02.2011.

16 Goetz, John/Fuchs, Christian, a.a.O., S.191.

17 Taz, «Stille Trauer, laute Mahnung», 13.06.2006.

18 Der Spiegel, «Fleisch ohne Stachel», 25.06.2012.

19 Polizeibericht liegt dem Autor in Kopie vor.

20 Polizeibericht liegt dem Autor in Kopie vor.

21 Polizeibericht liegt dem Autor in Kopie vor.

22 Zit. nach Polizeibericht, der dem Autor in Kopie vorliegt.

23 Polizeibericht liegt dem Autor in Kopie vor.

24 Das Gutachten liegt dem Autor in Kopie vor.

25 Das Vernehmungsprotokoll liegt dem Autor in Kopie vor.

26 Abschlussbericht der Polizei liegt dem Autor in Kopie vor.

27 Der Spiegel, «Fleisch ohne Stachel», 25.06.2012.

28 Die ARD hat die zentrale Gedenkfeier für die Opfer des NSU-Terrors live übertragen. Zitate aus dem Mitschnitt: http://www.ardmediathek.de/das-erste/ard-sondersendung/gedenkveranstaltung-fuer-die-opfer-rechtsextremistischer?documentId=9624754 (abgerufen: 28.08.2012).

29 ARD-Politmagazin «Panorama» vom 23.02.2012, Beitrag: «Nazi-Terror: Die vergessenen Opfer», http://daserste.ndr.de/panorama/archiv/2012/nazis139.html (abgerufen: 28.08.2012).

30 Der Brief des Generalbundesanwaltes an Sebastian Edathy liegt dem Autor in Kopie vor.

31 Abschlussbericht der Polizei liegt dem Autor in Kopie vor.

32 Im persönlichen Gespräch mit dem Autor.

33 Im persönlichen Gespräch mit dem Autor.

34 http://m.faz.net/aktuell/politik/thueringer-terrorzelle-verbindung-zu-voelklinger-brandstiftungen-11549211.html (abgerufen: 28.08.2012).

35 FAZ, «Verbindung zu Völklinger Brandstiftungen», 03.12.2011.

36 http://www.saarbruecker-zeitung.de/aufmacher/Saarbruecken-Voelklingen-Bombenanschlag-Wehrmachtsausstellung-sahm;art27856,4079757 (abgefragt: 28.08.2012).

37 http://www.bild.de/news/topics/news/bombenanschlag-bahn-duesseldorf-21053980.bild.html (abgefragt:28.08.2012).

38 http://www.zeit.de/politik/deutschland/2011-12/neonazi-verfassungsschutz-geldzahlung (abgerufen: 28.08.2012).

39 Der Spiegel, «Lebende Zeitbomben», 03.03.1997.
40 Berliner Zeitung, «Das ist ein feiger Akt der Barbarei», 18.03.2002.
41 Taz, «NPD-Vorstand mit Maschinenpistole», 31.10.2007.
42 Tagesthemen, «NPD-Vize war eng mit Terrorzelle vernetzt»,
   12.03.2012, in: ARD-Mediathek: http://www.tagesschau.de/inland/
   npdnsu100.html (abgerufen: 28.08.2012).
43 Leggewie, Claus/Meier, Horst, a.a.O., S.25.
44 http://www.npd-thueringen.de/?p=1062.
45 ARD-Politmagazin «Report», «Kriminalitätsstatistik NPD»,
   06.03.2012, in: ARD-Mediathak: http://www.ardmediathek.de/das-
   erste/report-mainz/kriminalitaetsstatistik-npd?documentId=9740838
   (abgerufen: 28.08.2012).
46 Ebd.
47 Holger Apfel im Interview mit dem Autor, 03.07.2012.
48 Ruf, Christoph/Sundermeyer, Olaf, a.a.O., S. 63.
49 Zit. nach: http://www.verfassungsschutz-mv.de/cms2/Verfassungs-
   schutz_prod/Verfassungsschutz/content/de/Verfassungsschutz_allge-
   mein/Entstehungsgeschichte/Erfahrungen_mit_der_Weimarer_Repu-
   blik/index.jsp (abgerufen: 28.08.2012).
50 Ruf, Christoph/Sundermeyer, Olaf, a.a.O., S. 64.
51 Ebd., S. 102.
52 http://www.sueddeutsche.de/politik/wegen-esm-abstimmung-npd-
   verschickt-totenbescheinigungen-an-abgeordnete-1.1413254 (abgerufen:
   28.08.2012).
53 http://www.bverfg.de/pressemitteilungen/bvg22-03.html.
54 http://www.sueddeutsche.de/politik/npd-verbot-wann-wenn-nicht-
   jetzt-1.1260418 (abgerufen 28.08.2012).
55 Klärner, Andreas, «Zwischen Militanz und Bürgerlichkeit – Tendenzen
   der rechtsextremen Bewegung am Beispiel einer ostdeutschen Mittel-
   stadt», in: Klärner, Andreas/Kohlstruck, Michael (Hg.), «Moderner
   Rechtsextremismus in Deutschland», Hamburg 2006.
56 Wolfgang Nossen im Interview mit dem Autor, 22.11.2011.

Weiterführende Literatur

Borstel, Dierk, «Braun gehört zu bunt dazu – Rechtsextremismus und Demokratie am Beispiel Ostvorpommern», Münster 2011.

Chaussy, Ulrich, «Oktoberfest-Attentat», Hörbuch, Hamburg 2000

Gensing, Patrick, «Angriff von rechts – Die Strategien der Neonazis – und was man dagegen tun kann», München 2009.

Goetz, John/Fuchs, Christian, «Die Zelle – rechter Terror in Deutschland», Hamburg 2012.

Leggewie, Claus/Meier, Horst, «Nach dem Verfassungsschutz – Plädoyer für eine neue Sicherheitsarchitektur der Berliner Republik», Berlin 2012.

Farin, Klaus/Seidel, Eberhard, «Skinheads», München 2002.

Häusler, Alexander/Schedler, Jan (Hg.), «Autonome Nationalisten – Neonazismus in Bewegung», Wiesbaden, 2011.

Hasselbach, Ingo/Bonengel, Winfried, «Die Abrechnung – Ein Neonazi steigt aus», Berlin 2001.

Heitmeyer, Wilhelm (Hg.), «Deutsche Zustände – Folge 9», Berlin 2010.

Heitmeyer, Wilhelm (Hg.), «Deutsche Zustände – Folge 10», Berlin 2011.

Heitmeyer, Wilhelm/Hagan, John (Hg.), «Internationales Handbuch der Gewaltforschung», Wiesbaden 2002.

Hoffmann, Karl-Heinz, «Die Oktoberfestlegende – Gezielte Verdächtigungen als politisches Kampfmittel im ‹demokratischen Rechtsstaat›», Riesa 2011.

Klärner, Andreas/Kohlstruck, Michael (Hg.), «Moderner Rechtsextremismus in Deutschland», Hamburg 2006.

Klärner Andreas, «Zwischen Militanz und Bürgerlichkeit – Selbstverständnis und Praxis der extremen Rechten», Hamburg 2008.

Maaz, Hans-Joachim, «Der Gefühlsstau – Ein Psychogramm der DDR», München 1992.

Prantl, Heribert, «Deutschland leicht entflammbar», Frankfurt/Main 1995.

Röpke, Andrea/Speit, Andreas (Hg.), «Braune Kameradschaften – Die militanten Neonazis im Schatten der NPD», Berlin 2005.

Ruf, Christoph/Sundermeyer, Olaf, «In der NPD – Reisen in die National Befreite Zone», München 2009.

Schmidt, Jochen, «Politische Brandstiftung», Berlin 2002.

Schulze, Christoph/Weber, Ella, «Kämpfe um Raumhoheit – Rechte Gewalt, ‹No Go Areas› und ‹National befreite Zonen›», Münster 2011.

Strobl, Rainer, «Soziale Folgen der Opfererfahrungen ethnischer Minderheiten», Baden-Baden 1998.

Veiel, Andres, «Der Kick – Ein Lehrstück über Gewalt», München 2007.

Winterberg, Jury, «Der Rebell. Odfried Hepp – Neonazi, Terrorist, Aussteiger», Bergisch Gladbach 2004.

Dank!

Sollten mir bei der Arbeit an diesem Buch Fehler unterlaufen sein, freue ich mich über entsprechende Hinweise per E-Mail, die bei künftigen Auflagen Berücksichtigung finden werden – *info@olaf-sundermeyer.com*. Besonderen Dank schulde ich folgenden Menschen: Christoph Drude für sein unerschöpfliches Wissensreservoir, Antje Lemke für ihre Geduld bei den umfassenden Transskriptionen, Claudia Luzar für stundenlange Gespräche über rechtsextreme Gewalt aus der Perspektive der Opfer, Wilhelm Heitmeyer, dessen Konfliktforschung einem humanistischen Gedanken folgt und dabei die Menschen in den Mittelpunkt stellt, nicht die Weltanschauung; Dierk Borstel, Maike Diehl, Margot Dunne, Jo Goll, Andreas Mix und Christoph Ruf für ihre guten Ratschläge, Franziska Martens für die schönen Jahre, die mir halfen, den Osten zu verstehen, meinem klugen Lektor Sebastian Ullrich, sowie jenen Mitgliedern der rechtsextremen Szene, denen es gelingt, der ernsthaften Beschäftigung mit ihrer Ideologie ein Mindestmaß an menschlichem Respekt entgegenzubringen. Ferner danke ich allen Menschen, die mich bei meinen Recherchen unterstützt haben, die Fragen beantwortet und Kontakte vermittelt haben. Meine besondere Aufmerksamkeit aber gilt den Opfern von rechtem Terror und Gewalt, insbesondere jenen, die den quälenden Kampf um die Anerkennung ihres Opferstatus führen: so wie Ishan Yurtseven und seine Familie.

„Unaufgeregt und nüchtern beschreiben sie die internen Machtkämpfe, die kriminellen Machenschaften, die innerparteilichen Finanzskandale … Trotz ihres desolaten Zustands – mehr als je zuvor ist die NPD eine Gefahr für die bundesrepublikanische Demokratie."

Felix Lee, die tageszeitung

Christoph Ruf / Olaf Sundermeyer, In der NPD. Reisen in die National Befreite Zone. 229 Seiten (bsr 1900) ISBN 978-3-406-58585-2

C.H.BECK
www.chbeck.de